金蝶 ERP 实验课程指定教材

财务大数据分析

刘占双　姚世斌　主　编
蒋水全　章鸣灿　刘思锐　胡文君　副主编
柳秋红　方登科　刘　怡　陈顺意　参　编

清华大学出版社
北京

内 容 简 介

本书定位于培养具有技术功底的大数据分析和应用型人才。本书共分 11 章，内容涵盖财务大数据分析基础、企业经营决策分析、财务分析与评价、财务预测与风险分析等。本书通过构建大数据分析模型，建立各业务环节的分析指标体系，包括销售分析、采购分析、存货分析、生产分析、财务报表分析、财务效率分析、财务预测分析、企业风险分析等。同时，本书配备了丰富的教学资源，包括但不限于教学课件、操作视频、练习数据、参考答案。

本书适合作为高等院校财务管理、会计学、审计学、工商管理、信息管理与信息系统、市场营销等相关专业的教学用书，也适合作为企业中高层管理人员和信息化主管的参考书。

本书封面贴有清华大学出版社防伪标签，无标签者不得销售。
版权所有，侵权必究。举报：010-62782989，beiqinquan@tup.tsinghua.edu.cn。

图书在版编目(CIP)数据

财务大数据分析 / 刘占双，姚世斌主编. -- 北京：
清华大学出版社，2024.7. --（金蝶 ERP 实验课程指定
教材）. -- ISBN 978-7-302-66560-1

Ⅰ. F275

中国国家版本馆 CIP 数据核字第 20242A3F02 号

责任编辑：高　　屾
封面设计：周晓亮
版式设计：苁博文化
责任校对：孔祥亮
责任印制：丛怀宇

出版发行：清华大学出版社
　　　　网　　址：https://www.tup.com.cn，https://www.wqxuetang.com
　　　　地　　址：北京清华大学学研大厦 A 座　　邮　编：100084
　　　　社 总 机：010-83470000　　　　　　　　邮　购：010-62786544
　　　　投稿与读者服务：010-62776969，c-service@tup.tsinghua.edu.cn
　　　　质 量 反 馈：010-62772015，zhiliang@tup.tsinghua.edu.cn
印 装 者：艺通印刷（天津）有限公司
经　　销：全国新华书店
开　　本：185mm×260mm　　　印　张：14　　　字　数：405 千字
版　　次：2024 年 8 月第 1 版　　印　次：2024 年 8 月第 1 次印刷
定　　价：58.00 元

产品编号：103084-01

前言

大数据技术的发展非常迅速,当前已经完全融入我们的日常生活。我们能够直观感受到的大数据应用场景包括:
- 在电商平台购物时,平台会根据每个人的购买历史和喜好,做有针对性的推荐;
- 在每天的上下班途中,导航系统会根据交通大数据,规划更合理的路径;
- 在微信、微博中会有网络舆情的分析,并进行舆情的合理引导;
- 在抖音、头条中,会有热门话题的主动推荐,帮你更快找到感兴趣的内容……

以上场景属于面向个人消费者的大数据分析和应用,其数据大多来源于互联网、移动互联网的各种应用。

对于企业而言,同样存在丰富的大数据应用场景,尤其是在企业的经营管理过程中,当面临各种问题需要进行决策分析时,大数据的价值就突显出来了。例如:
- 企业需要开拓新市场,哪些市场值得开拓?
- 企业需要引入供应商,供应商是否值得信赖?
- 企业的应收账款是否存在风险?
……

要回答上面的问题,仅仅依靠企业已有的内部管理系统(如 ERP 系统)是不能完全帮助我们进行决策的。因此,这就涉及企业的大数据决策分析。其数据主要来源于三个方面:互联网的大数据、物联网的大数据、企业内部各种管理系统产生的大数据,对这些数据进行整合,建立数据模型,再进行挖掘分析,就能够更有效地帮助我们进行科学、精准的决策。

为了适应大数据、云计算、人工智能等新兴技术的发展趋势及企业数字化管理转型的人才需求,作者结合近期的企业实践经验,编写了此教程。本书在编写过程中突出了以下 4 个特点。

(1) 技术适度:课程内容定位于培养具有技术功底的数字化管理型人才,因此没有大量的大数据技术介绍,而是从企业实际能力需求出发,介绍关键的技术内容,让读者具备一定的技术功底,为未来的职业发展打下基础。

(2) 业财融合:本书虽然定位于财务大数据分析,但业财融合属于必然的发展趋势,因此,在做大数据分析时,更应该从财务的视角出发,并结合业务去进行分析,培养业财融合的思维方式。

(3) 场景驱动:大数据的分析需要避免就数据而论数据,数据背后一定有其对应的业务场景。因此,本书在案例设置中结合了大量丰富的企业业务场景和管理场景,培养读者结合场景进行数据分析和思维的模式。

(4) 高层视角:本书培养读者从全局的视野分析企业的经营数据、财务数据和结合管理场景进行数据解读、决策分析的能力,培养企业数字化管理转型的高层次人才。

本书以新零售行业中一家典型企业的案例为背景,涵盖企业经营的完整业务环节,结合企业的业务数据、财务数据及外部行业的数据,培养读者的大数据采集、大数据处理、大数据挖掘分析能力,并通过构建大数据分析模型,建立各业务环节的分析指标体系,包括销售分析、采购分析、存货分析、生产分析、财务分析、经营预警分析等,从企业高层的视角对企业的经营管理进行大数据决策分析,使读者学会从高层的视角去实时把握企业的经营状况,对经营管理措施进行及时调整,保证企业更高效地持续创造价值。

本书介绍了 SQL 语言、Python 语言、大数据采集、大数据处理、大数据挖掘、销售分析、采购分析、存货分析、生产分析、财务报表分析、财务效率分析、财务预测分析、企业风险分析等内容。

本书提供了丰富的教学资源(扫描右侧二维码即可获取)，包含的内容有：

(1) 教学课件(PPT 格式)，便于教师授课；

(2) 指标分析参考答案，便于教学时参考；

(3) 教学练习数据，便于教学练习；

(4) 习题答案，便于强化巩固。

教学资源

同时，本书提供操作视频(扫描书中相应位置二维码即可观看)，便于学习时重点参考。

本书融入了金蝶公司在助力客户实现数字化管理转型中积累的丰富实践经验，适合作为高等院校财务管理、会计学、审计学、工商管理、信息管理与信息系统、市场营销等专业的教学用书，对于学生了解企业的数字化转型、大数据分析在企业经营管理中的价值和作用非常有帮助。当然，对于企业中高层管理人员和信息化主管，本书也是一本不错的参考书。

本书是校企深度合作的成果，在编写的过程中，结合了多所院校教师的教学经验，并与金蝶公司的相关专家进行了充分的沟通，参考和借鉴了该公司与大数据分析有关的资料和实践成果。本书由长春财经学院刘占双、西华大学姚世斌担任主编，重庆工商大学蒋水全、长春财经学院章鸣灿、长春财经学院刘思锐、西南民族大学胡文君担任副主编，攀枝花学院柳秋红、绵阳城市学院方登科、重庆财经学院刘怡、华商学院陈顺意也共同参与了编写。另外，金蝶精一的胡玉姣、傅仕伟在教材的编写过程中也做出了不少贡献。他们的辛勤劳动最终凝结成了本书。在此，谨对他们表示衷心的感谢！

编者

2024 年 6 月

目 录

第1篇 财务大数据分析基础

第1章 认识大数据 2
- 1.1 大数据的基本概念 2
  - 1.1.1 大数据的概念 2
  - 1.1.2 大数据的种类 2
  - 1.1.3 大数据的基本特征 3
- 1.2 大数据在各行各业的应用 4
  - 1.2.1 电商行业大数据应用 4
  - 1.2.2 金融行业大数据应用 5
  - 1.2.3 交通行业大数据应用 6
- 1.3 大数据在财务领域的应用 7
  - 1.3.1 狭义的财务大数据 7
  - 1.3.2 广义的财务大数据 7
  - 1.3.3 财务大数据的应用 7

第2章 大数据分析方法与工具 12
- 2.1 大数据分析方法 12
  - 2.1.1 大数据分析的目标 12
  - 2.1.2 大数据分析的思路 13
  - 2.1.3 大数据分析的流程 17
- 2.2 大数据分析工具 20
  - 2.2.1 金蝶轻分析平台 20
  - 2.2.2 金蝶大数据平台 26
- 2.3 MySQL 查询统计 30
  - 2.3.1 MySQL 基本概念 30
  - 2.3.2 MySQL 查询语句 32

第2篇 企业经营决策分析

第3章 企业环境分析 40
- 3.1 行业分析 40
- 3.2 企业 SWOT 分析 43
- 3.3 企业经营战略分析 46

第4章 销售主题分析 49
- 4.1 产品分析 49
- 4.2 客户分析 59
- 4.3 销售渠道分析 63
- 4.4 销售配送分析 67
- 4.5 基于线性回归的广告投放决策分析 74
- 4.6 消费者 RFM 分析 76

第5章 采购主题分析 80
- 5.1 采购成本分析 80
- 5.2 采购执行绩效分析 84
- 5.3 基于 K-means 聚类算法的供应商分类分析 88
- 5.4 基于社交网络分析招标风险 91

第6章 存货主题分析 95
- 6.1 存货管理总体分析 95
- 6.2 存货结构与库龄分析 101
- 6.3 存货减值与报损分析 104
- 6.4 仓库选址分析 110

第7章 生产主题分析 113
- 7.1 生产成本分析 113
- 7.2 生产质量分析 119
- 7.3 生产交付分析 123
- 7.4 基于支持向量机的烘烤时间预测 128

第3篇 财务分析与评价

第8章 财务报表分析 134
- 8.1 资产负债表分析 134
  - 8.1.1 资产负债表结构分析 134
  - 8.1.2 资产负债表比较分析 143
- 8.2 利润表分析 147

	8.2.1	收入分析 ·············147
	8.2.2	成本费用分析 ·········151
	8.2.3	利润分析 ·············155
8.3	现金流量表分析 ···············160	
	8.3.1	现金流量结构分析 ·····160
	8.3.2	获取现金能力的分析 ···164

第9章 财务效率分析 ············ 168
- 9.1 偿债能力分析 ·················168
  - 9.1.1 短期偿债能力分析 ········168
  - 9.1.2 长期偿债能力分析 ········173
- 9.2 营运能力分析 ·················176
- 9.3 盈利能力分析 ·················182
- 9.4 发展能力分析 ·················186

第4篇
财务预测与风险分析

第10章 财务预测分析 ············192
- 10.1 销售额预测分析 ·············192
- 10.2 采购需求预测 ···············195
- 10.3 资金预测分析 ···············197

第11章 企业风险分析 ············201
- 11.1 客户信用风险分析 ···········201
- 11.2 财务舞弊风险分析 ···········204
- 11.3 财务困境预警分析 ···········213

第1篇

财务大数据分析基础

第 1 章 认识大数据

↗ **学习目标**

1. 了解大数据的基本概念
2. 了解大数据在各行各业的应用
3. 了解大数据在财务领域的应用

↗ **学习导图**

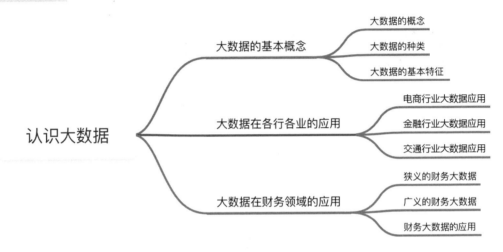

1.1 大数据的基本概念

当前,大数据已经融入我们的日常生活,从网上购物到微博、微信等社交媒体的舆情监控,从交通拥堵管控到景区旅游高峰期客流疏导,大数据每天都在发挥着重要的作用。那么,到底什么是大数据呢?

1.1.1 大数据的概念

大数据是指无法在一定时间范围内用常规软件工具进行捕捉、管理和处理的数据集合,是需要新处理模式才能具有更强的决策力、洞察发现力和流程优化能力的海量、高增长率和多样化的信息资产。

1.1.2 大数据的种类

大数据可以分为两大类:结构化数据和半结构化/非结构化数据。

其中,结构化数据一般是指传统的关系型数据库中的数据,在大数据的数据量中占比在

15%～30%。企业内部各种各样的管理系统中的数据往往都是结构化的,以便于存储、查询和快速处理。

半结构化/非结构化的数据类型很多。半结构化数据是一种将数据的结构和内容混在一起的存储方式,如操作系统的日志、XML 描述文件、智能终端设备抓取的数据文件等。非结构化数据是指没有一个预先定义好的数据模型来存储和管理的数据,常见的有从互联网上抓取的网页文件、office 生成的 Word/PowerPoint/Excel 等文档、邮件、语音、图片、各种视频等。这些半结构化/非结构化的数据每天由大量的设备、系统产生,在大数据中所占比重非常高,约达 70%～85%。互联网上的各种数据、信息、图片,以及手机应用产生的各种信息数据、视频、图片,都是这种非结构化的数据类型,这些数据不便于直接做大数据的分析,往往要做大量的处理,例如,通过给数据打标签、大数据的正则表达式、分词算法等来将其转化成结构化的数据,才能用于挖掘和分析。

1.1.3 大数据的基本特征

大数据常被称为有 4V 特征,即 volume(数据量大)、variety(数据类型多样)、value(价值密度低)、velocity(实时性高)。

1. 数据量大(volume)

"volume"表示数据量很大,在移动互联时代,视频、语音等非结构化数据快速增长,使得海量数据快速生成。在大数据概念中,一般提到的数据量都是以 PB 级别来计量的,所以数据量非常大,对于数据的存储、处理、运算等的要求非常高。

不过,在企业的大数据挖掘和分析中,不一定需要这么大的数据量。有时 MB、GB 的数据量就可以通过挖掘算法发现数据的价值和规律。

2. 数据类型多样(variety)

"variety"表示来源多和格式多,数据可以来源于企业的管理系统、搜索引擎、社交网络、通话记录、传感器等,这些数据可能是结构化的或非结构化的。

在移动互联网流行的今天,大量的大数据来源于互联网,每天几十亿的网民通过移动设备随时随地产生了各种各样的数据。

随着 5G 和人工智能技术的发展,智能终端设备所构建的智能物联网也在随时产生大量的数据。这些智能终端设备通过摄像头、温度传感器、速度传感器、压力传感器等各种设备表现形式,从全球各个角落实时采集各种各样的数据,并通过 4G、5G 等移动互联技术,便捷地将采集的数据上传到云端的大数据中心,以便后续分析和挖掘。

企业内部的管理信息系统也在逐步增多,这些系统通过企业内部的业务协作、企业之间的交易产生大量的数据。

可以看到,大数据的来源和数据类型非常多。另外,数据之间的关联性较强,都是与各种应用场景密切结合所产生的大数据。

3. 价值密度低(value)

"value"表示大数据采集中所获取的数据量非常大,但大数据的价值密度很低,需要用算法来挖掘数据的价值。由于大量的数据都是重复度极高或者与分析研究无关的数据,对大数据的价值挖掘就好像在沙里淘金,要从海量的数据中挖掘稀疏但珍贵的信息就显得非常重要了。因此,需要用大数据的各种算法,针对不同的场景、不同的需求进行数据的挖掘,发现数据中所蕴含的价值和规律,让大数据发挥真正的价值和作用。

4. 实时性高(velocity)

"velocity"表示数据存在时效性，包括数据产生、流动和处理的速度。它强调对数据实时性的需求，即在数据生成后，迅速进行处理并获取及时的分析结果。

大数据的增长非常快，尤其在手机等移动互联设备已经普及的今天，组织内外部所产生的数据量庞大。基于这样的时代背景，对于数据的处理速度要求也就非常高，这有别于传统的商业智能的分析处理方法。传统的商业智能分析处理往往间隔很长时间，比如，一个月统计一次经营管理和财务的数据，做一次分析报告，来发现数据的规律或者问题。但这种规律已经是事后的揭示，对于企业的经营管理者而言已经没有太大的意义和价值，所能发挥的作用就非常有限。企业管理者所需要的是实时的数据分析，甚至要能预见到未来可能发生的各种情况，以便他们能够更有效地采取各种应对措施。由此可见，大数据分析所处理的数据量更大，对数据分析的实时性要求更高。

因此，大数据系统要求数据能够以实时或接近实时的方式传输和处理。这包括使用高性能的硬件、优化的算法及并行处理等技术，以确保在短时间内完成复杂的数据操作。通过实时分析大数据，决策者能够在关键时刻做出准确、迅速的决策，而不是依赖于过去的数据或周期性的报告。大数据的时效性使得组织能够更加灵活地应对市场变化、客户需求和其他即时的业务挑战，提高数据在决策和创新中的实际价值。

> **拓展练习**

1. 日常生活中你经常接触到的半结构化、非结构化的数据有哪些？这些数据要如何处理才能转化成结构化的数据？
2. 传统的商业智能分析和大数据分析的区别是什么？
3. 大数据的数据来源有哪些？
4. 在网上查阅资料，请描述如何挖掘和发挥大数据的价值？

1.2 大数据在各行各业的应用

云计算、移动互联网、人工智能等技术的发展，使得越来越多的产业与大数据进行结合，以数据驱动产业的发展和变革，成为当前众多行业发展的重要趋势。这种趋势，也正在推动当前产业数字化浪潮席卷而来。

1.2.1 电商行业大数据应用

大数据应用，其真正的核心在于挖掘数据中蕴藏的情报价值。对电商行业来说，大数据可以带来哪些商业价值呢？

1. 大数据有助于电商行业市场精确定位

市场定位，能够使一个企业的品牌加倍快速成长，而基于大数据的市场数据分析和调研是企业进行品牌定位的第一步。电商行业企业要想在无硝烟的市场中分得一杯羹，需要架构大数据战略，拓宽电商行业调研数据的广度和深度，从大数据中了解电商行业市场构成、细分市场特征、消费者需求和竞争者状况等众多因素，在科学系统的信息数据收集、管理、分析的基础上，提出更好的解决问题的方案和建议，保证企业品牌市场定位独具个性化，提高企业品牌市场定位的行业接受度。

2. 大数据成为电商行业市场营销的利器

在电商行业市场营销工作中，每项工作都与大数据的采集和分析息息相关。以下两项工作可以利用大数据，打造电商行业的营销利器。

一是通过获取数据并做统计分析来充分了解市场信息，掌握竞争者的动态，知晓产品在竞争群中所处的市场地位，来达到"知彼知己，百战不殆"的目的。

二是企业积累和挖掘电商行业消费者档案数据，这有助于分析顾客的消费行为和价值取向，便于更好地为消费者服务和发展忠诚顾客。

3. 大数据促进电商行业收益管理

收益管理是指把合适的产品或服务，在合适的时间，以合适的价格，通过合适的销售渠道，出售给合适的顾客，最终实现企业收益最大化目标。要达到收益管理的目标，需求预测、细分市场和敏感度分析是此项工作的三个重要环节，而这三个的环节推进的基础就是大数据。

4. 大数据促进电商行业的模式创新

随着论坛、博客、微博、微信、电商平台、点评网等媒介在 PC 端和移动端的创新和发展，公众分享信息变得更加便捷自由。

在微博、微信、论坛、评论区等平台随处可见网友使用某款产品的优缺点点评、功能需求点评、质量点评、外形美观度点评、款式样式点评等信息，这些都构成了产品需求大数据，有助于产品的快速改进和创新。

消费者对企业服务及产品的简单表扬与批评演变得更加客观真实，消费者的评价内容也更趋于专业化和理性化，发布的渠道也更加广泛。作为电商行业企业，可以对网上电商行业的评论数据进行收集，建立网评大数据库，再利用分词、聚类、情感分析了解消费者的消费行为、价值取向和评论中体现的新消费需求，并且在此基础上发展 O2O(online to offline，即线上到线下)、新零售等电商模式。

1.2.2 金融行业大数据应用

金融行业每天也在产生大量的大数据。大数据的挖掘与分析在股票、基金、保险、银行等行业中的应用也非常广泛。

1. 提升决策效率

金融行业的用户群巨大，每天交易的大数据、用户行为的大数据、经济发展的大数据、市场变化的大数据等，都对市场的走向、行业未来的发展具有一定的影响。通过对大数据的分析挖掘，建立基于大数据的决策分析模型，可以有效提升金融机构高层的决策效率，从动态的信息中快速捕捉有效的价值，更加精准地应对市场的快速变化。

2. 强化数据资产管理能力

金融机构内部有大量的与金融交易相关的结构化数据，通过对这些数据进行分析和管理，可以帮助其获取很多有价值的信息。同时，金融市场每天由大量用户参与所产生的非结构化数据也非常多，对这些数据进行采集、整理、存储，同样可以帮助金融机构完善大数据资产，以更加全面、客观的角度去分析客户，发现市场潜在风险、金融行业未来走向等。

3. 实现精准化营销服务

在互联网金融模式的冲击下，整个金融业的运作模式面临重构，行业竞争日益激烈，基于数据的精细化运营需求和产品创新需求日益迫切。大数据可以帮助金融机构更好地识别客户需求，打造良好客户体验，提升综合竞争力。

4. 增强风控管理能力

大数据技术可以帮助金融机构将与客户有关的数据信息进行全量汇聚分析，识别可疑信息和违规操作，强化对风险的预判和防控能力，在使用更少的风控人员的条件下，实现更加高效可靠的风控管理。

1.2.3 交通行业大数据应用

中国有众多的人口，每天大量的人员流动，给交通运输带来巨大的压力。尤其在春运、十一黄金周期间，大量人员的交通出行，使得交通行业经常处于高负荷运转状态。通过交通行业大数据的采集和分析，同样可以为交通行业的优化和改善提供巨大的价值。

1. 高铁：调整运力、路线

中国已经建立了全球最大的高铁运输网络，每天几千辆高铁在高铁线路上快速穿梭。但是春运、十一等节假日期间的运力要求与平时的运力要求差异很大。通过高铁大数据的采集和分析，可以准确预测不同时期的客运流量，从而调整运力和路线，更充分地利用高铁资源，以发挥最优价值。

2. 航空：优化航班、频次

航空出行与经济发展动向、季节运输密切相关。借助航空大数据分析，航空公司可以充分挖掘不同国家、不同季节的旅游热度、商务往来热度，从而优化航班，调整航班频次，以期获得更大的商业价值。

3. 智慧城市交通管控

每天上下班期间大量汽车拥堵，这已经成为中国大城市的交通弊病。借助交通大数据分析，交通管理可以分析出各种交通管理的问题，优化道路设施，调整导流路线，智能化调控信号灯，缓解交通压力。近年来人工智能与大数据的密切结合，以北京、杭州为首开始构建智慧城市大脑，使得交通大数据发挥了更大的价值。

4. 公共安全保障

做好交通大数据的实时监控和分析，还在公共安全保障上发挥重要的作用。

通过交通大数据分析，可以发现频繁出现各种交通违规的车辆，可以对这些车辆及时监控，及早消除安全隐患，避免安全事故发生。

通过交通大数据的挖掘，可以实时跟踪违规、涉事车辆的行进路径，提前布控，消除各种危害公共安全的因素。

可以看到，交通大数据中产生的各种信息，不但可以用于交通管理，还有助于保障公共安全。

▶ 拓展练习

1. 请查阅网上资料，总结医疗行业的大数据应用案例和场景，编写 PPT，并进行汇报。
2. 请查阅网上资料，总结大数据在教育行业的应用案例和场景，编写 PPT，并进行汇报。

1.3 大数据在财务领域的应用

在当今数字时代,大数据技术的快速发展正深刻地改变着各行各业的运营方式,而财务领域作为商业活动的核心,也在这场数字革命中扮演着至关重要的角色。大数据为财务专业带来了前所未有的机遇,通过其强大的分析和处理能力,为组织提供了深入了解市场、有效管理风险、实现业务创新的新途径。大数据在财务领域的应用可以分为狭义和广义两类。

1.3.1 狭义的财务大数据

从狭义上来讲,重点是对与财务相关的大数据进行分析,挖掘其中的价值,发现企业的财务风险,提升财务管理的效率。

比较典型的应用场景是财务共享中心的大数据分析。由于财务共享中心汇聚了集团企业完整的财务数据,以及大量非结构化的数据,如各类合同、各种费用发票等。通过对这些非结构化的信息和数据进行采集,转化成结构化的数据,并与财务数据进行对比分析,可以发现企业的各种合同中、费用报销中是否存在违反财务政策规定的情况,比如发票是否是假的、合同是否有过度承诺条款、住宿费用的报销是否超过财务制定的标准、部门预算是否超标、是否未经总经理审批直接提请支付大额款项等。通过揭示各种财务问题,可以尽量减少企业的财务漏洞和风险,并帮助改善企业的财务管理流程和体系。

1.3.2 广义的财务大数据

在大数据技术的支持下,财务领域正在经历着前所未有的变革。未来的财务部门将不仅是数据处理和分析的后台支持部门,而是企业经营决策的重要参与者和推动者。业务与财务正逐渐走向融合,业财一体化是未来的发展趋势,因此财务的大数据分析更重要的是通过采集企业内部的经营数据,以及外部的行业市场数据、同行竞争的数据等,对企业经营管理过程进行分析。从财务的视角去发现企业在经营管理过程中是否存在问题,是否需要进行优化,如何才能提升效率等。如通过对企业的营销数据分析,发现企业在产品研发、客户经营、市场开拓等方面存在的问题,以及对企业财务状况所产生的影响,帮助企业找到更有效的经营管理和改善措施。大数据将帮助财务专业人士更好地理解和利用商业数据,以支持企业的战略决策和业务创新。本书所涉及的内容属于广义的财务大数据分析的范畴。

1.3.3 财务大数据的应用

传统的财务管理方式往往侧重于对历史数据的分析和总结,而大数据技术的引入则使得财务分析更为全面和精准。通过大数据分析,财务人员可以在销售、采购、生产、存货、财务预测等方面进行更细致的研究。以下是财务大数据分析的一些典型应用。

1. 业绩分析

基于大数据分析,可以更全面地了解企业的业绩,识别业务增长点和改进机会。除了可以实时展示企业的全面业绩指标,也可以采集外部同行业或对标企业数据,进行横向对比分析。例如,图1-1中某公司通过大数据技术采集外部同行业数据,从盈利能力、偿债能力、成长能力、营运能力、出货数量、创新能力、用户经营、生态能力等多维度与对标企业进行对比分析,可以了解行业趋势、评估竞争优势,以对本企业做更准确的定位,制定差异化战略,并进行业务改进。

图 1-1　业绩分析

2. 成本控制和效率提升

大数据分析可以帮助企业更好地管理成本，通过分析业务流程来优化运营效率，实现更有效的资源分配。例如，图 1-2 中某公司在对付款合同的审核流程中嵌入 AI 预审模块，通过大数据分析技术对合同文本进行智能分析，给出审批建议，可以大量节约人工审核合同文本的时间，提升运营效率。

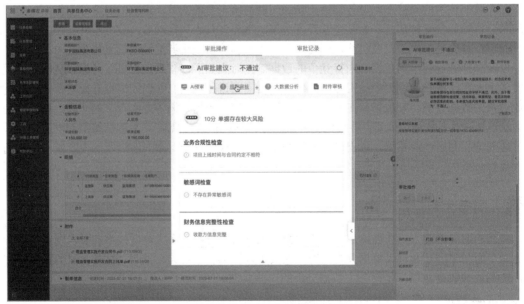

图 1-2　成本控制和效率提升

3. 市场分析和预测

大数据分析可以帮助企业更好地理解市场趋势，进行产品定价，并预测未来的市场动向，以制定更精准的营销策略。例如，图 1-3 中某食品公司通过分析历史销售数据和市场趋势，利用大数据算法预测特定天气、节假日、促销活动等条件下的产品需求，从而优化产品生产，制订更精准的原材料采购计划，减少过剩和缺货的情况，提高销售效益。

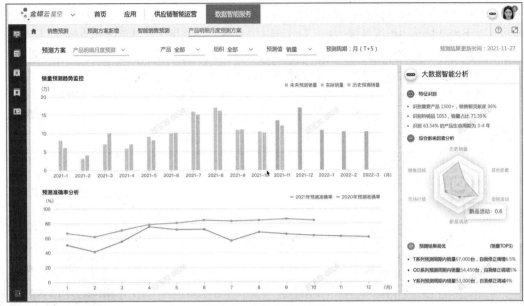

图 1-3　市场分析和预测

4. 资金管理

大数据在企业资金管理中发挥着重要作用，提供了更深入、更实时的洞察，有助于优化资金的使用和降低风险。企业可以利用大数据分析历史财务数据和市场因素，建立动态预算模型。例如，图 1-4 中某集团公司通过实时监控不同区域分支机构的现金流和支出，能够更灵活地调整预算，优化资金分配，确保足够的流动性以应对市场变化。

图 1-4　资金管理

5. 合规与监管

大数据分析技术能够帮助企业更高效地生成合规报告，并支持审计工作。自动化的数据分析工具可以从庞大的数据集中提取关键信息，减少手工工作量，提高报告的准确性和及时性。大数据分析也可以帮助企业更好地遵守监管要求。通过对业务操作、交易和其他相关数据进行实时监测和分析，企业能够确保其行为符合法规，及时调整业务流程或数据以满足监管要求。例如，图1-5中某公司大数据平台通过采集最新的税收政策，并在系统中嵌入智能问询助手，通过大数据文本分析等技术，让用户在涉税事务的处理过程中实时获得智能助手的帮助，确保各项涉税业务的处理符合税收法规。

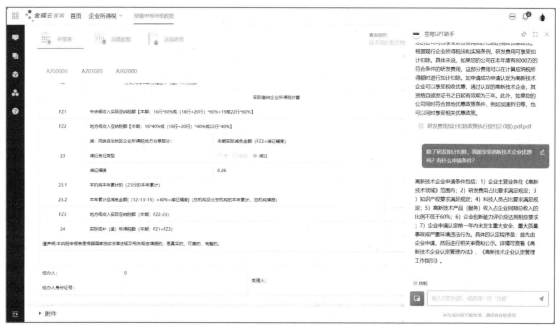

图1-5　合规与监管

6. 风险管理

大数据分析可用于监测和评估企业风险。通过分析大量数据，可以更好地识别潜在的经营与财务风险，并实施更有效的风险管理策略。通过分析企业内外部数据，使用大数据技术建立风险模型，识别潜在的企业风险。例如，图1-6中某公司利用大数据分析技术实时监控应收账款的坏账风险，通过对欠款客户的工商注册、涉诉情况等外部信息及内部交易数据进行大数据建模分析，对应收账款的坏账情况进行预测，对高风险的应收账款进行预警，以改进信用政策和做好应收账款管理工作。

在业财融合的大背景下，财务专业人士需要积极适应大数据时代的变革，掌握新的数据分析技能和方法，以更好地支持企业的经营决策和业务发展。

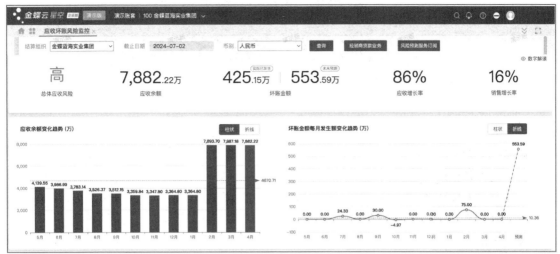

图 1-6　风险管理

↗ 拓展练习

学习本节大数据分析技术在财务领域的应用案例，思考大数据分析技术是如何帮助企业实现这些应用的。

第 2 章 大数据分析方法与工具

⤴ 学习目标

1. 熟悉大数据分析的目标、思路与流程
2. 掌握大数据轻分析与大数据平台的使用
3. 掌握 MySQL 查询语句的编写

⤴ 学习导图

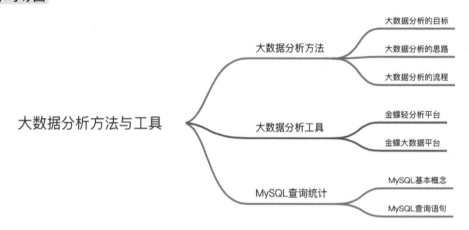

2.1 大数据分析方法

当今信息时代,随着数据的不断积累和技术的不断进步,大数据分析成为企业和组织决策的重要支撑。大数据分析不仅是为了对海量数据进行处理,还是为了从中提炼出深刻的洞察力,指导业务发展和决策制定。

2.1.1 大数据分析的目标

大数据分析的范畴广泛,根据分析目标可以归纳为描述性分析、诊断性分析、预测性分析和规范性分析。

1. 描述性分析

描述性分析是所有数据洞察力的基础,它通过总结过去的数据来回答"发生了什么"的问题,通常以仪表板的形式进行呈现。描述性分析是大数据分析的基础阶段,主要关注对数据的描述和总结,包括统计指标、数据可视化和文本分析等技术,帮助了解数据的基本特征。

例如,某电商公司通过描述性分析,总结出最畅销的产品类别、最活跃的购买时间、用户访问和购买的地理位置等。

2. 诊断性分析

在了解了"发生了什么"之后，人们常常会深入探究"为什么会发生"。这就是诊断性分析的用武之地。它通过对现象进行因果关系的探索，找出导致特定结果的原因。

例如，如果描述性分析发现电商平台某产品的销售下降，诊断性分析就会进一步调查，发现可能是由产品质量问题、竞争对手活动或市场需求变化引起的。这有助于理解问题的根本原因。

3. 预测性分析

除了回答"发生了什么"和"为什么会发生"之外，人们还经常询问"将来会发生什么"。这就是预测性分析的作用所在。它利用历史数据，通过统计和机器学习方法，基于历史数据来建立模型，预测未来事件或趋势。

例如，基于过去的用户购买行为和市场趋势，预测性分析可以帮助电商平台预测未来某产品的需求量，以便采取适当的库存和营销策略。

4. 规范性分析

规范性分析并不直接回答"发生了什么"或"为什么会发生"，而是指导人们采取何种行动来达到预期的结果。

例如，如果预测性分析表明某产品将来可能需求大增，规范性分析可能建议增加库存、提前制定推广计划，以最大程度地利用潜在机会。

2.1.2 大数据分析的思路

大数据决策分析有很多方法，一般结合可视化的图形进行分析，例如，辅助线法、找差异找变化的方法、找奇异点和特殊群体的方法、找转折点和拐点的方法、找特征法、找问题法、找源头法、找关系法、找驱动法、找规律法。每个方法都有其特定的应用场景，也可以根据需要结合使用。

1. 辅助线法

辅助线分析是一种在图表或图形上引入辅助线以帮助观察者更清晰地理解数据趋势、关键点或特定阈值的分析方法。通过在图表上添加辅助线，可以强调数据的某些特点，使得观察者更容易识别关键特征，帮助分析者更快地发现规律。

例如，图 2-1 中通过线性回归算法拟合一条直线，可以近似发现价格与销量数据之间的线性关联关系。

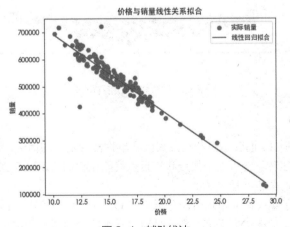

图 2-1 辅助线法

2. 找差异找变化

通过横向、纵向的对比，可以对企业的经营数据进行差异分析，找出变化，从而发现企业经营中的问题，并提出改进的措施。

例如，图 2-2 中通过不同区域和不同期间的销售额分析，可以发现销售额较低或较高的区域，以及销售增长率较低或较高的区域。

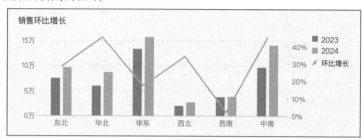

图 2-2　找差异找变化

3. 找奇异点和特殊群体

奇异点是指与大多数数据点明显不同或明显偏离的数据值，这些值可能是由错误、异常情况或者真实但重要的事件引起的。奇异点往往代表了一些特殊的现象，或者特殊群体的需求。因此，对奇异点的分析，可以在特殊群体中找到有针对性的产品需求、差异化的竞争策略，有利于产品和市场的精耕细作。

例如，图 2-3 利用机器学习的聚类算法将数据中异常的项目显示出来，从而针对异常项目做进一步分析，以制定有针对性的策略。

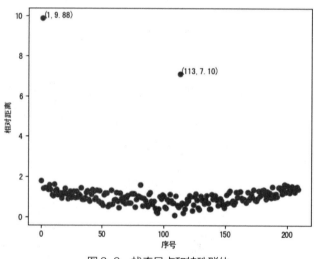

图 2-3　找奇异点和特殊群体

4. 找转折点和拐点

事物的发展都有其惯性，而转折点和拐点突破了事物常规发展的惯性，完全转向另外一个方向，这需要有强大的力量来扭转。分析这个拐点和转折点就能让我们认识这个强大力量的真实实力，从而发现企业运行转变的时间点和驱动力。

例如，图 2-4 展示了某公司的市场份额分析。在 Q1—Q7 的季度中，该公司一直在保持稳健增长，市场份额逐渐扩大。但在 Q7 季度，数据呈现出一个明显的拐点，市场份额出现下降。通过对转折期的深入分析，可以预测未来市场的走势，调整企业战略，以更好地适应市场变化。

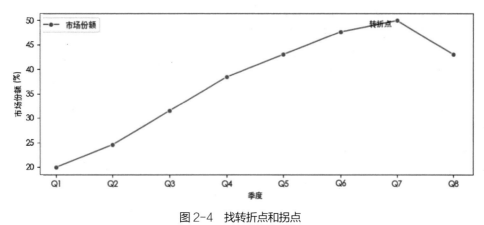

图 2-4　找转折点和拐点

5. 找特征

任何事物的发展都有其自身的特征，如果能够对事物的数据特征有清晰的认知，就很容易从数据的表现形态上看到事物是如何发生和发展的，因此在数据分析时要掌握数据表现出来的特征。

例如，图 2-5 为上市公司雪榕生物各季度的营业收入折线图，从图中可以发现，该公司每年的二季度收入较低，而四季度收入较高，存在明显的季度波动特征。对该公司业务做进一步了解，得知该公司以金针菇等菇类产品为主营业务。在冬季火锅盛行时，销量及价格较高；在夏季时，人们对火锅的消费热情不高，产品销量及价格较低。

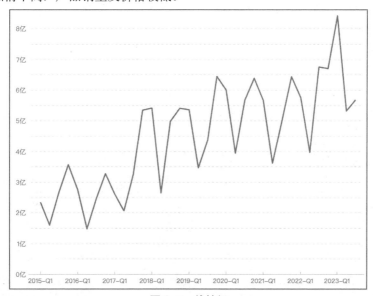

图 2-5　找特征

6. 找问题

从问对问题出发，找到数据中存在的问题。这些问题包括 what、who、when、where、how 等，它们可以让数据分析师把握问题的关键，找到问题的根源。在执行的过程中要有钻研的精神，不要放过任何一个细微的变化与差别，对所有的问题要有追根到底的精神。

例如，在分析中发现某公司在线销售额在某个季度下降，可以从这些问题出发进行分析。

(1) What(什么)：了解在线销售额下降的具体表现，包括哪些产品类别受影响，哪些地区的下降最为显著，是否所有渠道都受到同等程度的影响。

(2) Who(谁)：确定是否存在特定的客户群体对下降起到了关键作用。这些特定的客户可能是新客户、老客户，或者某些地理区域的客户。

(3) When(何时)：查看销售额下降的确切时间点，如是否与特定的促销活动、季节性变化或者市场活动有关。

(4) Where(何地)：确认销售额下降是否在特定地理区域发生，如在某个国家或城市的销售额下降更为明显。

(5) How(如何)：研究导致销售额下降的具体原因，如竞争加剧、产品质量问题、供应链中断等。

7. 找源头

在分析数据时，通过挖掘问题的源头，对事物的本质有清晰的认识，可以帮助我们找到事物产生根源，更有利于提出改进的措施。

例如，对某公司的利润情况进行分析时，发现当期公司整体发生亏损，可以进一步向下钻取分析是哪个区域、哪条业务线的问题造成了整体的亏损，如价格过低，成本过高，或者销量过小等。如果发现是成本过高，就要进一步分析成本过高的原因，找到问题的根源。

8. 找关系

其本质上就是进行相关性分析，可以结合大数据挖掘中的线性回归、逻辑回归等方法，帮助我们找到数据之间的关联关系。但在分析时，应结合常识，避免陷入唯数据论的境地。

例如，在图 2-6 对投标公司信息的分析中，如果发现各公司之间存在诸如联系人、电话、地址、邮箱、IP 地址等信息相关的情况时，可能存在"围标"的情况，即投标人之间进行串通，或通过某种私下约定，共同针对招标人。

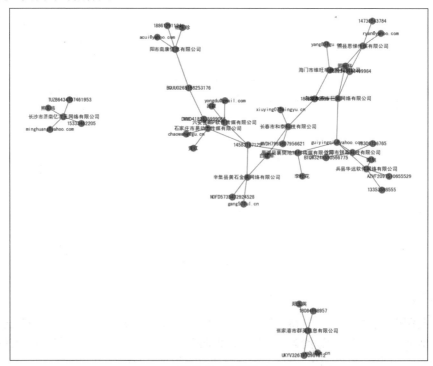

图 2-6 找关系

9. 找驱动

数据无法直接告诉我们事物变化背后的驱动要素是什么，只能告诉我们相关的关系或者两种指标之间的变化关系，我们需要寻找事物变化的驱动关系。通过发现驱动关系，可以帮助我们提出更加有效的经营管理策略。

例如在图 2-7 中，通过绘制各项环境因素与机器故障等级的关联热力图，分析造成故障的主要因素，从而有针对性地改善设备环境，减少故障的发生。

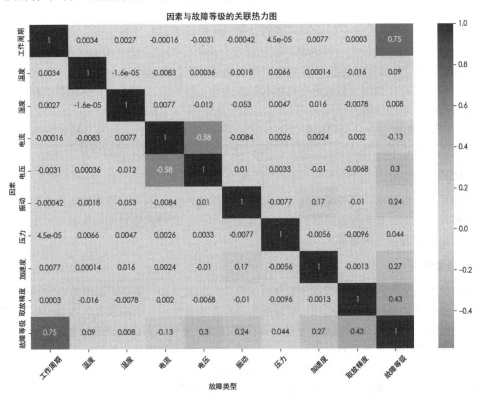

图 2-7　环境因素与机器故障等级的关联热力图

10. 找规律

找规律是数据分析与数据挖掘最基本的目标。数据分析的根本目的是指导企业未来的经营方向。通过数据分析能找到事物发展的规律，让我们能够对未来做出更加准确的预测，以便更好地把控未来的发展方向。

例如，零售商通过分析顾客购物篮的商品组合，找出经常一起购买的商品，并调整产品布局或进行促销以增加相关性，从而提高交叉销售效果，增加购物篮中的平均商品数量。

2.1.3　大数据分析的流程

大数据分析的主要流程如图 2-8 所示。

图 2-8　大数据分析的主要流程

1. 明确分析目标

为了确保分析的方向与业务需求一致,首先需要明确分析目标,从而更有针对性地开展后续工作。这需要与管理层或需求者沟通,明确需要进行的是描述性分析、诊断性分析、预测性分析,还是规范性分析,例如。

(1) 如果某公司的管理层想要基于财务绩效对各部门进行考核,那么此时需要进行描述性分析,对考核期间的各项绩效指标进行统计分析即可。分析的思路可能包括辅助线、找差异找变化等。

(2) 如果管理层想要知道公司业绩下滑的原因,此时需要进行诊断分析,诊断分析通常在描述性分析的基础上,通过找源头、找驱动、找问题等分析思路确定业绩下滑的潜在原因。

(3) 如果管理层想要通过数据分析制订明年的销售计划,从而确定相应的生产和采购计划,此时需要进行预测分析。预测分析的思路可能包括找规律、找特征、找关系、找转折点和拐点、找奇异点和特殊群体、辅助线等。

(4) 如果管理层想要提升公司销售业绩,此时需要进行规范分析。规范分析通常基于诊断分析和预测分析的结果,通过找驱动、找特征等分析思路找到提升销售业绩的有效措施。

2. 数据采集

在明确了分析目标后,需要采集相关的数据。这可能涉及从多个来源获取结构化和非结构化数据。本书涉及的数据,其来源包括数据库、本地文件和从互联网采集的外部数据,采集数据的质量和完整性对后续的分析至关重要。

3. 数据预处理

数据收集后,通常需要进行数据预处理以确保数据的质量和一致性,以便更有效地进行后续分析或建模。数据预处理的主要目标包括提高数据质量、消除噪声、解决缺失值和异常值等问题,以及使数据适合模型训练和分析。本书涉及的数据预处理主要包括数据清洗和数据转换。

数据清洗是指发现并处理数据中的错误值、异常值、重复值和缺失值等,以确保数据的准确性和完整性。例如,在对两张数据销售订单表进行整合时,可能会出现重复的订单数据需要进行删除,或者出现一些空缺值需要根据规则进行自动填补或手工填补。

数据转换包括对数据进行标准化、归一化、离散化等操作,以确保不同特征之间具有可比性,或者为了适应某些算法的需求,使其更适合分析或模型训练。例如,在采集或录入的数据中,如果日期格式被定义为文本,需要修改数据格式为日期;如果数据单位不统一,则需要统一数据单位。

4. 数据分析

数据分析是指对经过采集或处理后的数据进行解释、识别模式、提取信息、发现趋势和得出结论的过程。数据分析的目标是从原始数据中提炼有用的信息,帮助做出决策、发现关联性、进行预测等。以下是一些常见的数据分析步骤和方法。

(1) 统计分析。统计分析是指分析以了解数据的基本特征。其主要方法包括比较分析法、比率分析法和因素分析法。

① 比较分析法是按照特定的指标系将客观事物加以比较,从而认识事物的本质和规律,并做出正确的评价。根据比较对象的不同,比较分析法又可以分为趋势分析法、横向比较法和目标差异分析法。趋势分析法的比较对象是本企业的历史数据;横向比较法的比较对象是同类企业的相关数据,如行业平均水平或竞争对手;目标差异分析法的比较对象是目标数据。

② 比率分析法是通过计算各种比率指标来确定财务活动变动程度的方法。比率指标的类型主要有构成比率、效率比率和相关比率 3 类。构成比率又称结构比率，是某项指标的各组成部分数值占总体数值的百分比，反映部分与总体的关系；效率比率是某项经营活动中所费与所得的比率，反映投入与产出的关系；相关比率是以某个项目和与其有关但又不同的项目加以对比所得的比率，反映有关经济活动的相互关系。利用相关比率指标，可以考察企业相互关联的业务安排是否合理，以保障经营活动顺畅进行。

③ 因素分析法是依据分析指标与其影响因素的关系，从数量上确定各因素对分析指标影响方向和影响程度的一种方法。

(2) 数据挖掘。数据挖掘是通过在大量数据中发现模式、关联、趋势和规律来提取信息的过程。它使用统计学、机器学习和数据库技术等方法来发现数据中的关键信息；运用数据挖掘技术，发现数据中的模式、趋势和关联规则，以提供对业务问题的深刻洞察。数据挖掘主要包括分类、聚类、回归分析、文本分析等内容。

① 分类是指将数据分为不同的类别或标签，建立一个预测模型，使其能够对新的数据样本进行分类。常见的分类算法包括决策树、支持向量机(SVM)、逻辑回归、朴素贝叶斯、随机森林等。

② 聚类是指将数据分组为相似的集合，而无须预先定义类别。聚类有助于发现数据中的自然结构和相似性。常见的聚类算法包括 K 均值聚类、层次聚类、DBSCAN、谱聚类等。

③ 回归分析是指通过建立一个数学模型，预测一个变量(因变量)基于其他变量(自变量)的取值。回归分析通常用于预测数值型数据，常见的算法包括线性回归、多项式回归、岭回归、LASSO 回归等。

④ 文本分析是指挖掘大量文本数据，以发现主题、情感、实体关系等信息。例如，利用自然语言处理(NLP)提取文本中的信息，包括分词、词性标注、命名实体识别等；或者通过情感评估文本中的情感倾向，判断文本的情感色彩等。

(3) 数据可视化。数据的可视化是指利用图表、图形和仪表板等可视化工具，将复杂的数据转化为易于理解和传达的形式，帮助决策者更好地理解数据。

5. 分析结果解读

对于分析结果的解读涉及对分析结果的理解、解释，以及将其转化为对业务决策有意义的见解。分析结果的解读主要包括以下内容。

(1) 理解分析结果的输出。理解数据分析输出的统计意义和含义，例如分析某公司的流动比率，应该理解该指标的含义并结合参考指标确定该结果所表达的短期偿债能力强弱；如果在分析中使用了预测性建模，则需要更深层次地理解模型的输出，这可能包括模型的预测值、重要性分数、系数等。

(2) 关联分析结果与业务问题。将分析结果与业务问题联系起来，并考虑业务背景及外部环境，确保对分析结果的解释不脱离实际业务环境，对业务有实际的意义，并确认分析是否回答了初始的问题，检查结果是否对业务决策有帮助。例如，在对某公司销售业绩下滑的原因进行分析时，需要确认得到的分析结果是否能够解释公司业绩下滑的原因；是否考虑了公司产品的市场趋势、行业变化；是否能够帮助改善销售业绩。

(3) 识别关键发现和洞察。确认分析中的关键发现和洞察。这可能涉及发现潜在的趋势、异常情况、重要特征等，将这些关键发现与业务目标联系起来，看它们是否可以提供实际的价值和指导。例如，在对广告投入效益的分析中发现广告投放对新客户的吸引力更大，而对老客户的影响递减，这可能意味着需要更多地关注保留老客户的策略。

(4) 解释模型对变量的影响。对于预测性模型，理解模型变量对结果的影响是关键的。解释模型中的系数、特征重要性等信息，以识别哪些因素对结果贡献最大，应在对预测结果进行解释时提示这些影响重大的因素，其变化可能导致预测结果的重大变化。

(5) 准备清晰的分析报告。将分析的结果准备成清晰、简洁、易于理解的材料，可能包括报告、演示文稿、可视化图表等。同时，要注意考虑报告的使用者，避免使用过于专业化的术语，确保读者或听众可以理解。

6. 制订决策和行动计划

对分析中的关键发现和洞察进行总结，确保清晰地理解数据分析的核心结论，将数据洞察转化为实际的业务策略和操作计划。注意决策和行动计划同样需要基于企业的业务背景和外部环境，并确保行动计划是可操作的和可量化的。

在实施决策和行动计划后，还需要持续监控其效果，不断优化分析模型，确保其在不断变化的环境中保持准确性和有效性。

↗ 拓展练习

1. 时光云公司是一家智能零售企业。该公司利用先进的技术和大数据分析来提供个性化、智能化的购物体验。在年度总结会议上，时光云公司的管理层要求财务部对过去的经营和财务数据进行分析并形成分析报告，报告的主要应用场景如下：

(1) 对各部门进行业绩考核；

(2) 分析公司在第四季度发生亏损的原因；

(3) 制订下一年的财务预算和工作计划；

(4) 提高客户满意度，增加销售额，并保持竞争力。

说明上述场景涉及哪些分析目标。

2. 选择一种大数据分析方法(如辅助线、找差异找变化等)，并详细描述如何在实践中应用这种方法来解决具体问题。

3. 设想一个业务场景，需要进行预测性分析。请详细描述从数据收集到结果解读的整个过程，并指出在这个过程中可能会遇到的问题，以及如何解决这些问题。

2.2 大数据分析工具

在数字浪潮的席卷下，在面对庞大的数据集时，高效的大数据分析工具成为了解码信息、制定战略不可或缺的利器。大数据分析工具用于处理、管理和分析大规模数据集，涵盖了采集、存储、清洗、分析、可视化等多方面功能。本书主要使用金蝶轻分析平台和金蝶大数据实训平台作为分析工具。

2.2.1 金蝶轻分析平台

金蝶轻分析平台是企业级数据可视化平台，是一种轻建模、多维度、高性能的数据分析和数据探索工具。

1. 新建业务主题

(1) 打开金蝶云星空网页端登录界面，如图2-9所示。在登录界面中选择"金蝶云星空账号"，选择教学提供的数据中心，输入登录名和密码，然后单击"登录"按钮。

图 2-9　金蝶云星空网页端登录界面

(2) 执行"经营分析"|"轻分析"|"分析平台"|"轻分析"命令，进入轻分析界面，如图 2-10 所示。

图 2-10　菜单功能界面

(3) 在轻分析界面单击"＋"按钮新建分类，在新建好的分类中，选择"演示"命令，单击"新建"按钮，打开"新建业务主题"对话框，在"名称"文本框中输入"演示"，然后单击"确定"按钮，如图 2-11 所示。

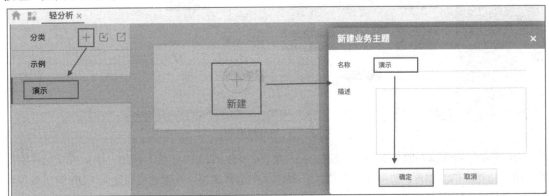

图 2-11　新建业务主题

(4) 业务主题包括数据建模、数据分析、数据斗方三个子模块，如果新建时选择"仪表板"，则包括仪表板子模块，如图 2-12 所示。

图 2-12 轻分析的子模块

2. 数据建模

轻分析平台的数据建模用于为数据分析和数据斗方进行数据源的准备。数据建模支持多种数据源，包括业务实体、当前数据中心、SQL Server、MySQL 等各种关系型数据库，Excel、CSV 等各种平面数据文件等。数据建模的主要操作包括新建数据表、设置数据表、设置表间关系等。

1) 新建数据表

(1) 从轻分析业务主题进入数据建模后，单击"新建数据表"按钮，弹出"新建数据表-选择数据源"对话框，选择数据源。本书除外部获取数据外，其他数据存储在"MySQL"数据库中。然后单击"下一步"按钮。如果此前曾连接过该数据库，连接信息会出现在右侧"最近使用"栏，单击最近使用的数据库可免去重复连接，操作界面如图 2-13 所示。

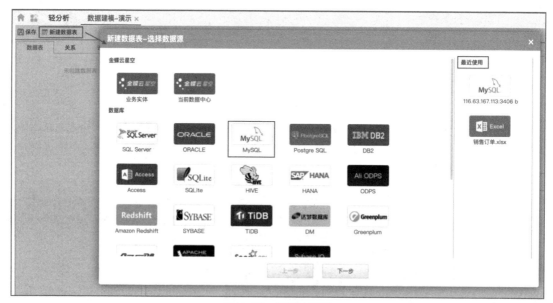

图 2-13 选择数据源

(2) 在左侧界面输入服务器 IP、端口、用户名、密码，单击"连接"按钮，连接成功后在右侧界面中选择相应的数据库，然后便可以直接在数据库中选择表格，或者通过自定义 SQL 调用数据库文件，如图 2-14 所示。

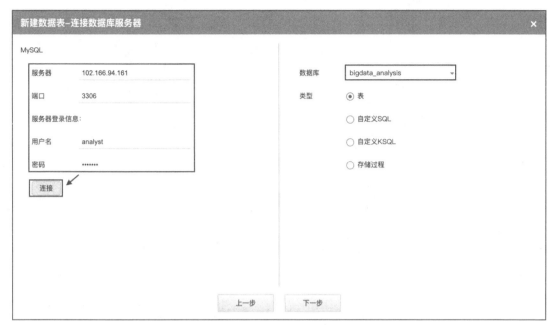

图 2-14　连接数据库服务器

(3) 在图 2-14 中单击"表"单选按钮，在打开的"新建数据表-选择表"对话框中，选择"利润表_幸福蛋糕"复选框。此时，被选择的数据表会显示在右侧栏，然后单击"下一步"按钮，如图 2-15 所示。

图 2-15　选择表

(4) 在打开的"新建数据表-选择字段"对话框中，依次选择所需字段(建议去掉一些不必要的分析字段，以提高分析效率)，然后单击"完成"按钮，如图 2-16 所示。

图 2-16 选择字段

2) 设置数据表

完成后返回到数据建模页签,即可看到引入的数据表,选中数据表,用户可以在下方对字段进行编辑,或过滤数据。单击数据表右侧的下拉按钮,从弹出列表中,可以对数据表进行重命名、选择字段、新建计算字段、删除等操作,如图 2-17 所示。

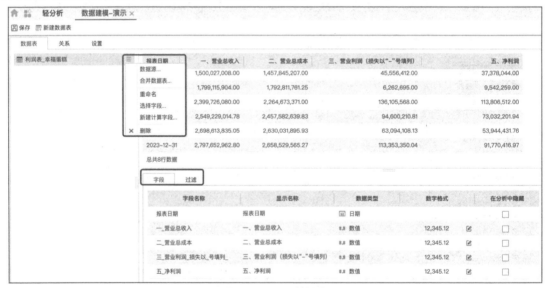

图 2-17 设置数据表

3) 设置表间关系

在数据建模中,可建立两个或多个数据表间的逻辑关系。在"关系"页签中,单击"新建关系"按钮,打开"新建关系"对话框,可设置要关联的数据表及字段,根据建立关系的字段值在数据表中是否唯一,可以选择"一对一""一对多"和"多对一"三种关系。例如,建立幸福蛋糕和烘焙行业关于"报表日期"的连接关系,在"利润表_幸福蛋糕"数据表中,"报表日期"字段的值是唯一的，而"利润表_烘焙行业"数据表中涉及多家公司，"报表日期"的值不唯一，因此它们的关系是"一对多"。同时，可以根据分析的目的选择是否勾选"保留无法关联的行"，如图 2-18 所示。

图 2-18　设置表间关系

3. 数据分析

数据分析模块可以通过拖曳光标制作多维度透视的图表，支持表格、柱形图、多系列/堆积柱形图、折线图、多系列折线图、面积图、饼图、热力图、树图、散点/气泡图。数据分析界面分为 6 个部分：工具栏、字段区域、功能区域、图表类型区域、数据视图展示区域和筛选器/图例区域，如图 2-19 所示。

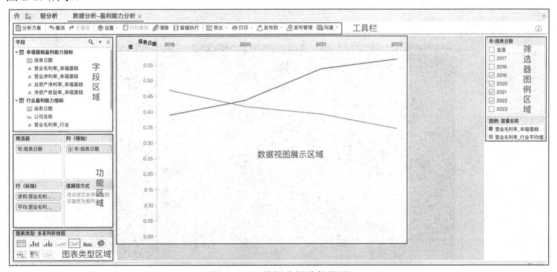

图 2-19　数据分析功能界面

4. 数据斗方

数据斗方是轻分析的卡片设计工具，可以自由创作和使用各种数据可视化卡片，支持雷达图、组合图等 20 种图表类型。在"数据斗方"页签中，共分为 6 部分：工具栏、字段区域、图表类型区域、功能区域、卡片预览区域和属性设置区域，其中，预览卡片的尺寸可以在工具栏的"预览尺寸"处设置，完成后的卡片可以在工具栏的"分析方案"处保存，如图 2-20 所示。

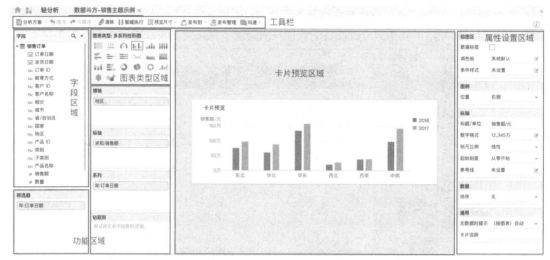

图 2-20 数据斗方功能界面

5. 仪表板

支持对数据斗方、网页、文字及组合卡片等组件进行综合布局，并可定义组件数据更新频率，支持大屏展示。这使得用户可以在同一屏幕上集中展现、比较和监视一组特定的数据内容。同时，仪表板还提供筛选、钻取、再分析等交互操作。仪表板设计器上方为工具栏，左侧为组件工具箱和大纲区域，中间部分为设计区，右侧为属性区，如图 2-21 所示。

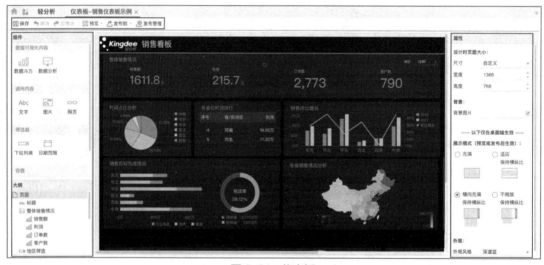

图 2-21 仪表板

2.2.2 金蝶大数据平台

金蝶大数据平台提供基于 Python 的大数据采集、大数据处理和大数据挖掘的一体化功能。系统内置了常用场景下的数据采集、处理和挖掘等算法，操作界面简洁，便于不具备 Python 技术能力的用户在实验中进行调用，同时，系统还保留了自定义算法的代码区，以满足具备一定 Python 和大数据算法基础的用户的需求。

1. 大数据采集

平台内置多种类型互联网数据采集模块,包括上市公司财务报表的采集、电商平台数据采集等。例如,通过企业财务报表和多企业财务报表采集两个子功能模块,实现对单一或多个上市公司的财务报表进行采集。支持用户自行设置数据源地址、公司名称、报告类型、报表类型等参数,以获取需要的财报数据(见图 2-22)。

图 2-22　大数据采集

2. 大数据处理

大数据处理包括数据清洗、数据转换和 Python 自定义处理子模块。数据清洗的结果是对重复、错误、残缺和噪声等问题数据进行对应方式的处理,得到标准且连续的数据,以便进一步进行数据统计、数据挖掘分析等。大数据智能风控实训平台可对上传的 Excel 表格的数据进行数据清洗,可自行添加多种清洗规则,包括重复数据删除、空格清理、非法字符清理、字符替换、列名替换、间隔采样和随机采样等。清洗完成后,可在"数据预览"选项区域中,下载处理好的数据表格或将其保存到数据库,如图 2-23 所示。

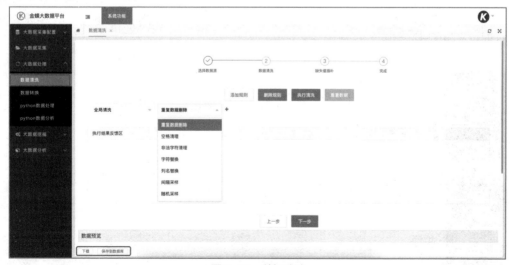

图 2-23　数据清洗

数据转换是将数据转换成规范、结构化的形式,以便更好地理解和处理。数据转换模块能够对上传的 Excel 表格中的数据进行数据转换,实现字段精度统一、日期格式转换和数据转置等功能,将数据转化为适当的形式,以便后续完成数据挖掘分析等工作。数据转换完成后,在"数据预览"选项区域中,下载处理好的数据表格或将其保存到数据库,如图2-24所示。

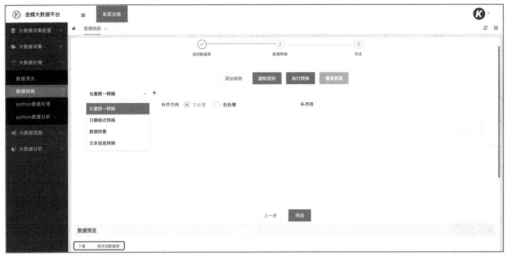

图2-24　数据转换

3. 大数据挖掘

数据挖掘(data mining)是一种决策支持过程,主要基于人工智能、机器学习、模式识别、统计学、数据库和可视化技术等,通过高度自动化地分析数据,进行归纳性的推理,并从中挖掘出潜在的模式,从而帮助决策者控制风险。大数据挖掘模块包括回归、分类、聚类、文本处理等。

1) 回归

回归分析是一种通过建立模型来研究变量之间相互关系的密切程度、结构状态及进行模型预测的有效工具。平台内置了线性回归、岭回归、多项式回归、线性SVM和SVM 5种回归分析算法。

进行回归分析时,用户需要先在数据源中导入标准数据(拥有标准结果),通过标准数据进行模型构建。模型构建完成后,用户可以在数据挖掘展示区查看数据可视化结果和目前模型在现有测试数据中的预测准确度,然后导入待预测数据(无标准结果)进行数据预测,系统将根据已构建的模型得到预测数据的结果,如图2-25所示。

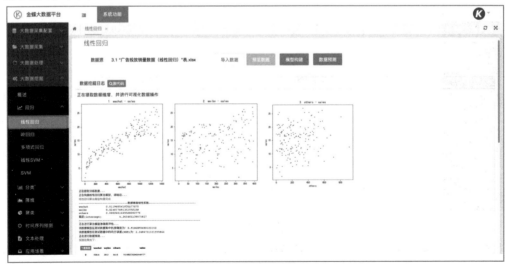

图2-25　回归分析

2) 分类

分类算法反映的是如何找出同类事物的共同型特征知识和不同事物之间的差异型特征知识。分类是通过有指导的学习训练建立分类模型,并使用模型对未知分类的实例进行分类。平台提供最近邻、决策树、逻辑回归、朴素贝叶斯和 SVM 5 种分类分析算法。

进行分类分析时,用户需要先在数据源中导入标准数据(拥有标准结果),通过标准数据进行模型构建。模型构建完成后,用户可以在数据挖掘展示区看到数据可视化结果和目前模型在现有测试数据中的预测准确度,然后导入待预测数据(无标准结果)进行数据预测,系统将根据已构建的模型得到预测数据的结果,如图 2-26 所示。

图 2-26　分类分析

3) 聚类

K-means 算法是最为经典的基于划分的聚类方法。它的基本思想是:以空间中 K 个点为中心进行聚类,对最靠近它们的对象归类。通过迭代的方法,逐次更新各聚类中心的值,直至得到最佳的聚类结果。

进行 K-means 聚类分析时,用户需要先在数据源中导入标准数据(拥有标准结果),通过标准数据进行模型构建。模型构建完成后,用户可以在数据挖掘展示区看到数据可视化结果和目前模型在现有测试数据中的预测准确度,然后导入待预测数据(无标准结果)进行数据预测,系统将根据已构建的模型得到预测数据的结果,如图 2-27 所示。

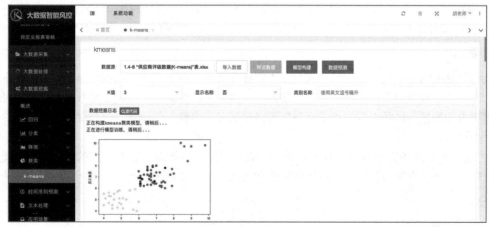

图 2-27　聚类分析

4) 文本处理

文本处理包括词云分析，突出显示文本中词频较高的分词，形成"关键词渲染"，从而过滤掉大量的文本信息，使浏览者一眼扫过就可以领略文本的主旨。在进行词云分析时，用户需要导入完成清洗的文本数据，通过绘制词云，可以在数据挖掘展示区看到词云图，如图2-28所示。

图2-28　词云分析

📌 拓展练习

1. 利用金蝶轻分析平台，从案例数据库中获取数据表"利润表_幸福蛋糕"，然后选择报表日期和营业收入字段，在数据斗方进行营业收入的趋势分析。

2. 利用金蝶大数据平台，从唯品会选择一款产品，然后爬取其评论数据，经过处理后进行词云分析。

2.3 MySQL 查询统计

2.3.1 MySQL 基本概念

MySQL 是一种开源的关系型数据库管理系统(RDBMS)，广泛应用于 Web 开发中。MySQL 是一种客户端-服务器系统，其中，客户端和服务器可以在不同的机器上支持多用户和多线程。

1. 数据库

数据库(database)是按照数据结构来组织、存储和管理数据的仓库。数据库是一个结构化的数据集合，而关系型数据库是建立在关系模型基础上的数据库，借助于集合代数等数学概念和方法来处理数据库中的数据。这种所谓的"关系型"可以理解为"表格"的概念，一个关系型数据库由一个或多个表格组成。

MySQL 是一个关系型数据库管理系统，关系型数据库将数据保存在不同的表中，而不是将所有数据放在一个大仓库内，这样可以提高速度和灵活性。它支持大型的数据库，可以处理上千万条的记录。

2. 数据库的连接

不管使用什么工具，连接 MySQL 数据库需要用到的参数包括主机、端口、用户名、密码和数据库名。
(1) 主机/服务器(host)：数据库所在主机名或 IP 地址。
(2) 端口(port)：连接到 MySQL 数据库所在服务器的端口号。
(3) 用户名(username)：MySQL 数据库的用户名。
(4) 密码(password)：MySQL 数据库用户的密码。
(5) 数据库名(dbname)：连接数据库的名称。

例如，通过轻分析平台连接数据库，如图 2-29 所示。

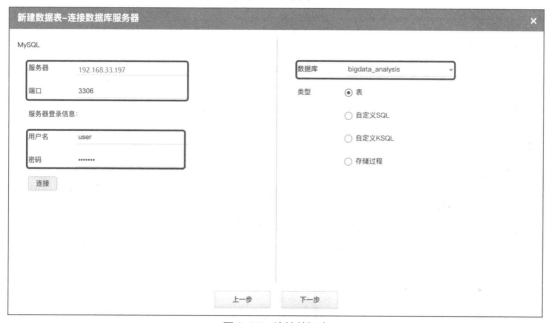

图 2-29　连接数据库

3. 数据类型

MySQL 支持多种数据类型，大致可以分为三类：数值、日期/时间和字符串类型，主要数据类型如表 2-1 所示。

表 2-1　数据类型

类型	说明
INT 或 INTEGER	整数值
FLOAT	单精度浮点数
DOUBLE	双精度浮点数
DECIMAL	小数值，用于高精度计算场景
DATE	日期值
TIME	时间值
YEAR	年份值
VARCHAR	可变长度字符串，适用于存储变长文本

2.3.2 MySQL 查询语句

1. 基本的 SELECT 语句

MySQL 数据库使用 SELECT 语句来查询数据，列名可以通过 AS 进行重命名，语法如下：

SELECT 列1, 列2 AS 新列名 FROM 表名

查询所有列的数据时，可以用通配符 "*" 代替，语法如下：

SELECT * FROM 表名

查询去掉重复值的列值时，可以在列名前加 DISTINCT，语法如下：

SELECT DISTINCT 列名 FROM 表名

应用示例如下：

--查询利润表中营业收入和营业成本的数据
SELECT 报表日期,其中: 营业收入 AS 营业收入,其中: 营业成本 AS 营业成本 FROM 利润表_幸福蛋糕
--查询利润表所有列数据
SELECT * FROM 利润表_幸福蛋糕
--查询门店信息表中门店类型的唯一值
SELECT DISTINCT 门店类型 FROM 门店信息表

如果数据表名或者列名中存在 MySQL 使用的运算符、函数等，应在数据表名或列名外添加 TAB 键上方的 `` 符号，以区别于 MySQL 本身的命令符号。

2. 条件查询

如果需要有条件地从表中选取数据，可将 WHERE 子句添加到 SELECT 语句中，WHERE 子句用于在 MySQL 中过滤查询结果，只返回满足特定条件的行，语法如下：

SELECT 列1, 列2 FROM 表名 WHERE 条件

在 WHERE 子句中，可以使用各种条件运算符(如 =、<、>、<=、>=、!=、IN、NOT IN)、逻辑运算符(如 AND、OR、NOT)及通配符(如 %)等，应用示例如下：

--查找《门店信息表》中门店类型为"新零售店"且位于深圳市的门店信息
SELECT * FROM 门店信息表 WHERE 门店类型 = "新零售店" AND 市 = "深圳市"
--查找《门店信息表》中位于湖南省或湖北省的信息
SELECT * FROM 门店信息表 WHERE 省 = '湖南' OR 省 = '湖北'
--查找《门店信息表》中门店设立时间满足特定条件的信息
SELECT * FROM 门店信息表 WHERE 门店设立时间 IN ('2020-03-17','2020-04-02','2020-04-29')

3. 模糊查询

在条件查询的语句中，使用 WHERE 子句来获取指定的记录时，可以使用 "=" 来设定获取数据的条件，但有时获取数据的条件并不精确，例如，只知道列的开头、结尾或中间包含某些字符，

这时，可以使用 LIKE 子句。在 MySQL 中，LIKE 子句是用于在 WHERE 子句中进行模糊匹配的关键字，它通常与通配符一起使用，用于搜索符合某种模式的字符串。

LIKE 子句中常用的通配符包括"_""%"等。其中，"_"可代替单个任何字符，"%"代替任何字符出现任意次数。应用示例如下：

```
--查找《门店信息表》中"门店"字段中包含"市"且以"三店"结尾的信息
SELECT * FROM 门店信息表 WHERE 门店 LIKE '%市%三店'
```

4. 排序和分组

如果需要对读取的数据进行排序，可以使用 MySQL 的 ORDER BY 子句来设定排序方式，ORDER BY 子句可以按照一个或多个列的值进行升序(ASC)或降序(DESC)排序，语法如下：

```
SELECT 列1,列2 FROM 表名 ORDER BY 列1 [ASC|DESC], 列2 [ASC|DESC]
```

GROUP BY 子句可以根据一个或多个列对结果集进行分组。在分组的列上可以使用 COUNT、SUM、AVG 等聚合函数对数据进行汇总，语法如下：

```
SELECT 列1, COUNT(*) FROM 表名 GROUP BY 列1
```

ORDER BY、GROUP BY 子句也可以和 WHERE 子句结合使用，应用示例如下：

```
--将《门店信息表》中的门店按设立时间的先后进行排序
SELECT * FROM 门店信息表 ORDER BY 门店设立时间 ASC

--统计烘焙行业各年度平均净利润
SELECT 报表日期,AVG(净利润) AS 行业平均净利润 FROM 利润表_烘焙行业 GROUP BY 报表日期

--统计烘焙行业除"桃李面包外"的公司各年度总营业收入，并按报表时间倒序排序
SELECT 报表日期,SUM(营业收入) FROM 利润表_烘焙行业
WHERE 公司名称 != '桃李面包'
GROUP BY 报表日期
ORDER BY 报表日期 DESC
```

5. 多表查询

多表查询可以通过条件关联语句或 JOIN 子句实现，可以根据关联条件从多个表中获取数据。例如，计算净利润占期末总资产的比例时，需要从利润表和资产负债表两张数据表中获取数据，示例代码如下：

```
SELECT t1.报表日期,t1.五、净利润 AS 净利润,t2.资产总计
FROM 利润表_幸福蛋糕 AS t1,资产负债表_幸福蛋糕 AS t2
WHERE t1.报表日期 = t2.报表日期
```

6. 嵌套查询

在 SQL 语言中，一个 SELECT-FROM-WHERE 语句称为一个查询块。将一个查询块嵌套在另

一个查询块的 WHERE 等子句的条件中的查询称为嵌套查询。应用示例如下:

```
--查找位于四川省的门店的计划销售额信息
SELECT * FROM 门店销售计划表 WHERE 门店编号 IN
(SELECT 门店编号 FROM 门店信息表 WHERE 省 = '四川')

--查询《年度销售额汇总表》中下午茶的销售额和总销售额,并按年度汇总
SELECT a.年度,b.下午茶销售额,a.总销售额
FROM
    (SELECT YEAR(期间) AS 年度, SUM(销售额) AS 总销售额 FROM 年度销售额汇总表 GROUP BY YEAR(期间)) a,
    (SELECT YEAR(期间) AS 年度, SUM(销售额) AS 下午茶销售额 FROM 年度销售额汇总表 WHERE 商品类别 = '下午茶' GROUP BY YEAR(期间)) b
    WHERE a.年度 = b.年度
```

7. 表的连接

在多表查询中,MySQL 还可以使用 JOIN 在两个或多个表中查询数据。JOIN 按功能分为内连接、左连接和右连接三类。

1) 内连接

内连接用 INNER JOIN(或 JOIN)连接数据表,返回两个表中满足连接条件的匹配行,获取的是两个表中字段匹配关系的记录,所获取数据的关系如图 2-30 所示。

图 2-30 INNER JOIN

例如,要统计利润表和资产负债表中各年度对应的营业收入和总资产,示例代码如下:

```
SELECT t1.报表日期,t1.五、净利润 AS 净利润,t2.资产总计 FROM 利润表_幸福蛋糕 t1
JOIN 资产负债表_幸福蛋糕 t2 ON t1.报表日期 = t2.报表日期
```

2) 左连接

左连接用 LEFT JOIN 连接数据表,返回左表的所有行,并包括右表中匹配的行。如果右表中没有匹配的行,将返回 NULL 值。其语法与内连接类似,所获取数据的关系如图 2-31 所示。

图 2-31 LEFT JOIN

3) 右连接

右连接用 RIGHT JOIN 连接数据表，返回右表的所有行，并包括左表中匹配的行。如果左表中没有匹配的行，将返回 NULL 值。其语法与内连接类似，所获取数据的关系如图 2-32 所示。

图 2-32　RIGHT JOIN

8. 表的合并

在 MySQL 中，可以使用 UNION 将两个以上的 SELECT 语句的查询结果组合到一个结果集合，并去除重复的行。UNION 操作符必须由两个或多个 SELECT 语句组成，每个 SELECT 语句的列数和对应位置的数据类型必须相同。例如，合并案例企业"幸福蛋糕"和"烘焙行业"的利润表部分字段，示例代码如下：

```
SELECT 报表日期,'幸福蛋糕' AS 公司名称,其中：营业收入  AS 营业收入
FROM 利润表_幸福蛋糕
UNION
SELECT 报表日期,公司名称,营业收入 FROM 利润表_烘焙行业
```

9. 常用函数

MySQL 中有很多函数，包括字符类(见表 2-2)、数值统计类(见表 2-3)和日期时间类(见表 2-4)及逻辑函数(见表 2-5)。

表 2-2　常用字符处理函数

函数	说明
CONCAT(s1,s2)	将 s1、s2 合并为一个字符串
LEFT(s,n)	返回字符串 s 的前 n 个字符
MID(s,n,len)	从字符串 s 的 n 位置截取长度为 len 的子字符串,同 SUBSTRING(s,n,len)
POSITION(s1 IN s)	从字符串 s 中获取 s1 的开始位置
REPLACE(s,s1,s2)	将字符串 s2 替代字符串 s 中的字符串 s1
RIGHT(s,n)	返回字符串 s 的后 n 个字符
RPAD(s1,len,s2)	在字符串 s1 的结尾处添加 s2，使字符串的长度达到 len
STRCMP(s1,s2)	比较字符串 s1 和 s2，如果 s1 与 s2 相等，返回 0；如果 s1>s2，返回 1；如果 s1<s2，则返回-1
SUBSTR(s, start, length)或 SUBSTRING(s, start, length)	从字符串 s 的 start 位置截取长度为 length 的子字符串

表 2-3　常用数值统计函数

函数	说明
AVG(expression)	返回一个表达式的平均值，expression 是一个字段
COUNT(expression)	返回查询的记录总数，expression 参数是一个字段或者*号
MAX(expression)	返回字段 expression 中的最大值
MIN(expression)	返回字段 expression 中的最小值
ROUND(x [,y])	返回离 x 最近的整数，可选参数 y 表示要四舍五入的小数位数，如果省略，则返回整数
SUM(expression)	返回指定字段的总和

表 2-4　常用日期函数

函数	说明
DATE()	从日期或日期时间表达式中提取日期值
DATEDIFF(d1,d2)	计算日期 d1 与 d2 之间相隔的天数
DATE_ADD(d，INTERVAL expr type)	计算起始日期 d 加上一个时间段后的日期，type 值可以是 DAY、MONTH、YEAR 等日期
DATE_FORMAT(d,f)	按表达式 f 的要求显示日期 d
DATE_SUB(date,INTERVAL expr type)	函数从日期减去指定的时间间隔
DAY(d)	返回日期值 d 的日期部分
LAST_DAY(d)	返回给定日期的那一月份的最后一天
MONTH(d)	返回日期 d 中的月份值，1 到 12
YEAR(d)	返回年份

表 2-5　逻辑函数

函数	说明
IF(condition, value_if_true, value_if_false)	如果 condition 为真,返回 value_if_true,否则返回 value_if_false
CASE 　　WHEN condition1 THEN result1 　　WHEN condition2 THEN result2 　　... 　　ELSE else_result END	当条件 condition1 成立时返回 result1，当条件 condition2 成立时返回 result2，依次类推，最后如果不满足上面任意条件，返回 else_result

10. 常用运算符

MySQL 中的运算符包括算术运算符、比较运算符、逻辑运算符等，分别如表 2-6、表 2-7、表 2-8 所示。

表 2-6　常用算术运算符

运算符	作用
+	加法
−	减法
*	乘法
/ 或 DIV	除法

表 2-7　常用比较运算符

运算符	作用
=	等于
<>，!=	不等于
>	大于
<	小于
<=	小于等于
>=	大于等于
IN	在集合中
NOT IN	不在集合中
LIKE	模糊匹配
IS NULL	为空
IS NOT NULL	不为空

SELECT 语句中的条件语句经常需要使用比较运算符。通过比较运算符，可以判断表中的哪些记录符合条件。比较结果为真时返回 1，为假时返回 0，比较结果不确定时返回 NULL。

表 2-8　常用逻辑运算符

运算符	作用
NOT 或!	逻辑非
AND	逻辑与
OR	逻辑或

逻辑运算符用来判断表达式的真假。如果表达式是真，则结果返回 1；如果表达式是假，则结果返回 0。

➤ 拓展练习

1. 按天和商品名称汇总统计"销售订制单(云南)"数据表中，蛋糕类商品的实际销售。
2. 从"门店信息表""门店销售计划表"和"门店销售汇总表"数据表中通过 MySQL 语句查询位于湖南省的门店销售计划完成率，并按完成率情况进行排序呈现。

➤ 课程思政

在大数据时代，数据成为驱动创新和发展的关键力量。学习大数据技术的目的不仅是获取技术能力，更是培养数据思维和信息素养。在这个过程中，我们要关注数据伦理和隐私保护，要意识到数据处理的背后可能涉及个体权益和社会公正的问题。同时，我们要认识到数据科技的广泛应用对行业结构、职业模式等方面都带来深刻变革。作为从业者，我们需要不断学习并适应这些变化的过程。

【思考】在大数据时代，如何更好地平衡数据的利用和个体隐私的保护？在追求财务效益的同时，我们又该如何确保数据处理的公正性和透明性，防止数据被滥用？

第 2 篇

企业经营决策分析

第3章 企业环境分析

↗ 学习目标

1. 理解利用波特五力模型进行行业分析的方法
2. 掌握企业的 SWOT 分析方法
3. 理解企业经营战略分析方法
4. 通过企业环境分析了解案例企业的基本信息

↗ 学习导图

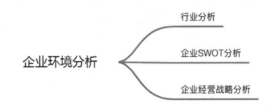

3.1 行业分析

行业环境分析的目的在于分析行业的盈利能力。影响行业盈利能力的因素有许多，可以归纳为现有企业间竞争程度、新加入企业竞争威胁、替代产品或服务威胁、企业与供应商的议价能力及企业与客户的议价能力。

1) 现有企业间竞争程度

现有企业间的竞争程度影响着行业的盈利水平，通常竞争程度越高，价格越接近于边际成本，盈利水平也越低。行业现有企业间的竞争程度分析主要从影响企业间竞争的因素入手，通常包括以下内容。

(1) 行业增长速度分析。行业增长速度越快，现有企业间越不必为相互争夺市场份额而展开价格战；反之，如果行业增长较慢或停滞不前，则竞争势必加剧。

(2) 行业集中程度分析。如果行业市场份额主要集中在少数企业，即集中程度高，则竞争度较低；反之，则竞争度较高。

(3) 差异程度与替代成本分析。行业间企业要避免正面价格竞争，关键在于其产品或服务的差异程度，差异程度越大，竞争程度越低。当然，差异程度与替代成本相关，当替代成本较低时，企业间仍可进行价格竞争。

(4) 规模经济分析。规模经济性是指在一定的市场需求范围内，随着生产规模的扩大，企业的产品与服务的每一单位的平均成本出现持续下降的现象。价格竞争的基础是成本竞争。平均成本越低，价格竞争优势越强。

(5) 退出成本分析。当行业生产能力大于市场需求，而行业退出成本又较高时，势必会引起激烈的价格竞争力；如果退出成本较低，则竞争将减弱。

2) 新加入企业竞争威胁

当行业平均利润率超过社会平均利润率，即行业取得超额利润时，行业必然面临新企业加入的威胁。影响新企业加入的因素有很多，具体如下。

(1) 规模经济因素。规模经济程度越高，新企业进入难度越大。因为，要进入该行业，要么大规模投资，要么投资达不到规模经济。两种可能都增加了新企业进入的困难。

(2) 先进入优势因素。在竞争中，与行业现有企业相比，新进入企业总是处于相对不利的地位。因为行业现有企业为防止新企业进入，在制定行业标准或规则方面总是偏向于自身；同时现有企业通常具有成本优势，这也提高了进入门槛。

(3) 销售网与关系网因素。销售网与关系网对企业的生存与发展至关重要。新进入企业要在现有行业生存与发展，就必须要打通现有行业的销售网与关系网。不同行业的销售网与关系网的规模与复杂程度是不同的，这也决定了新进入企业打入该行业销售网与关系网的难易程度，以及进入该行业的难易程度。

(4) 法律法规因素。许多行业对新进入企业在法律法规上有所规定与限制，如许可证、专利权等。因此，法律法规限制程度就直接影响新企业进入的难易程度。

3) 替代产品或服务威胁

替代产品与替代服务对行业竞争程度有重要影响。当行业存在许多替代产品或替代服务时，其竞争程度加剧；反之，替代产品或服务少，则竞争性较小。消费者在选择替代产品或服务时，通常考虑产品或服务的效用和价格两个因素。如果替代效用相同或相似，价格竞争就会激烈。

4) 企业与供应商的议价能力

影响企业与供应商议价能力的因素主要包括以下内容。

(1) 供应商的数量对议价能力的影响。当企业的供应商越少，可供选择的产品或服务也越少时，供应商方面的议价能力就越强；反之，则企业的议价能力越强。

(2) 供应商的重要程度对议价能力的影响。供应商对企业的重要程度取决于其供应产品对企业产品的影响程度。如果供应商的产品是企业产品的核心部件，而替代产品较少，则供应商的议价能力较强；反之，企业具有更好的议价能力。

(3) 单个供应商的供应量。单个供应商对企业的供应量越大，往往对企业的影响与制约程度越大，其议价能力也越强。

5) 企业与客户的议价能力

影响企业与客户议价能力的因素有很多，如替代成本、产品差异、成本与质量的重要性、客户数量等，将这些因素归纳起来主要体现在以下两个方面。

(1) 价格敏感程度的影响。价格敏感程度取决于产品差别程度及替代成本水平。产品差别越小，替代成本越低；价格敏感度越强，客户的议价能力越强。另外，客户对价格的敏感程度还取决于企业产品对客户的成本构成影响程度。如果企业产品在客户成本中占较大比重，客户将对其价格十分敏感；反之，则敏感程度下降。

(2) 相对议价能力的影响。价格敏感程度虽然会对价格产生影响，但实际价格还取决于客户相对议价能力。影响其议价能力的因素有：企业(供应商)与客户的供需平衡状况、单个客户的购买量、可供选择的替代产品数量、客户选择替代产品的成本水平和客户的逆向合并威胁等。其中，逆向合并是与顺向合并相对应的。顺向合并是指并购公司将目标公司合并，目标公司注销；逆向合并是指在并购公司对目标公司进行并购过程中，发生的目标公司将并购公司合并的情况。逆向并购威胁的发生与企业的相对议价能力有关，也成为影响企业议价能力的因素。

迈克尔·波特(Michael E.Porter)将上述分析框架概括为"五力模型"，如图3-1所示。这五大竞争力量决定了产业的盈利能力,可以用来帮助企业寻找最有吸引力的行业及行业中最有利的竞争位置。

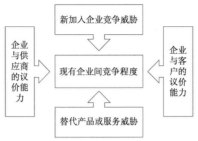

图 3-1 迈克尔·波特的"五力模型"

【案例背景】

幸福蛋糕于 2008 年创立于深圳,是一家集面包、蛋糕等烘焙类食品生产、销售为一体的全国知名企业,并且经过多年发展已经成为数据和技术驱动的 O2O 蛋糕品牌。基于信息技术的革新和用户消费习惯的改变及新零售基础设施的完善,通过"线上下单,线下配送"及定制化服务,力求为消费者提供良好的消费体验。

近期,幸福蛋糕正在筹备 C 轮融资。创始人与一家国内知名投资基金"未来资本"进行了接触,未来资本考虑参与其 C 轮融资。在进行尽职调查前,拟对该公司的所属行业进行初步分析,以评估其行业的吸引力。为便于做更精准的对比分析,根据申万三级行业分类,未来资本将其归类于"烘焙行业"。

从行业容量角度来看,我国的烘焙行业起步较晚,但规模在不断扩大,市场处于快速成长的黄金期。数据显示,2022 年中国烘焙食品行业市场规模达 2853 亿元,同比增长 9.7%。艾媒咨询分析师认为,随着人均消费水平的增长及餐饮消费结构的调整,中国烘焙食品行业的消费需求旺盛,上下游产业快速发展,市场将进一步扩容,预计 2025 年市场规模将达 3518 亿元。

数据显示,2022 年中国烘焙食品行业相关企业注册数量为 29 345 家,2020—2022 年烘焙食品行业企业数量增长强劲,2022 年创下历史新高。艾媒咨询分析师认为,中国烘焙食品行业尚未达到饱和,市场还具有很大的发展空间,预计未来将有更多企业会加入烘焙赛道。

近年来,我国烘焙食品行业在生产技术、新品研发、制作工艺、外观设计、产品包装和营销模式等方面得到了迅速的发展。随着居民消费观念的转变,食品消费呈现多样化的趋势,也将推动烘焙食品消费总量持续增长。如今,烘焙食品呈现明显的零食化和正餐化趋势,烘焙食品已不限于单一节日场景,其在生活中的消费场景日益丰富,送礼也逐渐成为烘焙食品的重要消费场景之一。

我国居民食品消费也呈现出健康、绿色、方便、美味和个性化发展的特点。随着国家公众营养计划的进一步深入,消费者将更加注重膳食营养均衡。烘焙食品也从原来的高糖、高脂肪、高热量向清淡、营养平衡的方向发展。未来,随着中国经济实力增强,人民收入不断提高,消费能力提升,消费者将倾向于对烘焙食品口味、质感的追求,品牌意识亦不断增强。烘焙食品行业准入制度的设立及法律法规体系的建立提高了行业的进入门槛,形成品牌壁垒,使得中高端市场成为竞争焦点。

1. 确定分析目标

根据案例背景,需要对幸福蛋糕所在的烘焙行业进行分析,根据波特五力模型,搜集相关资料并实施分析。

2. 数据采集与处理

进行烘焙行业的波特五力模型分析时,案例背景中提供了部分信息。另外,也可以通过调查研究、行业报告、企业年报及客户交易信息等手段获取相关信息，如主要竞争对手在市场中的份额和规模、主要原材料供应商的谈判能力和对市场的影响、主要客户的购买力和对价格的敏感度，以及市场上是否存在可替代的产品或服务等。

3. 数据分析

可以利用各种分析工具对可量化的数据进行结构、趋势等相关分析及呈现。非结构化的数据可以进行处理与转换，使用内容分析、文本分析等方法，提取模型所需的关键内容。

4. 分析结果

下面对案例场景相关信息进行定性分析，结果仅供参考。

(1) 现有企业间竞争程度。烘焙行业的竞争程度较低。2022 年，中国烘焙食品行业相关企业注册数量为 29 345 家，且行业企业数量增长较为强劲，但市场规模也在不断扩大。根据艾媒咨询分析师的观点，中国烘焙食品行业尚未达到饱和，市场还具有很大的发展空间，预计未来更多企业会加入烘焙赛道。因此，未来可能出现现有企业间的激烈竞争。企业需要提前规划，提高企业核心竞争力，避免陷入同质化竞争。

(2) 新加入企业竞争威胁。烘焙行业的门槛目前相对较低，但是在未来，随着消费者逐步倾向于对烘焙食品口味、质感的追求，以及品牌意识增强，烘焙食品行业准入制度的设立及法律法规体系的建立提高了行业进入门槛，形成品牌壁垒，使得中高端市场成为竞争焦点。因此，企业应当提前布局，通过创新的产品和独特的营销策略，创建品牌优势。

(3) 替代产品或服务威胁。烘焙行业的替代品主要包括其他类型的食品，如方便面、速冻食品等。这些替代品由于其便捷性和多样性，对烘焙行业构成了一定的威胁。然而，由于烘焙产品的独特性和消费者对新鲜食品的需求，这种威胁并不明显。

(4) 企业与供应商的议价能力。烘焙行业的供应商主要包括原料供应商，如面粉、鸡蛋和奶油等。由于烘焙行业的特殊性，原料的质量直接影响最终产品的质量，因此供应商的议价力量较强。此外，由于烘焙行业的供应链长，原辅料品类多样且工艺复杂，需要大量的投入精力做基础建设，短时间内难以找到替代。因此，优质的供应商在市场中拥有较为稳固的地位。

(5) 企业与客户的议价能力。烘焙行业的购买者主要是消费者，他们对产品的价格、品质、口味等有着高度的敏感性。因此，购买者的议价力量较强。特别是随着消费者对烘焙产品的需求日益多样化，他们对产品的个性化需求也越来越强烈，这进一步增强了烘焙行业购买者的议价能力。

> **拓展练习**
>
> 进行实地调研，访问当地的烘焙店铺，了解实际运营情况，基于所做的波特五力分析，预测未来烘焙行业的发展趋势，包括技术创新、市场需求变化和竞争格局的演变等方面的预测。

3.2 企业 SWOT 分析

SWOT 模型是一种综合考虑企业内部的优势(strengths)和劣势(weaknesses)、外部环境的机会(opportunities)和威胁(threats)，进行系统评价，从而选择最佳经营战略的方法。其中，优势与劣势分析主要着眼于企业自身的实力及其与竞争对手的比较。判断企业内部优势与劣势的标准有两项：一是单项的优势与劣势，如资金、技术、产品、市场、管理等；二是综合的优势和劣势，如运营效率、组织机构、企业文化等。为了评估企业的综合优势与劣势，可以选择一些重要因素，加以评价打分，然后根据其重要程度按加权平均法加以确定。机会与威胁分析则将注意力放在外部环境的变化，即对企业可能的影响上。机会是指随着外部环境变化而产生的有利于企业的时机，如政府支持、新技术应用、良好的客户关系、新的市场空间等；威胁是指随着企业外部环境的改变而不利于企业的时机，如新的竞争者出现、市场缩减、技术老化等。

SWOT分析的核心是分析评价企业的优势和劣势，并判断企业的机会和威胁，做出战略决策，以实现企业资源配置的最优化。图3-2显示了SWOT模型的十字结构。具体做法是：对列出的内部条件和外部环境及各个关键因素逐项打分，然后按各因素的重要程度加权并求其代数和，再将上述结果在SWOT模型十字图上具体定位，从而确定企业战略能力。

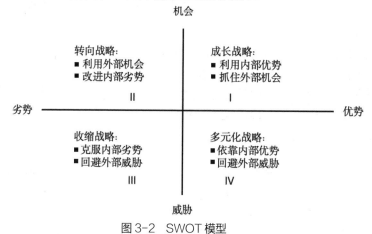

图3-2 SWOT模型

- ❏ 第Ⅰ象限具有很好的内部条件和众多的外部机会，应当采取成长战略，增加投资。
- ❏ 第Ⅱ象限面临巨大的外部机会，却受到了内部劣势的限制，应当采取转向战略，充分利用外部机会，设法消除内部劣势。
- ❏ 第Ⅲ象限存在内部劣势和外部强大威胁，应当采取收缩战略，撤出资本。
- ❏ 第Ⅳ象限具有一定的内部优势，应在多元化经营方面寻求长期发展机会。

SWOT模型分析是企业制定战略的重要依据。

【案例背景】

幸福蛋糕是烘焙行业独角兽品牌，旗下包含生日蛋糕下午茶和自烤面包两大核心烘焙产品，覆盖全国300多家城市，包括北京、上海、广州、深圳等，拥有超千万粉丝。由于烘焙产品对新鲜度、工艺要求很高，为保证产品质量，幸福蛋糕启用了"中央工厂+卫星工厂(全国各个城市建立生产工厂)+自建冷链物流"的模式，这样做的好处是，公司可以通过自动化订单流转，以单定产，实现"0库存生产"，降低成本，而自建的冷链物流，又可以满足用户对送达时间的要求。在这期间，幸福西饼还开启了"城市合伙人"的加盟制度，进一步加速了扩张步伐。

未来资本的分析师拟对幸福蛋糕进行SWOT分析，以确定幸福蛋糕目前采用的成长战略是否恰当。

1. 确定分析目标

根据案例背景，需要对幸福蛋糕进行SWOT分析并确定战略能力。

2. 数据采集与处理

在互联网上采集幸福西饼的相关信息，采集渠道包括行业网站、官网、搜索新闻信息等，结合案例背景信息，对采集到的信息进行处理与整合。

3. 数据分析

对采集的数据根据机会、威胁、优势、劣势4个维度进行归纳整理。

4. 分析结果

以下是针对幸福蛋糕的 SWOT 分析示例。

1) 机会

(1) 烘焙市场的增长潜力较大。随着经济的增长，烘焙食品在我国从 20 世纪末开始呈现出快速发展的趋势，购买频次和客单价逐步提高，近几年，我国烘焙市场规模保持 8%左右的增长速度。目前，我国人均年消费烘焙食品数量约为 1.2 公斤，欧美国家的人均消费量约为 60 公斤，日本约为 21.8 公斤，韩国约为 5.6 公斤，由此可见，中国烘焙市场还有很大的提升空间。

(2) 产业整合速度加快。烘焙食品行业存在较强的区域性，由于产品保质期较短，受冷链运输半径和品牌影响力限制，烘焙食品企业的销售半径较小，集中度低。随着物流行业和数字技术的快速发展，规模生产和品牌效应促使大型厂商的快速扩张，品质低下、品牌影响力较弱的烘焙食品生产厂商生存空间越来越小，行业的集中度将越来越高。因此，幸福蛋糕有机会通过快速扩张规模化生产降低成本，获得更多市场份额。

(3) 数字技术的发展催生新零售理念。依托于数字技术的高速发展，幸福蛋糕、21cake 和诺心等烘焙企业开拓了依靠"中央工厂+线上交易+线下送货"的方式。通过线上海量广告宣传、线下建厂，部分先行的企业实现了从原料采购到生产、配送、服务、评价的全链条数字化处理。根据中国调研网发布的数据显示，近年来，O2O 糕点行业总销量呈上升趋势，但目前只占糕点市场 5%的份额，还有巨大的发展潜力。

幸福蛋糕面临较大的外部市场机会。

2) 威胁

(1) 目前，烘焙行业存在一定市场竞争，准入门槛低，市场化程度高。国内有近 3 万家取得糕点面包生产资格的生产厂商，同时，有更多国外品牌进入国内市场，且各地区仍然存在大量生产作坊，其生产规模较小，产品价格较低，导致国内行业竞争加剧。但由于市场规模扩张，竞争者和新进入者的威胁相对较低。

(2) 消费者口味变化快，产品生命周期短。消费者对烘焙类产品的口味、外形、包装等要求不断提高，烘焙食品的品类流行周期越来越短。近年来，类似"脏脏包""肉松小贝"等"爆品"的快速兴起又快速衰落证明了年轻消费者对新产品的追求越来越高要求，流行产品的生命周期越来越短，品牌忠诚度也越来越低。在新媒体和社交网络的红利下，受众愿意尝试新品牌的可能性越来越大，但顾客产生选择的动因却越来越难琢磨。

(3) 租金和人力成本增加。一二线城市企业店面租金压力大、用工成本高迫使一些企业下沉至三四线城市。

幸福蛋糕面临一定的压力，但通过产品的差异化和品牌效应的提升，可以在一定程度上减缓竞争压力。

3) 优势

(1) 数字技术能力。幸福蛋糕作为烘焙业新零售的先行者，自 2014 年定位新零售，通过与金蝶的合作，利用大数据对客群和产品进行分析，触达精准用户，实现"货"找"人"。在算法驱动下，降低打包、配送和调货等出错率，节约成本，提高人效。

(2) 品牌优势。经过 10 多年的稳健经营，幸福蛋糕已发展成为一家由数据和技术驱动的新零售烘焙品牌。根据买购网官方网站数据统计显示，在蛋糕店品牌排名中，幸福蛋糕位列第六名。

(3) 产品研发能力。幸福蛋糕拥有成熟的烘焙食品研发团队，具有较强的产品研发能力。

幸福蛋糕具备数字技术能力和产品研发能力，已形成了一定的品牌效应。

4) 劣势

(1) 地方市场知名度不高。地方市场的低推广度和市场压力使得幸福蛋糕在进驻新市场时举步维艰,即使具有很独特的品牌特色,在开创地有着高知名度,但在地方市场中,消费者的认知度和关联度相对较低,使得品牌难以发挥其优势。

(2) 初始资金有限。2017—2018 年,幸福蛋糕先后完成了 A 轮和 B 轮融资,获得 4.96 亿元人民币股权投资,为企业的扩张提供了一定保障,然而,用于全国布局仍然存在资金方面的重大缺口。

综上所述,幸福蛋糕面临较大的机会,具备较强的产品和服务优势。管理层可以利用内部的产品研发和数字化技术优势,抓住外部市场规模扩张的机会,采用成长型战略是明智之举。但是,也需要考虑面临的竞争威胁,通过多种渠道获取投资资金,并采用恰当的营销策略来扩大地区品牌影响力。

▶ 拓展练习

在互联网上采集信息,针对幸福蛋糕如何化解自身劣势,并解决所面临的威胁,来制定出战略规划。

3.3 企业经营战略分析

企业经营战略选择涉及的因素较多,重要的影响因素来自企业面临的市场竞争范围和企业的竞争优势来源。明确企业市场竞争范围是企业经营战略选择的首要因素。市场细分是确定企业市场竞争范围的基本方法。无论是市场开发、产品开发、市场渗透,还是多元化经营,都必须建立在新的或改进的市场细分基础上。企业可用有限的资源灵活地经营某个细分市场。市场细分决策为经营战略选择明确了方向。

竞争优势是企业生存与发展的前提。企业在明确市场竞争范围的基础上,应进一步明确自身的竞争优势来源于何处。通常企业的竞争优势主要来源于两个方面:一是低成本优势,如果企业在长期发展过程中形成了降低成本的文化氛围,使自己的业务成本水平和管理费用水平都在行业中处于领先水平,企业在经营战略选择时就可利用这种优势的竞争资源战胜竞争对手。二是独特性优势,如果企业在发展过程中形成了产品、服务或管理等的独特性,以至于使竞争对手难以模仿或超越,那么企业在经营战略选择时要充分挖掘这种独特性或者大力发展与竞争对手有差异的业务,使自身优势得以发挥。

企业的经营战略可以分为成本领先战略、差异化战略和集中化战略。

1) 成本领先战略

成本领先并不等同于价格最低。如果企业陷入价格最低,而成本并不最低的误区,只会导致自己陷入无休止的价格战。一旦降价,竞争对手也会随之降价,由于他们成本更低,因此具有更多的降价空间,能够支撑更长时间的价格战。

尽管一个成本领先的企业是依赖其成本上的领先地位来取得竞争优势,但要成为经济效益高于平均水平的超群者,则必须与其竞争厂商相比,在产品别具一格的基础上取得价值相等或价值近似的有利地位。因此,成本领先企业能赚取高于平均水平的收益。

成本领先战略的成功取决于企业日复一日地实施该战略的技能。成本不会自动下降,也不会偶然下降,它是艰苦工作和持之以恒地重视成本工作的结果。要改善相对成本地位,与其说需要在战略上作出重大转变,不如说需要管理人员更多的重视。

2) 差异化战略

差异化战略并不意味着公司可以忽略成本，但此时低成本不是公司的首要战略目标。如果差异化战略成功地实施了，它就成为在一个产业中赢得高水平收益的积极战略。在建立公司的差异化战略的活动中总是伴随着很高的成本代价，有时即便全行业范围的顾客都了解公司的独特优点，也并不是所有顾客都愿意或有能力支付公司要求的高价格。

实施差异化战略企业应具有很强的研究开发能力，研究人员要有创造性的眼光；同时，企业需要具备较强的市场营销能力及各部门之间的协调性。

3) 集中化战略

集中化战略是指企业以某个特殊的顾客群、某产品线的一个细分区段或某一个地区市场为主攻目标的战略。细分区段是细分市场的具体化。区段的意思为区域及地段，或区域及阶段。细分区段就是指对产品及顾客群可根据区段进行进一步的市场细分。这一战略整体是围绕着为某一特殊目标服务，通过满足特殊对象的需要而实现差别化或低成本。集中化战略是以更高的效率、更好的效果为某一特殊对象服务，从而超过面向广泛市场的竞争对手，或实现差别化，或实现低成本，或两者兼得。

战略分析的一个重点是识别哪些资源可以形成企业的核心竞争力。核心竞争力是指能为企业带来相对于竞争对手的竞争优势的资源和能力，是企业所特有的、能够经得起时间考验的、具有延展性的，并且是竞争对手难以模仿的技术或能力。核心竞争力的三个要素是：对顾客有价值、与企业的竞争对手相比有优势、很难被模仿或复制。

【案例背景】

2023年10月，幸福蛋糕在北京召开战略发布会，公司执行董事提出公司将坚持差异化战略。一方面，强调产品的新鲜现做和及时配送以确保产品口味；另一方面，致力于通过提供增值服务来增加产品溢价。通过产品和服务的差异化，在未来5年内，公司将实现1000家门店和100亿元营业收入的业绩目标，成为中国蛋糕的第一品牌。

经理层负责战略的实施，拟对企业的核心竞争力进行分析，评估其是否具备实施差异化战略的能力。

1. 确定分析目标

根据案例背景，需要对幸福蛋糕的核心竞争力进行分析，评估其差异化战略的可行性和有效性。

2. 数据采集与处理

通过互联网或调查研究的方式采集与幸福西饼核心竞争力相关的信息并进行整理，相关信息包括产品制作和品质数据、品牌和营销数据、客户满意度和忠诚度数据、供应链和物流数据、数字化和技术数据和竞争对手相关的数据等。

3. 数据分析

对采集的信息进行分类归纳。

4. 分析结果

幸福蛋糕的核心竞争力主要表现在以下几个方面。

(1) 产品质量。幸福蛋糕以100%新鲜制作为品牌核心竞争力，不断创新，品种繁多，各具风味。此外，幸福蛋糕采用零下18度急冻锁鲜技术，能够更好地保留食品原有的营养价值、色泽和香味，并延长其保质期。

(2) 品牌定位。幸福蛋糕的品牌定位是"新鲜现做"，这一点在品牌的卖点定位中显得尤为重要，代表着品牌的核心竞争力。幸福蛋糕致力于为用户提供真实的产品体验，建立品牌与客户的良好联系，传播品牌文化。

(3) 市场覆盖。幸福蛋糕采用卫星工厂模式，生产点离用户很近，可以做到快速生产和配送。这种模式不仅保证了产品的新鲜度，还大大提高了配送速度，增强了其市场竞争力。

(4) 数据运营。数据运营是幸福蛋糕的核心竞争力，从积累的数据中挖掘出更多的信息，就意味着在市场中获得更多的优势。幸福蛋糕借助各个平台快速铺开的流量入口，在市场中占据有利位置。

(5) 营销策略。幸福蛋糕的营销策略是以市场需求为导向，展开产品研发、销售等。例如，降低30%糖度，让烘焙食品更加健康，顺应低脂低糖的消费需求。通过公众号、视频号和小程序等平台，凝练并展现品牌核心价值及产品核心卖点，在潜移默化中抢占消费者心智领域。

上述核心竞争力的整合能够让幸福蛋糕在一定程度上实施差异化战略，迎合客户对新鲜健康的需求，但是，上述能力并不足以建立让竞争对手无法模仿的长期壁垒，因此，如果市场规模缩减，幸福蛋糕应及时调整战略，例如，转变为集中化战略针对细分领域精耕细作，实现该领域产品和服务差异化。

↗ 拓展练习

通过互联网或调查研究采集桃李面包的相关信息，并分析桃李面包所实施的战略类型。

↗ 课程思政

在本章对企业环境的分析中，运用了波特五力模型、SWOT分析和核心竞争力分析等工具，从多个维度对其所在行业和企业自身进行了全面剖析。这一过程不仅帮助用户了解市场竞争环境，还揭示了企业的内外部优势和劣势，为思考企业战略和管理提供了重要的见解。

通过波特五力模型，分析了"幸福蛋糕"所在的烘焙行业竞争者之间的竞争、潜在的进入者的威胁、替代品的存在、企业与供应商议价权和企业与买家的议价权，这5个力量共同交织出一个复杂的竞争网络。这使得"幸福蛋糕"必须在激烈的市场竞争中不断创新，提高自身的竞争力。

通过SWOT分析，了解了"幸福蛋糕"的内部优势和劣势，外部机会和威胁。这样的分析有助于企业更好地制定战略，利用自身优势迎接市场机遇，同时规避劣势，防范潜在威胁。企业应当时刻保持敏感度，及时调整战略，以适应动态变化的市场环境。

通过战略分析，揭示了"幸福蛋糕"在市场中的独特优势。其核心竞争力不仅是企业的竞争优势，也是企业差异化战略的基石。企业应不断巩固和强化核心竞争力，确保其在市场中的独特地位。

【思考】作为一名消费者，你如何看待企业提供的产品和服务？对"幸福蛋糕"有什么期望和建议？

第4章 销售主题分析

↗ 学习目标

1. 了解销售活动的典型工作任务
2. 了解销售分析的不同角度与目的
3. 熟悉销售主题中利用线性回归、聚类算法的分析应用
4. 掌握产品、客户、销售渠道、配送分析方法

↗ 学习导图

```
产品分析 ─┐                    ┌─ 销售配送分析
客户分析 ─┼─ 销售主题分析 ─┼─ 基于线性回归的广告投放决策分析
销售渠道分析 ─┘                ┘─ 消费者RFM分析
```

4.1 产品分析

针对产品的销售数据可以从产品的定位、组合和定价等多个方面展开分析,以获取对销售绩效、市场趋势和消费者行为的深入洞察。波士顿矩阵(Boston Matrix)和产品生命周期管理(Product Life Cycle Management,PLM)是两个常用于产品分析的工具,它们分别从不同的角度帮助企业理解和管理其产品组合。

波士顿矩阵是一种用于分析和管理产品组合的工具,通过对产品的市场份额和市场增长率进行评估,将产品划分为4个象限,如图4-1所示。

图4-1 波士顿矩阵

- 明星:高市场份额、高市场增长率。这是公司投资最多的产品,因为它们在快速增长的市场中表现出色,有望成为未来的现金奶牛。
- 现金奶牛:高市场份额、低市场增长率。这些产品在成熟市场中占据主导地位,通常能够为企业带来稳定的现金流,但增长前景有限。管理的重点通常是维持利润并考虑提取现金。
- 问题儿童:低市场份额、高市场增长率。这些产品处于新兴市场中,具备成为明星的潜力,但也可能失败。需要投资以提高市场份额,但同时存在较大的不确定性。
- 瘦狗:低市场份额、低市场增长率。这些产品在成熟市场中表现平平,未来增长前景有限,通常需要考虑是否继续投资。

产品生命周期管理是一种战略性的方法,用于全面管理产品从概念到报废的整个生命周期。产品的生命周期通常包括如图4-2所示的4个阶段,具体内容如下:

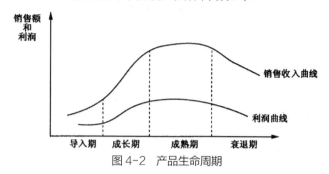

图4-2 产品生命周期

- 导入期:产品刚上市,销售增长缓慢,需要大量投资推广和建立市场。
- 成长期:产品销售迅速增长,市场接受度提高,利润增加,竞争加剧。
- 成熟期:销售稳定,市场饱和,竞争激烈,价格竞争成为主要焦点。
- 衰退期:销售下降,市场需求减弱,产品可能被淘汰。

定义一个产品处于哪个生命周期阶段通常涉及多个因素,包括销售数据、市场份额、利润状况和竞争环境等。通过对产品生命周期的分析,企业可以采取相应的策略,如加大推广投入、优化生产成本、开发新功能或替代产品,最大化产品的整体价值。

【案例背景】

2024年初,幸福蛋糕对过去一年销售工作进行总结,管理层希望对商品类型及具体产品的贡献度进行分析。

首先,高层关注新的商品品类在市场的推广程度和市场反馈,以便及时进行战略调整。例如,2022年12月打造了以下午茶和面包为主打产品的新零售店,并在店内构建适合的消费场景,虽然2022年上半年因资金问题有所停滞,但是从"线上"订单再次走到"线下"消费,仍然是董事会坚持的战略目标。

其次,产品开发负责人关注具体产品在各地的销售情况及销售差异的原因,听取各区域的反馈,以对现有产品进行改进,或根据市场的需求开发出更适合的新产品,例如,本月推出了新烈焰莓莓和小团圆火锅蛋糕两款新品。

最后,通过对商品类型和商品占比的分析,店长可以横向对比该商品品类在其他门店的业绩,吸取其他门店的经验,提升自身业绩。

幸福蛋糕的财务分析经理根据管理层、产品开发负责人和门店店长的需求,明确了以下分析要点:分别呈现各商品品类在2023年的销售额占比;分析占比最大的商品品类(下午茶)销售额占比的变动趋势;基于云南省2023年12月的销售数据,分析各商品销售占比,分别列出占比最大和最小的前五项,并分析其趋势,尝试给商品定位,评估其所处生命周期;以新烈焰莓莓为例,评估云南省内各门店推进新品的表现;指出企业的商品类型、产品结构和门店营销是否存在问题或风险,讨论问题产生的原因及后果,并提出改善建议。

1. 确定分析目标

根据任务背景,确定以下具体指标。
(1) 2023年总体商品类别销售额占比。
(2) 下午茶销售额占比年度变动趋势。
(3) 商品销售额占比。

(4) 占比前五名的商品销售额日趋势。
(5) 占比后五名的商品销售额日趋势。
(6) 新烈焰莓莓复购率。
(7) 新烈焰莓莓在不同门店销售额占比。
(8) 云南省各门店2023年12月销售排名。

注：某商品客户复购率=重复购买该商品的客户ID数÷购买该商品的客户ID总数量

2. 数据采集与处理

指标涉及的数据表为"区域销售汇总表"和"销售订制单(云南)"，为简化数据处理过程，可以通过MySQL查询语句实现。新建业务主题，通过MySQL进行数据建模并新建数据表。根据确定的分析目标，各项指标的查询代码如下。

(1) 2023年总体商品类别销售额占比。

```
SELECT
    商品类型,
    SUM(金额) AS 金额
FROM
    区域销售汇总表
WHERE
    YEAR(销售期间) = 2023
GROUP BY
    商品类型
```

(2) 下午茶销售额占比年度变动趋势。

```
SELECT
    a.年度,
    b.下午茶销售额 / a.总金额  AS 下午茶销售额占比
FROM
    (SELECT YEAR(销售期间) AS 年度, SUM(金额) AS 总金额
     FROM 区域销售汇总表
     GROUP BY YEAR(销售期间)) a,
    (SELECT YEAR(销售期间) AS 年度, SUM(金额) AS 下午茶销售额
     FROM 区域销售汇总表
     WHERE 商品类型 = '下午茶'
     GROUP BY YEAR(销售期间)) b
WHERE
    a.年度 = b.年度
```

(3) 商品销售额占比。

```
SELECT
    门店编号,
    商品名称,
```

```
    SUM(实收金额) AS 销售额
FROM
    '销售订制单(云南)'
GROUP BY
    门店编号,
    商品名称
```

(4) 占比前五名的商品销售额日趋势。

```
SELECT t1.下单时间, t1.商品名称, t1.实收金额 AS 销售额
FROM '销售订制单(云南)' t1
JOIN (
    SELECT 商品名称, SUM(实收金额) AS 销售额
    FROM '销售订制单(云南)'
    GROUP BY 商品名称
    ORDER BY SUM(实收金额) DESC
    LIMIT 5
) t2 ON t1.商品名称 = t2.商品名称
```

(5) 占比后五名的商品销售额日趋势。

```
SELECT t1.下单时间, t1.商品名称, t1.实收金额 AS 销售额
FROM '销售订制单(云南)' t1
JOIN (
    SELECT 商品名称, SUM(实收金额) AS 销售额
    FROM '销售订制单(云南)'
    GROUP BY 商品名称
    ORDER BY SUM(实收金额) ASC
    LIMIT 5
) t2 ON t1.商品名称 = t2.商品名称
```

(6) 新烈焰莓莓复购率。

```
SELECT 客户 ID, COUNT(客户 ID) 购买次数
FROM
'销售订制单(云南)'
WHERE
    商品名称 = '新烈焰莓莓'
GROUP BY 客户 ID
```

(7) 新烈焰莓莓在不同门店销售额占比。

```
SELECT a.门店编号, a.新烈焰莓莓销售额 / b.总销售额 AS 新烈焰莓莓销售额占比
FROM (
    SELECT 门店编号, SUM(实收金额) AS 新烈焰莓莓销售额
    FROM '销售订制单(云南)'
```

```
        WHERE  商品名称 ='新烈焰莓莓'
        GROUP BY '门店编号'
) a
JOIN (
        SELECT  门店编号, 商品类型, SUM(实收金额) AS  总销售额
        FROM '销售订制单(云南)'
        GROUP BY  门店编号
) b ON a.门店编号 = b.门店编号
```

MySQL 查询代码 4.1

在第(3)项统计中已经统计了第(8)项指标数据，无须再次采集。

各项指标新建数据表如图 4-3、图 4-4、图 4-5 所示，完成后保存并退出。

总体商品类别销售额占比		下午茶销售额占比变动趋势		门店商品销售额占比		
商品类型	金额	年度	下午茶销售额占比	门店编号	商品名称	销售额
下午茶	83,964,408.94	2019	0.06	幸福-105	冠军芒果	5,594.03
儿童蛋糕	531,736,591.16	2020	0.09	幸福-105	冰语琥珀	1,058.85
其他	48,764,600.65	2021	0.18	幸福-105	南瓜原料套装	2,390.19
烘焙	211,384,201.97	2022	0.31	幸福-105	安佳黄油	1,947.31
蛋糕	510,691,266.47	2023	0.33	幸福-105	小团圆火锅蛋糕	28,167.78
面包	213,185,100.11			幸福-105	布里欧	3,839.90
总共6行数据		总共5行数据		总共727行数据，仅显示前10行数据		

图 4-3 MySQL 查询数据表 1

占比前五项销售额趋势			占比后五项销售额趋势		
下单时间	商品名称	销售额	下单时间	商品名称	销售额
2023-12-01 07:41:00	新烈焰莓莓	74.53	2023-12-01 09:06:00	暗香	224.00
2023-12-01 07:41:00	海绵宝宝沙滩	248.06	2023-12-01 09:53:00	暗香	230.78
2023-12-01 07:48:00	新烈焰莓莓	89.74	2023-12-01 10:31:00	亲子手工烘焙入门	55.66
2023-12-01 07:55:00	新烈焰莓莓	88.68	2023-12-01 10:52:00	暗香	226.74
2023-12-01 07:55:00	新烈焰莓莓	88.68	2023-12-01 11:20:00	暗香	230.24
2023-12-01 07:58:00	海绵宝宝沙滩	167.97	2023-12-01 11:39:00	英式下午茶	93.09
总共7420行数据，仅显示前10行数据			总共844行数据，仅显示前10行数据		

图 4-4 MySQL 查询数据表 2

新烈焰莓莓复购率		新烈焰莓莓销售额占比	
客户ID	复购次数	门店编号	新烈焰莓莓销售额占比
10502546	1	幸福-209	0.09
10503821	1	幸福-236	0.07
10503883	1	幸福-237	0.09
10503892	1	幸福-267	0.07
10505807	1	幸福-408	0.13
10508075	1	幸福-418	0.01
总共1830行数据，仅显示前10行数据		总共16行数据，仅显示前10行数据	

图 4-5 MySQL 查询数据表 3

产品分析：数据采集与处理

3. 数据分析

(1) 2023年总体商品类别销售额占比。

在轻分析模块进入与数据建模同一个业务主题的数据斗方，在"图表类型"选项区域中，选择"饼图"选项，在"字段"列表框中，单击"总体商品类别销售额占比"下拉按钮，从下拉列表中选择"金额"字段，将其拖曳至"角度"列表框中，选择"商品类型"字段，将其拖曳至"颜色"列表框中，然后在"绘图区"选项区域中，选择"数据标签"复选框，保存指标。操作界面如图4-6所示。

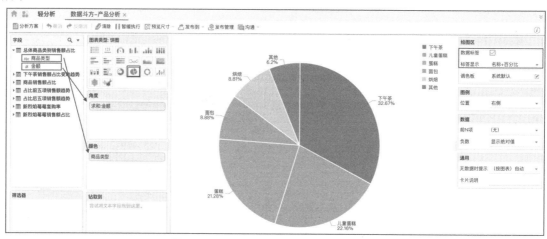

图4-6　2023年总体商品类别销售额占比

(2) 下午茶销售额占比年度变动趋势。

清除上一步骤的操作，在"图表类型"选项区域中，选择"折线图"选项，在"字段"列表框中，单击"下午茶销售额占比年度变动趋势"下拉按钮，从下拉列表中选择"年度"字段，将其拖曳至"横轴"列表框中，选择"下午茶销售额占比"字段，将其拖曳至"纵轴"列表框中，在"绘图区"选项区域中，选择"数据标签"复选框，然后在"纵轴"选项区域中，设置"数字格式"文本框，另存为指标，如图4-7所示。

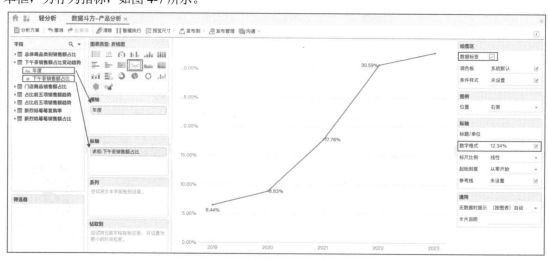

图4-7　下午茶销售额占比年度变动趋势

(3) 商品销售额占比。

清除上一步骤的操作，在"图表类型"选项区域中，选择"饼图"选项，在"字段"列表中，单击"门店商品销售额占比"下拉按钮，从下拉列表中选择"商品名称"字段，将其拖曳至"颜色"列表框中，选择"销售额"字段，将其拖曳至"角度"列表框中，然后在"绘图区"选项区域中，选择"数据标签"复选框，另存为指标，如图4-8所示。

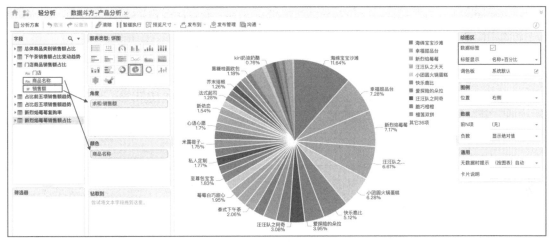

图4-8　商品销售额占比

(4) 占比前五名的商品销售额日趋势。

清除上一步骤的操作，在"图表类型"选项区域中，选择"折线图"选项，在"字段"列表框中，单击"占比前五项销售额趋势"下拉按钮，从下拉列表中选择"下单时间"字段，将其拖曳至"横轴"列表框中，维度选择"年月日"，选择"销售额"字段，将其拖曳至"纵轴"列表框中，选择"商品名称"字段，将其拖曳至"系列"列表框中，另存为指标，如图4-9所示。

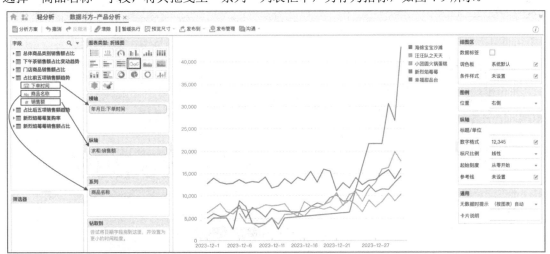

图4-9　占比前五名的商品销售额日趋势

(5) 占比后五名的商品销售额日趋势。

清除上一步骤的操作，在"图表类型"选项区域中，选择"折线图"选项，在"字段"列表框中，单击"占比后五项销售额趋势"下拉按钮，从下拉列表中选择"下单时间"字段，将其拖曳至"横轴"列表框中，维度选择"年月日"，选择"销售额"字段，将其拖曳至"纵轴"列表框中，选择"商品名称"字段,将其拖曳至"系列"列表框中,如图 4-10 所示。

(6) 新烈焰莓莓复购率。

在"新烈焰莓莓复购率"数据表中新建计算字段"复购率",编写表达式为

SUM(IF([新烈焰莓莓复购率.购买次数]>=2,1,0))/COUNT([新烈焰莓莓复购率.客户 ID])

该表达式的含义是:统计购买次数超过一次的客户(即有复购的客户)的数量除以所有购买新烈焰莓莓客户的数量。

清除上一步骤的操作,在"图表类型"选项区域中,选择"业务指标"选项,在"字段"列表框中,单击"新烈焰草莓复购率"下拉按钮,从下拉列表中选择"复购率"字段,将其拖曳至"主指标"列表框中,将数字格式设置为百分比,另存为指标,如图 4-11 所示。

图 4-10　占比后五名的商品销售额日趋势

图 4-11　新烈焰莓莓复购率

(7) 新烈焰莓莓在不同门店销售额占比。

清除上一步骤的操作,在"图表类型"选项区域中,选择"多系列柱形图"选项,在"字段"列表框中,单击"新烈焰莓莓销售额占比"下拉按钮,从下拉列表中选择"门店编号"字段,将其拖曳至"横轴"列表框中,选择"新烈焰莓莓销售额占比"字段,将其拖曳至"纵轴"列表框中,然后在"绘图区"选项区域中,选择"数据标签"复选框,在"纵轴"选项区域中,设置"数字格式"文本框中的数值为 12.34%,在"数据"选项区域中,单击"排序"下拉按钮,从下拉列表中选

择"降序"选项,另存为指标,如图 4-12 所示。

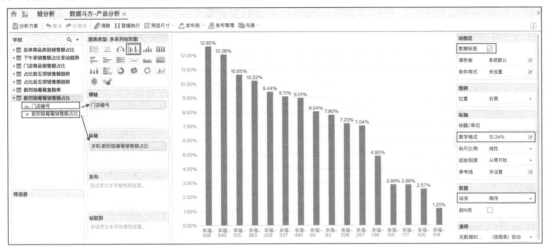

图 4-12 新烈焰莓莓在不同门店销售额占比

(8) 云南省各门店 2023 年 12 月销售排名。

清除上一步骤的操作,在"图表类型"选项区域中,选择"多系列条形图"选项,在"字段"列表框中,单击"门店销售额占比"下拉按钮,从下拉列表中选择"销售额"字段,将其拖曳至"横轴"列表框中,选择"门店编号"字段,将其拖曳至"纵轴"列表框中,在"数据"选项区域中,单击"排序"下拉按钮,从下拉列表中选择"升序"选项,如图 4-13 所示。

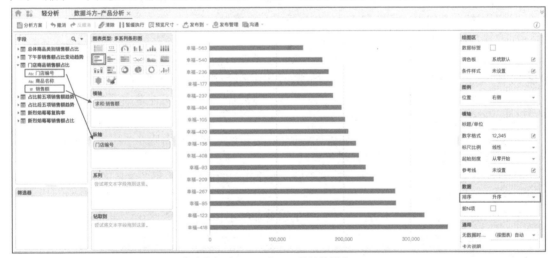

图 4-13 云南省各门店 2023 年 12 月销售排名

4. 分析结果解读

(1) 分析结论。

① 商品类别销售额占比较高的排序依次为下午茶、儿童蛋糕、蛋糕、面包、烘焙和其他周边产品,占比分别为 32.67%、22.16%、21.28%、8.88%、8.81%和 6.2%,即下午茶和蛋糕类产品贡献了 76.1%的营业收入。

② 下午茶销售份额逐年提高,从 2019 年占比仅 6.44%稳步提升至 2023 年的 32.67%,说明幸福蛋糕构建的新零售场景消费是切合当下需求的,线上与线下结合的战略取得了较好的经营成果。

产品分析:数据分析

③ 基于云南省 2023 年 12 月数据，占比后五名的商品依次为下午茶类的芒果千层、烘焙类的椰蓉粉、亲子手工烘焙入门、蛋糕类的暗香和下午茶类的英式下午茶。

分析上述商品在 12 月的销售额趋势，发现烘焙类原料销售额无明显的规律。由于烘焙类产品本身销量较为低频，一般在假期期间销售情况较好，因此，需要进一步分析更长时间段的销售情况来确定。而暗香和芒果千层的销量则呈现明显的下降趋势，至 12 月下旬已经没有销售。英式下午茶的销量在 12 月均较低，无明显增长，可定义为瘦狗产品，很可能已经进入衰退期，应考虑停产和更新。

④ 基于云南省 2023 年 12 月数据，占比最大的商品依次为海绵宝宝沙滩、幸福甜品台、新烈焰莓莓、汪汪队之天天和小团圆火锅蛋糕。

分析上述商品在 2023 年 12 月的销售额趋势，发现幸福甜品的销售额集中在 12 月底。客户基本为单位，主要是来自单位年终总结等会议的需求。这款产品最有可能是企业的现金牛产品，处于成熟期，然而，要确定这一点，需要分析更长时间段的销售情况。

海绵宝宝沙滩和汪汪队之天天两款儿童蛋糕销售情况较好，销售趋势较为稳定，处于成熟期，是企业的现金牛产品。幸福蛋糕在 2017 年 12 月推出了正版授权的儿童蛋糕，抢占了相对空白的市场，企业的产品差异化战略取得了不俗的成绩。

新烈焰莓莓和小团圆火锅蛋糕则是企业新推出的产品，上市后增长迅速。新烈焰莓莓客户复购率较高，达到 26.28%，可以归类为明星产品，处于生命周期的成长期。

⑤ 新烈焰莓莓作为明星产品，在整体上取得了良好的销售业绩，但在幸福-418、幸福-105、幸福-420、幸福-177 几家门店销售情况很差。关联门店整体销售情况显示，幸福-177 的整体销售业绩均较差，该门店可能存在产品、服务或管理方面的问题，需要进一步调查原因；而幸福-418 总体销售业绩不俗，反而其他店销售较好的新品新烈焰莓莓差强人意；幸福-105 和幸福-420 总体销售业绩中等，而新烈焰莓莓较差，可能在产品的推广等方面仍需加强。

(2) 存在问题或风险及原因、后果分析。

① 互联网技术已经在相当程度上改变了人们的消费习惯。线下消费场景的打造需要投入相当的成本，但受消费习惯的改变，可能存在场地的利用率低，投资收回困难等问题。

② 处于成长期的明星产品，如果不能聚集优势资源加大推广，可能造成消费者尚未熟知产品就已经热度消退，导致销售迅速回落。

③ 处于成熟期的现金牛产品，如果不能维护现有份额，企业的营收水平将大幅下降，可能造成企业资金链的紧张，无力研发新品进行替代。

④ 进入衰退期的商品，如暗香和芒果千层，如果相关的原料采购和半成品采购仍在继续进行，可能造成专用材料的浪费。

⑤ 门店的产品销售参差不齐，一个门店的运营业绩不佳，不仅影响该门店的业绩，而且很可能影响企业的整体声誉。

(3) 相关建议。

① 把握新零售门店的推进节奏，通过大数据分析做更精准的预测，减少不确定因素。

② 处于成长期的明星产品，说明商品口味等是受到消费者认可的，应加大推广力度，分配更多的宣传资源，迅速扩大销售以收回产品研发成本。

③ 处于成熟期的现金牛产品，以老客户为主要消费群体，力求保持现有份额，尽量延长产品的成熟期周期，同时也要准备好替代产品。当成熟期产品进入衰退期，应立即推出替代的产品维系企业的营收水平。

④ 进入衰退期的商品，如暗香和芒果千层，首先应减少相关原料的采购，如果进一步测算后无法再产生正向的现金流量，则应立即停产并下架商品；

❑ 针对门店的不同问题及时采取措施，例如，幸福-117 门店各项产品销售业绩均较差，可能在产品、服务或管理方面存在整体问题。在调查清楚原因后，应该考虑采取更换管理人员、关店等决策。而幸福-418门店的单一产品销售出现问题，很可能是该产品的材料、产能限制或新品推广不到位，找出具体原因后，及时解决问题。

▶ 拓展练习

基于云南省2023年12月销售数据"销售订制单(云南)"，分析小团圆火锅蛋糕的复购率以及在不同门店销售占比情况，确定该款蛋糕的合理定位，评估其所处生命周期及省内各门店推进新品的表现。指出存在的问题或风险，讨论其产生的原因及后果，并提出改善建议。

4.2 客户分析

对企业的客户销售数据进行分析可以帮助企业深入了解其市场、客户群体和销售绩效，为业务决策提供有力支持。例如，通过分析识别主要客户群体和客户细分，有助于个性化营销、产品定位和服务优化；通过分析客户的购买行为和历史，企业可以更好地理解客户的偏好和需求，有助于改进产品或服务的推广策略，提高交叉销售的机会，以及优化库存和供应链；根据购买频率、购买金额等指标将客户划分为不同的价值段有助于企业优化资源分配，将更多关注和资源投入到高价值客户身上，提高其满意度和忠诚度。

客户分析有助于更精细化地管理客户关系，提高客户满意度，从而促使业务的可持续增长。

【案例背景】

客户是企业收入的来源，根据各种关于客户的信息和数据来了解客户需要，分析客户特征，评估客户价值，以更好地满足客户需求从而创造更多收入来源。为提高客户留存率，幸福蛋糕推出会员制，给予会员客户一定的价格优惠。管理层拟首先对客户进行总体分析，筛选出重要客户并分析其重要程度，评估会员制是否能够有效提高客户留存率，以设计更有针对性的营销方案。

幸福蛋糕的财务分析经理根据管理层的要求，提出以下分析要点：基于云南省销售数据，分析公司以何种类型的客户为主，每种类型中客户的重要程度，评估公司对于客户的议价能力；对比会员与非会员的客户留存率，产品的贡献毛益率为40%，讨论公司付出的优惠价格成本与提高的留存率是否符合成本效益原则，指出客户管理中存在的问题或风险，讨论问题产生的原因及后果，并提出改善建议。

1. 确定分析目标

根据任务背景，确定以下具体指标。
(1) 不同客户性质销售额占比。
(2) 排名前五的企业客户销售额占比。
(3) 会员客户占个人客户销售额占比。
(4) 会员/非会员留存率。
(5) 会员收入额与优惠成本额。

注：相关计算公式为

留存率=有回购的个人客户数量/个人客户总数量
提高留存率带来的预期收益=会员的收入总额×(会员留存率-非会员留存率)×贡献毛益率

2. 数据采集与处理

指标涉及的数据表为"销售订制单(云南)"，除第(4)项指标外，其他指标可以从数据表中直接获取数据。新建业务主题，从数据建模新建数据表，选择指标计算需要的字段数据，如图4-14所示。

客户ID	客户性质	会员	优惠金额	优惠性质	实收金额
93114620	个人用户	非会员	1.31	其他优惠	8.69
10503910	个人用户	非会员	1.30	其他优惠	7.70
99911872	企业用户	无	41.38	其他优惠	228.62
12302474	个人用户	非会员	1.05	其他优惠	11.95
42018984	个人用户	非会员	1.05	其他优惠	11.95
99903258	企业用户	无	30.08	其他优惠	207.92

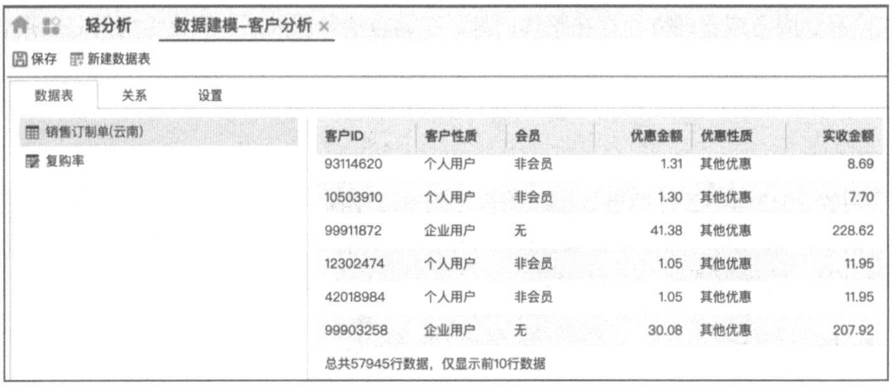

图 4-14　销售订制单(云南)

指标(4)需要计算会员与非会员的留存率，可以先通过 MySQL 统计根据客户 ID 和会员分类汇总的购买次数，查询代码如下：

```
SELECT 客户 ID,会员,COUNT(客户 ID) AS 购买次数
FROM
'销售订制单(云南)'
WHERE 客户性质 ='个人用户'
GROUP BY 客户 ID,会员
```

完成后生成复购率数据表如图 4-15 所示，保存后退出数据建模。

客户ID	会员	购买次数
10500029	会员	1
10500043	会员	1
10500044	非会员	1
10500045	非会员	1
10500054	非会员	1
10500063	非会员	1

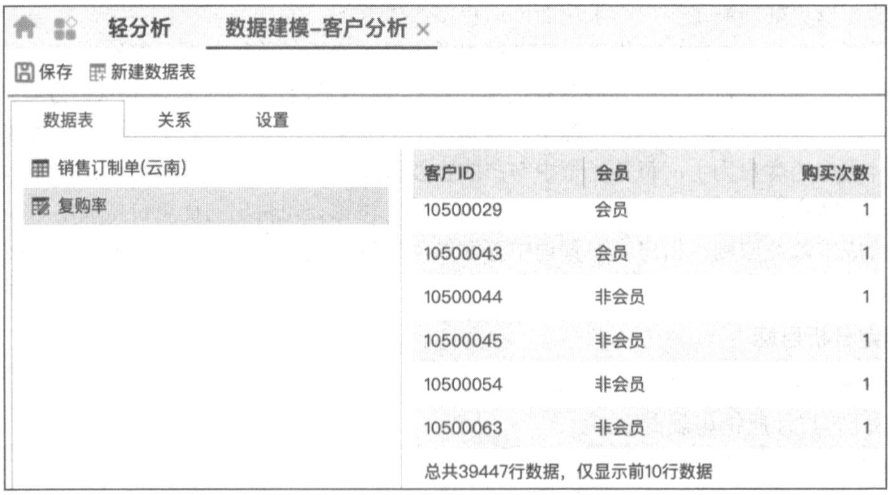

图 4-15　复购率统计

3. 数据分析

(1) 不同客户性质销售额占比。

在轻分析模块进入与数据建模同一个业务主题的数据斗方，在“图表类型”选项区域中，选择“饼图”选项，在“字段”列表框中，单击“销售订制单(云南)”下拉按钮，从下拉列表中选择“实收金额”字段，将其拖曳至“角度”列表框中，选择“客户性质”字段，将其拖曳至“颜色”列表框中。然后在“绘图区”选项区域中，选择“数据标签”复选框，保存指标(见图 4-16)。

MySQL
查询代码 4.2

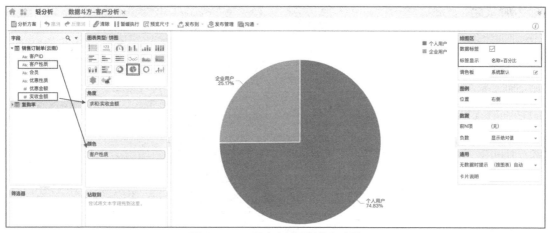

图 4-16　不同客户性质销售额占比

(2) 排名前五的企业客户销售额占比。

基于上一步操作，在"字段"列表框中，单击"销售订制单(云南)"下拉按钮，从下拉列表中选择"客户性质"字段，将其拖曳至"筛选器"列表框中，选择"实收金额"字段，将其拖曳至"角度"列表框中，选择"客户 ID"字段，将其拖曳至"颜色"列表框中，在"数据"选项区域中，单击"前 N 项"下拉按钮，从下拉列表中选择"前 5 项及其他"选项，然后在"绘图区"选项区域中，选择"数据标签"复选框，另存为指标，如图 4-17 所示。

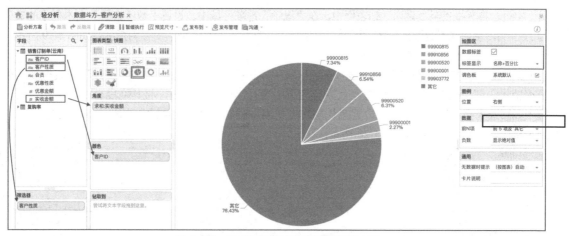

图 4-17　排名前五的企业客户销售额占比

(3) 会员客户占个人客户销售额比。

基于上一步操作，在"字段"列表框中，单击"销售订制单(云南)"下拉按钮，从下拉列表中选择"客户性质"字段，将其拖曳至"筛选器"列表框中，选择"实收金额"字段，将其拖曳至"角度"列表框中，选择"会员"字段，将其拖曳至"颜色"列表框中，另存为指标，如图 4-18 所示。

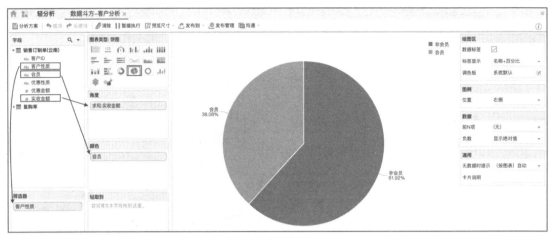

图 4-18 会员客户占个人客户销售额比

(4) 会员/非会员留存率

在通过 MySQL 统计的"复购率"表中新建计算字段"复购率",表达式为

SUM(IF([复购率.购买次数]>1,1,0))/COUNTD([复购率.客户 ID])

清除上一步操作,在"图表类型"选项区域中,选择"多系列柱形图"选项,在"字段"列表框中,单击"复购率"下拉按钮,从下拉列表中选择"复购率"字段,将其拖曳至"纵轴"列表框中,选择"会员"字段,将其拖曳至"系列"列表框中,在"纵轴"选项区域中,设置"数字格式"文本框中的数值为 12.34%,然后在"绘图区"选项区域中,选择"数据标签"复选框,另存为指标,如图 4-19 所示。

(5) 会员收入额与优惠成本额。

清除上一步操作,在"图表类型"选项区域中,选择"列表"选项,在"字段"列表框中,单击"销售定制单(云南)"下拉按钮,从下拉列表中选择"会员"字段,将其拖曳至"筛选器"列表框中,筛选"会员"数据,选择"优惠性质""优惠金额"和"实收金额"字段,将其拖曳至"列"列表框中,另存为指标,如图 4-20 所示。

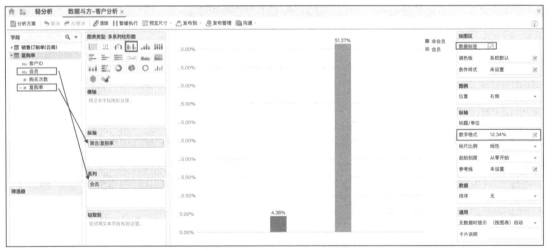

图 4-19 会员/非会员留存率

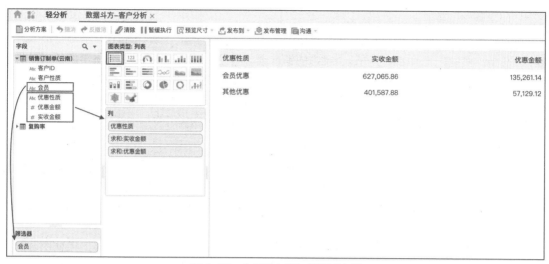

图 4-20　会员收入额与优惠成本额

4. 分析结果解读

(1) 分析结论。

① 根据图 4-16 和图 4-17 所示，企业客户销售额占比 25.17%，其中，排名前五的客户销售额占比 23.57%。企业客户中排名前五的客户较为重要，具有较强的议价能力。个人客户销售额占比 74.83%，幸福蛋糕作为新零售企业，仍然是以个人客户为主。个人客户较为分散，但由于市场的激烈竞争，也存在各种替代品，因此，个人客户也具有较强的议价能力。

② 根据图 4-18 和图 4-19 所示，个人客户中，会员客户销售额占比 38.08%。会员客户的留存率为 51.37%，而非会员的留存率为 4.38%。根据图 4-20 所示，统计云南省 2023 年 12 月会员的优惠成本额共计 135 261.14 元，提高留存率带来的预期收益=会员的收入总额(627 065.86+401 587.88)×(51.37%-4.38%)×40%=193 345.76 元。因此，通过推广会员优惠提高留存率带来的收益大于其优惠成本。并且通过推广会员制，公司可以获取更细致的客户信息，制定更精准的营销推送。

(2) 存在问题或风险及原因、后果分析。

由于客户的分散，企业往往容易忽略个人客户强大的议价能力。现今的客户更喜欢追求新奇的产品和更好的服务，更多维度的对比性价比，而缺少品牌忠诚度。如果公司的产品或定价脱离客户的预期，客户很容易转向其他同类产品或其他替代品。

(3) 相关建议。

利用大数据信息不断去深入了解客户，设计更优质的产品和服务。不仅要满足客户的需求，还要超越客户的心理预期。引导客户的需求是企业做强做大的有效途径。

拓展练习

总结影响幸福蛋糕客户议价能力的因素。

4.3　销售渠道分析

销售渠道指的是产品或服务从生产商(供应商)流向最终用户的路径和方式。简而言之，它是将产品或服务从生产者传递给消费者的一系列步骤和中间环节。主要的销售渠道类型包括直销渠道、间接销售渠道、O2O(线上到线下)渠道等，其中，间接销售渠道指产品通过经销商、代理商和零售商等中间商销售给最终用户；O2O 是指将线上和线下渠道结合，通过在线平台引导消费者到实体店购买，或者通过实体店推动线上销售。

针对销售渠道的相关数据可以从销售渠道的效能、供应链效率、销售渠道优化、渠道成本等方面展开分析。例如，通过比较不同销售渠道的销售额、毛利润、销售增长率等指标了解不同供货渠道的绩效，有助于企业优化资源分配，确保资源最大程度地转化为销售收入，提高整体效益；通过分析不同销售渠道的运营成本，识别高成本渠道，优化成本结构；通过渠道适应性分析，探索新兴的销售渠道，确定是否适应企业产品和客户需求，以满足不断变化的市场需求。

【案例背景】

要做好市场营销，不仅要让消费者知道和认可公司的品牌和产品，还包括能够让消费者便捷地找到和购买公司的产品或服务。幸福蛋糕是烘焙行业较早开发线上交易和提出新零售概念的企业。通过线上交易的好处不仅是适应目前的消费习惯，方便消费者下单，还可以收集大量的消费数据，通过算法实现精准营销和按需生产。

幸福蛋糕的订单来源分为线上和线下，线上渠道包括微信公众号、淘宝、京东、美团及官网订购。管理层要详细了解各种渠道的销售情况，以确定营销资源的分配，便于与平台合作商的谈判。

另外，面包类产品具有一定的特殊性，与其他外卖食品不同，它的生产时间需要4~6个小时，无法实现实时下单生产，用户到店后只能选择店里现有的产品。而且，面包类产品的销售时间也只有10个小时。由于其价格较低，难以实现专门配送。为了解决这一问题，幸福蛋糕计划将线下烘焙门店的实时数据展示给用户，让用户根据面包的生产状态来下单。

幸福蛋糕的财务分析经理根据管理层要求，提出以下分析要点：基于云南省2023年12月的销售数据，比较各类销售渠道(线上、线下及线上的不同渠道)适合的商品类型或场景，并建议相应的营销资源投入渠道。

1. 确定分析目标

根据任务背景，确定以下具体指标。
(1) 不同来源、销售渠道订单额占比。
(2) 不同商品类型订单来源、渠道占比。

2. 数据采集与处理

指标涉及的数据表为"销售订制单(云南)"，两项指标均可以从数据表中直接获取数据。新建业务主题，从数据建模中新建数据表，选择指标计算需要的字段数据，如图4-21所示。

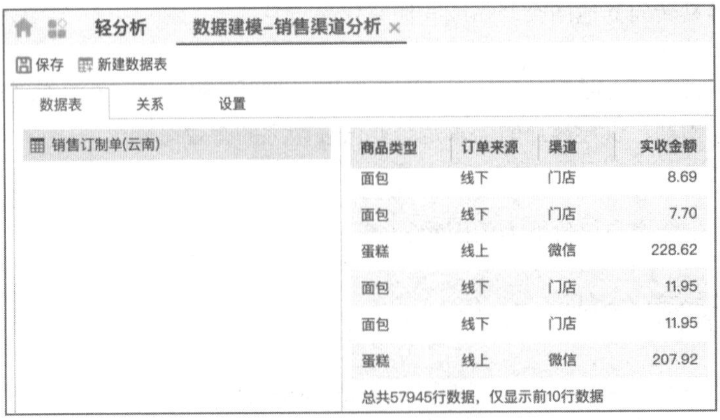

图4-21 销售渠道分析数据

3. 数据分析

(1) 不同来源、销售渠道订单额占比。

在轻分析模块进入与数据建模同一个业务主题的数据斗方，在"图表类型"选项区域中，选择"饼图"选项，在"字段"列表框中，单击"销售订制单(云南)"下拉按钮，从下拉列表中选择"实收金额"字段，将其拖曳至"角度"列表框中，选择"订单来源"字段，将其拖曳至"颜色"列表框中，选择"渠道"字段，将其拖曳至"钻取到"列表框中，然后在"绘图区"选项区域中，选择"数据标签"复选框，保存指标。操作界面如图4-22所示。

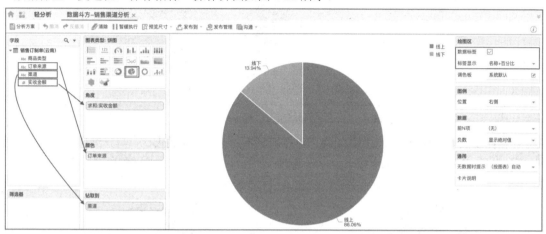

图4-22　不同来源、销售渠道订单额占比

单击图中的"线上"按钮，可以向下钻取到不同渠道线上订单来源的占比，如图4-23所示。

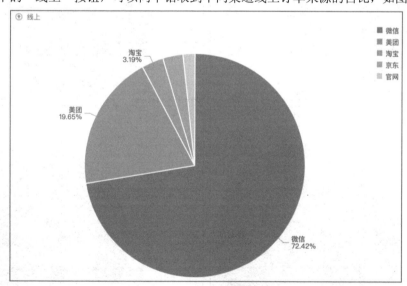

图4-23　钻取到销售渠道

(2) 不同商品类型订单来源、渠道占比。

基于上一步操作，在"字段"列表框中，单击"销售订制单(云南)"下拉按钮，从下拉列表中，选择"商品类型"字段，将其拖曳至"颜色"列表框中，选择"订单来源"和"渠道"字段，将其拖曳至"钻取到"列表框中，另存为指标，如图4-24所示。

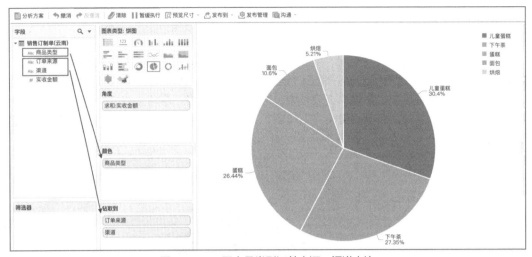

图 4-24　不同商品类型订单来源、渠道占比

单击图中的"儿童蛋糕"按钮,可以向下钻取到不同订单来源的占比,再继续单击"线上"按钮,可以进一步钻取到不同渠道线上订单来源的占比,如图 4-25 所示。

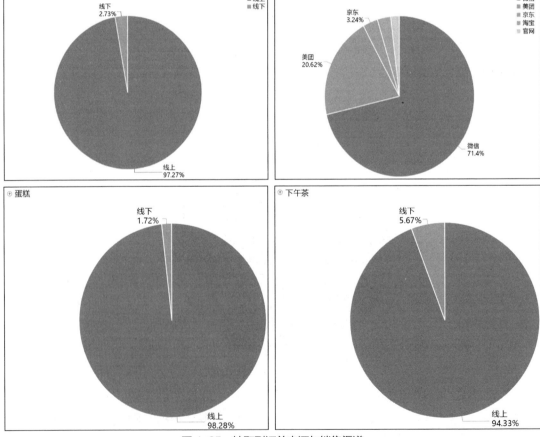

图 4-25　钻取到订单来源与销售渠道

4. 分析结果解读

(1) 分析结论。

① 根据图 4-22 和图 4-23 所示，由于人们生活习惯的改变，线上订单占比较大，达到 86.06%。随着人们使用移动端习惯的改变，在线上渠道中，微信公众号订单占比达到总销售额的 72.42%，其次是美团平台订单占 19.65%，淘宝、京东及官网商城订单占比较小。

② 根据图 4-24 和图 4-25 所示，蛋糕和儿童蛋糕的线上订单占 97% 以上，下午茶的线上订单占 94.33%，而面包均为线下订单。在蛋糕、儿童蛋糕和下午茶的线上订单中，微信渠道占到 70% 以上。

(2) 各销售渠道比较及建议。

① 幸福蛋糕的主打产品是蛋糕和面包。蛋糕的消费场景主要是生日和节日，一般很少用于个人消费，主要是用来送人。因此，蛋糕具有低频、低复购的特点，更适合线上订单的方式；而面包的毛利率较低，具有低复购和低客单价的特点，难以实现专门配送，仍然以线下消费为主。

② 蛋糕和面包具有不同的产品特征，幸福蛋糕产品注定需要线上和线下结合的方式。然而，线下门店运营成本和品牌推广成本高，蛋糕的低频购买和面包的低毛利率使得门店盈利困难。

③ 管理层意识到这一点，并试图通过增加下午茶来促进线下消费，将面包生产过程可视化来进一步融合线上和线下销售渠道。

④ 线上不同渠道的变化规律则显示了人们消费习惯从原来以淘宝和京东等为代表的电商平台转向以微信为代表的社交平台。因此，营销投入应更多地倾向于社交平台。

⑤ 根据前面针对个人客户的分析，关注主要消费群体的消费和其他生活习惯，有针对性地投放广告。例如，在当下流行的直播带货和小红书引流等中，针对年龄在 20～40 岁的年轻女性消费者进行广告投放。

➤ 拓展练习

讨论幸福蛋糕将面包制作过程呈现给消费者，实现网上下单配送的可行性。

4.4 销售配送分析

基于本书的特定案例背景，销售配送是实现销售并保证蛋糕类产品质量的关键一环。针对销售配送环节，可以从配送的效率、客户体验和路线优化等方面开展分析。例如，通过分析不同时间段的配送效率，找出最高效的送货时间窗口；通过分析订单中送达时间与实际送达时间的一致性及客户评价，了解客户满意度和改进点；通过评估不同客户的配送距离，优化路线规划以提高效率，缩短客户等待时间，增强客户满意度，同时降低配送成本。

【案例背景】

消费者通过以上的销售渠道找到产品下单后，能否快捷地获得需要的产品也是影响消费者体验的重要方面。对此，幸福蛋糕做出承诺：送货每迟到一分钟减一元；货不对板退款不退货；迟到 30 分钟赠送；早到或迟到 60 分钟以上，双倍赔付。此项承诺也成为与其他同类产品差异化的核心竞争力。

因为以上承诺，供货出错或延迟成本极高，因此，销售供货是否能够履行承诺是企业赢得客户及实现盈利的关键成功因素。管理层要求对供货情况进行分析，评估各门店承诺的实现情况和成本付出是否在可接受的范围。

幸福蛋糕的财务分析经理根据管理层要求，提出以下分析要点：基于云南省 2023 年 12 月的线上蛋糕和儿童蛋糕销售数据，评估总体和各门店交付率情况，并测算延迟退款和超时赔偿费用是否与承诺相符。分析不同退款原因(指货不对版退款不退货)的占比，指出存在的问题或风险，讨论问题产生的原因及后果，并提出改善建议。

1. 确定分析目标

根据任务背景，确定以下具体指标。
(1) 日订单及时交付率趋势。
(2) 各门店日订单及时交付率排名。
(3) 各门店延迟费用误差率。
(4) 各门店超时赔偿费误差率。
(5) 退款率及退款原因占比。

注：延迟退款指延迟60分钟以内的补偿费用，包括两种情况：迟到30分钟以内(含)按每分钟1元钱计算；迟到30分钟以上退全款。

$$延迟费用误差率=(应退延迟费-实际发生的延迟费)÷应退延迟费$$

超时赔偿费指早到或迟到60分钟以上的订单金额的双倍赔付金额，计算公式为

$$超时赔偿费用误差率=(测算的赔偿费-实际发生的赔偿费)÷测算的赔偿费$$

2. 数据采集与处理

指标涉及的数据表为"销售订制单(云南)"，指标均可以从数据表中直接获取数据。新建业务主题，从数据建模新建数据表，选择指标计算需要的字段数据，根据案例背景，分析对象为2023年12月的线上蛋糕和儿童蛋糕销售数据，因此可以在数据建模的"过滤"页签筛选商品类型为"蛋糕"或"儿童蛋糕"，并且订单来源为"线上"的数据。编辑完成后，刷新数据表页面预览数据，然后单击"保存"按钮并退出，如图4-26所示。

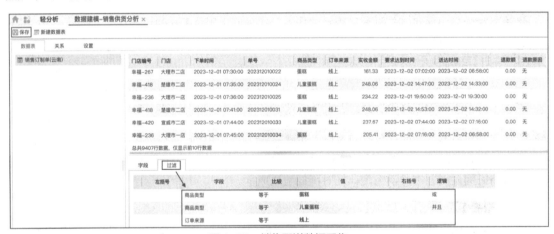

图4-26 销售配送数据采集

3. 数据分析

(1) 日订单及时交付率趋势。

在轻分析模块进入与数据建模同一个业务主题的数据斗方，在数据表创建计算字段"订单及时交付率"，选择和输入表达式为

SUM(IF([销售订制单(云南).送达时间]>[销售订制单(云南).要求达到时间],0,1))/COUNT([销售订制单(云南).单号])

其含义是先通过 IF 函数设置条件，如果"要求送达时间"大于或等于(即晚于或等于)"送达时间"，则返回 1，否则返回 0，然后加总通过 IF 取得的及时交付的订单数，再除以订单的计数总数，计算出订单及时交付率。

在"图表类型"选项区域中，选择"折线图"选项，在"字段"列表框中，单击"销售定制单(云南)"下拉按钮，从下拉列表中选择"下单时间"字段，将其拖曳至"横轴"列表框中，选择维度为"年月日"，选择"及时交付率"字段，将其拖曳至"纵轴"列表框中，在"绘图区"选项区域中，选择"数据标签"复选框，在"纵轴"选项区域中，设置"数字格式"文本框中的数值为 12.34%，然后单击"起始刻度"下拉按钮，从下拉列表中选择"允许不从零开始"选项，保存指标。操作界面如图 4-27 所示。

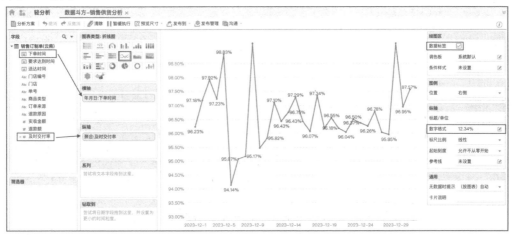

图 4-27　日订单及时交付率趋势

(2) 各门店日订单及时交付率排名。

清除上一步骤的操作，在"图表类型"选项区域中，选择"多系列条形图"选项，在"字段"列表框中，单击"销售定制单(云南)"下拉按钮，从下拉列表中选择"及时交付率"字段，将其拖曳至"横轴"列表框中，选择"门店编号"字段，将其拖曳至"纵轴"列表框中，在"绘图区"选项区域中，选择"数据标签"复选框，在"横轴"选项区域中，设置"数字格式"文本框中的数值为 12.34%，然后在"数据"选项区域中，单击"排序"下拉按钮，从下拉列表中选择"降序"选项，另存为指标，操作界面如图 4-28 所示。

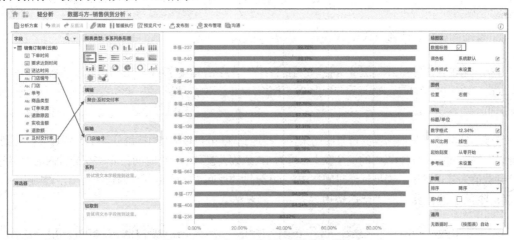

图 4-28　各门店日订单及时交付率排名

通过图4-28可以看出，及时交付率最低的门店为幸福-236，可以进一步分析幸福-236门店交付率的具体情况。

清除上一步骤的图形，在"图表类型"选项区域中，选择"折线图"选项，在"字段"列表框中，单击"销售订制单(云南)"下拉按钮，从下拉列表中选择"门店编号"字段，将其拖曳至"筛选器"列表框中，选择"下单时间"字段，将其拖曳至"横轴"列表框中，维度选择"年月日"，选择"及时交付率"字段，将其拖曳至"纵轴"列表框中，在"绘图区"选项区域中，选择"数据标签"复选框，在"纵轴"选项区域中，设置"数字格式"文本框中的数值为12.34%，然后单击"起始刻度"下拉按钮，从下拉列表中选择"允许不从零开始"选项。可以看到幸福-236门店订单及时交付率情况如图4-29所示，最后另存为指标。

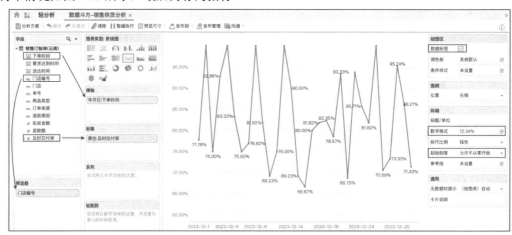

图4-29　幸福-236门店日订单及时交付率

(3) 各门店延迟费用误差率。

延迟费用误差率的计算较为复杂，操作过程中可以分步骤创建新建字段以便理解。

① 在"销售订制单(云南)"中创建计算字段"延误分钟"，表达式为

ROUND(([销售订制单(云南).送达时间]-[销售订制单(云南).要求达到时间])*24*60,0)

该表达式的是先通过相减计算"要求送达时间"和"送达时间"的相差日数，然后将"所得数值×24(小时)×60(分钟)"，然后使用ROUND函数对计算结果进行四舍五入，不留小数，用于下一步计算。

② 继续创建计算字段"应退延误费"，表达式为

IF(AND([销售订制单(云南).延误分钟]>0, [销售订制单(云南).延误分钟]<=30), [销售订制单(云南).延误分钟], IF(AND([销售订制单(云南).延误分钟]>30, [销售订制单(云南).延误分钟]<=60), [销售订制单(云南).实收金额], 0))

该表达式的含义是根据案例背景中的条件："迟到30分钟以内(含)按每分钟1元钱计算；迟到30分钟以上并在60分钟(含)以内的退全款"，通过IF函数设置满足延误时间在0～30分钟内的返回延误的分钟数值为延误费用，满足延误时间在30～60分钟的返回"实收金额"为延误费用，否则返回0。

③ 继续创建计算字段"延迟费用误差率"，表达式为

IF([销售订制单(云南).应退延误费]=0, 0, ([销售订制单(云南).应退延误费]-[销售订制单(云南).退款额])/[销售订制单(云南).应退延误费]),

该表达式的含义是根据延迟费用误差率的计算公式，通过 IF 函数设置存在应退延误费的订单以返回"(应退延误费-实际退款额)÷应退延误费"公式计算的数值，不存在需要退回延误费的则返回 0。

④ 清除上一步骤的图形，在"图表类型"选项区域中，选择"多系列条形图"选项，在"字段"列表框中，单击"销售订制单(云南)"下拉按钮，从下拉列表中选择"延迟费用误差率"字段，将其拖曳至"横轴"列表框中，选择度量为"平均"，选择"门店编号"字段，将其拖曳至"纵轴"列表框中，在"绘图区"选项区域中，选择"数据标签"复选框，在"横轴"选项区域中，设置"数字格式"文本框中的数值为 12.34%，在"数据"选项区域中，单击"排序"下拉按钮，从下拉列表中选择"升序"选项，另存为指标，操作界面如图 4-30 所示。

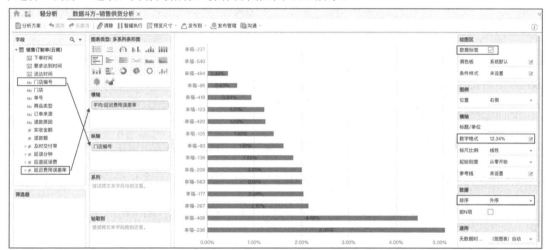

图 4-30　各门店延迟费用误差率

(4) 各门店超时赔偿费误差率。

赔偿费的误差率也可以分步骤进行，先在"销售订制单(云南)"中创建计算字段"应退赔偿费"，表达式为

IF(OR([销售订制单(云南).延误分钟]<-60,[销售订制单(云南).延误分钟]>60),[销售订制单(云南).实收金额]*2，0)

该表达式的含义是根据案例背景的条件"早到或迟到 60 分钟以上的订单金额的双倍赔付金额"，通过 IF 函数设置满足延误时间在 60 分钟以上或提前 60 分钟送达的返回实收金额×2 为应退赔偿费，否则返回 0。

然后继续创建计算字段"超时赔偿费误差率"，表达式为

IF([销售订制单(云南).应退赔偿费]=0，0，([销售订制单(云南).应退赔偿费]-[销售订制单(云南).退款额])/[销售订制单(云南).应退赔偿费])

该表达式的含义是根据超时赔偿费用误差率的计算公式，通过 IF 函数设置存在应退超时赔偿费用的订单返回计算结果，不存在需要退回超时赔偿费的则返回 0。

在"图表类型"选项区域中，选择"多系列条形图"选项，在"字段"列表框中，单击"销售订制单(云南)"下拉按钮，从下拉列表中选择"超时赔偿费误差率"字段，将其拖曳至"横轴"列表框中，选择度量为"平均"，选择"门店编号"字段，将其拖曳至"纵轴"列表框中，另存为指

标,操作界面如图4-31所示。

图4-31 各门店超时赔偿费误差率

(5) 退款率及退款原因占比。

在"销售订制单(云南)"中创建计算字段"退款率",表达式为

SUM([销售订制单(云南).退款额])/SUM([销售订制单(云南).实收金额])

在"图表类型"选项区域中,选择"业务指标"选项,在"字段"列表框中,选择"退款率"字段,将其拖曳至"主指标"列表框中,设置数字格式为百分比,另存为"退款率"指标,操作界面如图4-32所示。

图4-32 退款率

清除上一步骤的操作,在"图表类型"选项区域中,选择"饼图"选项,在"字段"列表框中,单击"销售订制单(云南)"下拉按钮,从下拉列表中选择"退款额"字段,将其拖曳至"角度"列表框中,选择"退款原因"字段,将其拖曳至"颜色"列表框中,然后在"绘图区"选项区域中,选择"数据标签"复选框,单击"标签显示"下拉按钮,从下拉列表中选择"名称+百分比"选项,另存为指标,操作界面如图4-33所示。

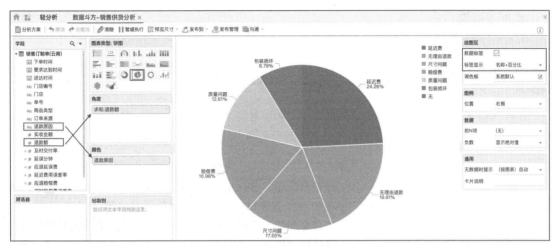

图 4-33　退款原因占比

4. 分析结果解读

(1) 分析结论。

① 如图 4-27 所示，总体日订单及时交付率波动范围在 94%～100%，图形显示 6—8 日较低，需进一步调查原因。

② 如图 4-28 所示，通过各门店及时交付率对比可知，幸福-236 门店及时交付率相对较差，仅 83.37%，查询其具体趋势如图 4-29 所示，发现交付率波动幅度较大，11 日、15—16 日、22 日低于 70%，应进一步调查原因。

③ 如图 4-30，经测算各门店延迟费误差率在 0%～5.06%，主要集中在幸福-236、幸福-408 等门店，误差率均为正值，表明部分门店并未严格按照承诺履行延迟费用赔付责任；如图 4-31 所示，超时赔偿费为 0，不存在误差，说明各门店严格履行了超时赔偿费的承诺。

④ 如图 4-32 所示，退款额占总销售额的 1.07%，图 4-33 对退款的原因分析发现，因订单延迟退款的比例最高，达到总退款金额的 24.26%，其次是无理由退款、尺寸问题、超时赔偿费、质量问题及包装损坏。

(2) 存在问题或风险及原因、后果分析。

① 订单交付及时率存在较大的改进空间，由于蛋糕产品的短保特征，存放时长对于口味的影响较大，幸福蛋糕的及时送货承诺一方面能让消费者快捷地获得商品，另一方面可以最大限度地保证产品口味。

② 部分门店未严格履行承诺延时赔付的金额，虽然在个别订单上获得了一定的成本节约，但对产品差异化战略和企业声誉的负面影响是不可估量的。

(3) 相关建议。

① 要将幸福承诺打造成与同类产品的差异化战略，需要在配送时效的管控上做出更多努力，投放更多资源。因为配送成本不仅包括上述退款退货和赔偿费用，也包括对用户造成不好的体验从而影响企业的后续销售的机会成本。

② 各门店应严格履行赔付承诺，以树立企业诚信经营形象，若因客观原因确实无法履行到位的，则应公告更改承诺。

③ 退款比例需要进一步与以往期间进行纵向对比，以及与同行业进行横向对比，以制定恰当的目标比率，用于门店和配送人员的考核指标。

↗ **拓展练习**

思考数字技术如何协助提高送货及时率？

4.5 基于线性回归的广告投放决策分析

线性回归是一种广泛用于统计学和机器学习中的算法，用于建立变量之间线性关系的模型。它适用于预测一个因变量与一个或多个自变量之间的关系。线性回归模型表示为

$$y = b_0 + b_1 x_1 + b_2 x_2 + \cdots + b_n x_n + \varepsilon$$

其中，y 是因变量，$x_1, x_2, \cdots\cdots, x_n$ 是自变量，$b_0, b_1, \cdots\cdots, b_n$ 是模型的系数，ε 是误差。线性回归的目标是找到最合适的系数，使模型的预测值与实际观测值之间的误差最小。

线性回归假设数据呈线性关系，因此对非线性关系的拟合效果差，适用于简单的关系建模和预测，广泛应用于财务分析领域。例如，通过建立销售额与广告支出、市场份额之间的线性关系预测未来销售额；通过建立成本与生产规模、原材料价格的关系，帮助企业预测未来成本变化等。

【案例背景】

幸福蛋糕为了提升市场份额，在过去几年通过微信或微博等渠道进行了大量的广告投放。2023年底，销售部门上报了几项2024年的广告投放的方案，各项广告投入的总成本一致。管理层经过多次讨论，仍无法确定哪一种方案可能会产生更好的效果，因此要求财务分析专员进行分析并给出决策建议。

根据历史经验，销售部确认销售额与广告投放存在近似的线性关系。为更好地进行决策，销售部收集了过去几年在不同渠道进行广告投放所产生的销售量数据(见表4.5-1)，明年的广告投放方案数据(见表4.5-2)。

表 4.5-1 广告投放销量数据

表 4.5-2 2024年广告投放备选方案

1. 确定分析目标

根据案例背景，由于销售额与广告投放可能存在近似的线性关系，可以根据历史数据构建线性回归模型。其中，通过微信、微博和其他渠道的广告投入为自变量，销量为因变量。然后根据模型预测各项方案所产生的销量数据，找到销量最大的方案。

2. 数据采集与处理

下载提供的数据表，数据表格式如图4-34所示，不需要另行处理。

广告投放销量数据					2024年广告投放备选方案			
	A	B	C	D		A	B	C	D
1	微信	微博	其他	销量	1	微信	微博	其他	销量
2	304.4	93.6	294.4	9.7	2	428.6	39.2	1032.2	
3	1011.9	34.4	398.4	16.7	3	173.8	429.6	896.6	
4	1091.1	32.8	295.2	17.3	4	337.4	501.6	661	
5	85.5	173.6	403.2	7	5	712.5	20.8	766.7	
6	1047	302.4	553.6	22.1	6	172.9	322.4	1004.7	
7	940.9	41.6	155.2	17.2	7	456.8	76.8	966.4	
8	1277.2	111.2	296	16.1	8	396.8	94.4	1008.8	
9	38.2	217.6	16.8	5.7	9	1232.7	226.4	40.9	
10	342.6	162.4	260	11.3	10	546.9	156.8	796.3	

图 4-34 广告投放数据

3. 数据分析

登录大数据处理平台，在界面左侧单击"大数据挖掘"下拉按钮，从下拉列表中单击"回归"下拉按钮，从下拉列表中选择"线性回归"选项，在"线性回归"页面中单击"导入数据"按钮，将采集的表 4.5-1 上传到平台中，然后单击"模型构建"按钮，完成后可在数据挖掘展示区看到数据可视化结果，如图 4-35 所示。

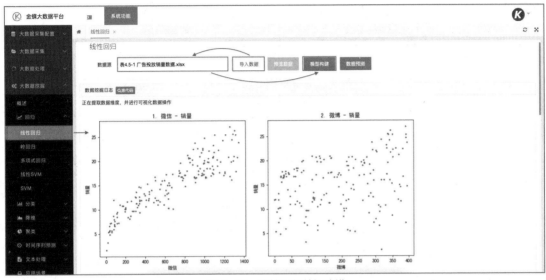

图 4-35 线性回归数据建模

然后单击"数据预测"按钮，导入采集表 4.5-2，根据已构建的模型得到商品销量预测数据，在下方可查看数据维度线性系数、模型的准确度及预测结果，如图 4-36 所示。

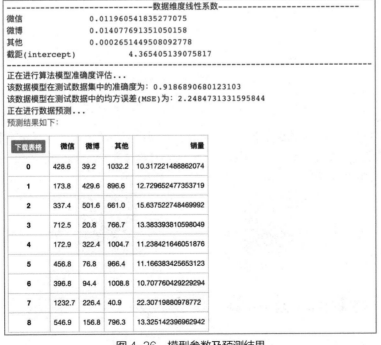

图 4-36 模型参数及预测结果

基于线性回归的
广告投放决策分
析：数据分析

4. 分析结果解读

根据图 4-37 所示,可以看出微信的广告投入力度与销量之间呈较为明显的线性相关关系,微博与销量存在一定的线性关系,其余渠道的广告投入与商品销量之间关系不明显。因此,加大微信和微博的广告投放力度可以取得更大销量。

根据预测的各个方案的销量,如图 4-36 所示,可以看出序号为 7 的广告投放方案所对应的销量最高,其微信和微博的广告投入也相对最高,因此,应选择序号 7 的方案。

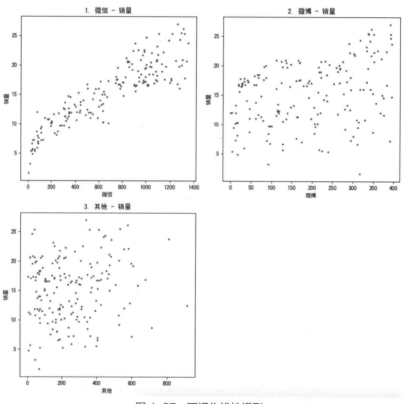

图 4-37 可视化线性模型

➤ 拓展练习

根据表 4.5-3 中的数据预测城市道路拥堵系数、大型住宅用地比例和非零售商业用地比例等因素对房屋均价的影响。通过生成的散点图观察分析这些因素与房屋均价之间的关系,并导入表 4.5-4,根据预测模型得到预测的房价数据。

表 4.5-3 房价数据表   表 4.5-4 房价数据预测表

4.6 消费者 RFM 分析

RFM 分析是一种用于客户细分的技术,通过对客户的最近购买时间(recency)、购买频率(frequency)以及购买金额(monetary)进行评估,将客户分成不同的群组。其中"recency"表示客户最近一次购买的时间;"frequency"表示客户在一定时间内的购买次数;"monetary"表示客户在一定时间内的总购买金额。

RFM 分析通过对客户进行细分,制定个性化的市场推广活动和促销策略,提高营销效果;通过关注高价值的 RFM 群组,提高客户忠诚度;同时,企业也可以根据客户细分更有针对性地分配资源,专注于最具潜力和价值的客户群。

消费者的 RFM 分析通常通过聚类算法实现。

【案例背景】

幸福蛋糕的产品主要针对个人用户,因此特别注重提升消费者的忠诚度,主要通过会员的培养,持续进行会员精细化运营。例如,通过上线礼券转电子券等功能与一线业务结合,赋能销售,依托线下门店,为会员创造"一卡在手,全国通提,宅配到家"的便捷式消费情景;同时,借助公域的平台工具,丰富营销玩法,精准触达客户,增加会员黏性,刺激会员活跃度。通过这些举措,幸福蛋糕近年来会员量持续增加,现有会员覆盖 Z 世代、中青年等年龄层。

幸福-3 门店是一家成立较长时间的新零售门店,积累了丰富的消费者购买数据,该店店长正在制定未来的销售策略。随着消费者选择的增多,店长觉得现在的消费者越来越让人琢磨不透,他意识到不能再像以前那样将所有的消费者做一个群体去进行预测和管理。店长学习了关于 RFM 分析的知识,但他发现很难通过人工的方式进行区分,店长找到财务分析师,希望分析团队可以帮助他将消费者按照 RFM 进行细分,并大致说明每个类别的消费者特点。

1. 确定分析目标

根据案例背景,需要对幸福-3 门店的消费者进行 RFM 分析。通过消费者的购买记录,根据最近购买时间、购买频率和购买金额将消费者分为不同的群组。由于目前并没有确切的分类标准,无法通过简单的指标统计或分类算法进行分类,因此,可以采用聚类算法进行分析。

2. 数据采集与处理

根据确定的分析目标,需要取得幸福-3 门店的明细销售记录,包括消费者的标识符(用来区分不同消费者)、购买时间和购买金额。幸福-3 门店提供了消费者的记录表,数据表格式如图 4-38 所示,全表见表 4.6。

表 4.6 销售明细表

	A	B	C
1	客户ID	购买日期	购买金额
2	C2013	2023/10/16	49
3	C4177	2023/11/10	281
4	C7372	2023/5/20	175
5	C9134	2023/2/7	179

图 4-38 销售明细表

3. 数据分析

登录大数据处理平台,在界面左侧单击"大数据挖掘"下拉按钮,从下拉列表中选择"python 数据挖掘"选项,在"python 数据挖掘"页面中,在"代码区"文本框中编写代码(可参考 Python 代码 4.6),完成后单击"导入数据"按钮,将采集的表 4.6 上传到平台中,然后单击"构建模型"按钮,如图 4-39 所示。

Python 代码 4.6 基于 K-means 聚类算法的消费者 RFM 分析

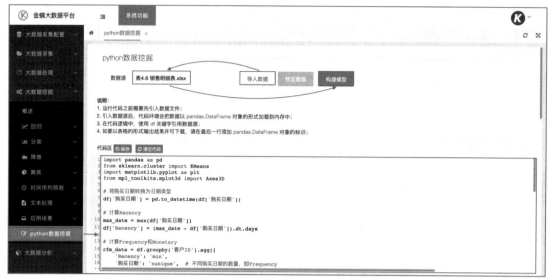

图 4-39 消费者 RFM 分析

运行完成后，可以在数据挖掘展示区看到数据可视化结果及分类结果，还可以下载各消费者的具体类别明细表，如图 4-40 所示。

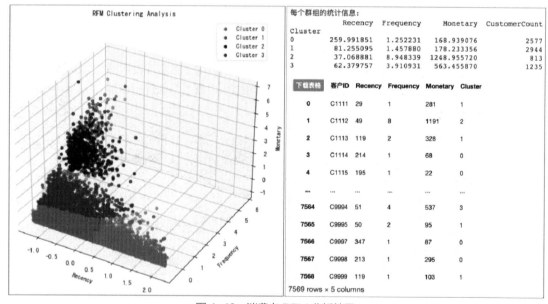

图 4-40 消费者 RFM 分析结果

4. 分析结果解读

根据图 4-40 所示，可以看出模型将幸福-3 门店的消费者分为 4 个群组。

(1) 群组 0 的消费者平均在 259 天前购买，购买时间远，平均每个客户只购买了一次，每个客户平均购买金额约为 168 元，这一组消费者最近较长时间没有购买，购买频率也较低，购买金额不高。可能需要通过促销或者开展针对他们的特殊活动来吸引他们的注意。

(2) 群组 1 的消费者平均在 81 天前购买，购买间隔相对较长，平均每个客户购买了 1.45 次，每个客户平均购买金额约为 178 元。这一组消费者购买较为频繁，但购买金额不高，可能需要推出一些激励措施来提高他们的购物金额。

(3) 群组 2 的消费者平均在 37 天前购买，购买时间近，平均每个客户购买了 8.95 次，每个客户平均购买金额约为 1248.96 元。这一组消费者的购买频率和购买金额都较高，属于高价值客户。可以推出一些定制化服务或者奖励计划来提高客户忠诚度。

(4) 群组 3 的消费者平均在 62 天前购买，购买时间相对较近，平均每个客户购买了 3.91 次，每个客户平均购买金额约为 563.46 元。这一组消费者的购买频率和购买金额都处于中等水平。可能需要关注他们的购物偏好，提供个性化的产品或服务来提高满意度。

↗ 拓展练习

根据本节案例分析，说明 RFM 分析存在哪些不足之处。

↗ 课程思政

销售主题分析是商业管理领域中涉及广泛、实用性强的主题，我们通过多个维度对销售过程进行深入挖掘，以全面了解市场、客户和产品等关键因素。这不仅为我们提供了操作性的销售策略，更引导我们思考商业行为的伦理和社会责任。

通过对产品特性和市场定位的深度剖析，我们需要理解以用户需求为导向的产品设计理念和市场适应性原则，增强社会责任感和创新意识；客户分析部分强调了尊重消费者权益，坚持以人为本的服务理念，我们应提高社会服务意识和精准营销能力；通过销售渠道及配送分析，让我们了解市场经济条件下物流网络布局的重要性，提倡高效、绿色的运营模式，体现国家倡导的高质量发展观；基于线性回归的广告投放决策分析，锻炼的不仅是数据分析与科学决策能力，我们也应该思考如何在追求经济效益的同时，实现社会效益的最大化，避免过度消费主义对社会价值观的侵蚀；最后，通过消费者 RFM 分析方法的学习，我们可以洞察消费者的购买行为模式，从而在实践中践行诚信经营，保护消费者权益，维护健康的市场环境。

【思考】如何在产品设计和市场营销过程中，既满足消费者个性化需求，又兼顾社会责任与可持续发展的要求？在大数据环境下，如何运用科学模型进行广告投放决策，既能提高企业效益，又能促进社会公平和谐，防止信息茧房的形成？在消费者关系管理中，如何借助 RFM 分析方法有效平衡企业的盈利目标与消费者的权益保障，构建互信共赢的商业生态？

第 5 章 采购主题分析

学习目标

1. 了解采购活动的典型工作任务
2. 了解采购分析的不同角度与目的
3. 熟悉采购主题中利用 K-means、社交网络分析算法的应用
4. 掌握采购成本、采购执行绩效分析方法

学习导图

5.1 采购成本分析

【案例背景】

幸福蛋糕的原材料主要是面粉、糖和鸡蛋等,为常用的大宗农副产品,国家对此类产品的生产和价格变动非常重视,近年来价格涨幅较为稳定,未出现大幅波动情况。每年初,幸福蛋糕采购部组织大宗物资的招标,材料成本是幸福蛋糕产品最重要的成本组成部分,管理层非常重视,要求对近年来的采购成本进行分析。

1. 确定分析目标

针对采购成本的分析,可以从采购金额、数量、价格和其他采购费用等几方面展开,根据案例背景,确定以下具体指标。

(1) 总体采购金额季度趋势。
(2) 总体采购金额占销售比季度趋势。
(3) 重要原材料价格与市场月均价格对比趋势。
(4) 2023 年重要原材料价格与市场价格偏离度与采购数量分析。

价格偏离度的计算公式为

$$价格偏离度=(采购价格-市场价格)÷市场价格$$

2. 数据采集与处理

根据确定的分析目标,采购金额和采购金额占销售比指标可以直接从"购销对比表"获取或通过计算获得。新建业务主题,从数据建模引入数据表"购销对比表",并在该表新建计算字段"采购金额占销售比",表达式为:[采购金额]/[销售收入]。建好后的数据表如图 5-1 所示。

图 5-1 购销对比表

日期	采购金额	销售收入	采购金额占销售比
2019-05-31	11,059,900.00	36,593,300.00	0.30
2019-06-30	8,133,210.00	25,320,500.00	0.32
2019-07-31	14,123,600.00	28,417,900.00	0.50
2019-08-31	19,320,700.00	28,676,500.00	0.67
2019-09-30	9,188,440.00	41,390,700.00	0.22
2019-10-31	8,527,070.00	34,723,500.00	0.25

总共60行数据，仅显示前10行数据

采购成本分析：采集和处理数据

图 5-1 购销对比表

采购价格与市场价格的对比及原材料价格与市场价格偏离度可以从"重要原材料采购明细表"和"重要原材料市场参考价格"中计算获得。为便于绘图，可以通过 MySQL 查询语句将需要的数据统计在一张表中，命名为"重要原材料价格与市场价格的对比"，编写代码下：

```
SELECT
    a.订单号,
    a.日期,
    a.材料名称,
    a.单位,
    a.数量,
    a.单价 AS 采购价格,
    a.金额,
    b.价格 AS 市场价格,
    (a.单价-b.价格)/b.价格 AS 价格偏离度
FROM
    重要原材料采购明细表 a,
    重要原材料市场参考价格 b
WHERE
    a.材料名称 = b.材料名称
    AND DATE_FORMAT(a.日期, '%Y-%m-01') = DATE_FORMAT(b.日期, '%Y-%m-01')
```

完成后，新建数据表如图 5-2 所示，然后保存并退出。

订单号	日期	材料名称	单位	数量	采购价格	金额	市场价格	价格偏离度
20190115-2	2019-01-15	细砂糖	千克	377,000	6.03	2,273,310.00	6.38	-0.05
20190118-2	2019-01-18	鸡蛋	千克	51,500	8.45	435,175.00	8.64	-0.02
20190120-6	2019-01-20	鸡蛋	千克	68,700	8.54	586,698.00	8.64	-0.01
20190121-9	2019-01-21	面粉	千克	1,672,500	5.31	8,880,975.00	5.08	0.05
20190123-4	2019-01-23	细砂糖	千克	119,100	6.35	756,285.00	6.38	-0.00
20190123-9	2019-01-23	鸡蛋	千克	54,000	8.34	450,360.00	8.64	-0.03

总共532行数据，仅显示前10行数据

图 5-2 重要原材料价格与市场价格的对比

3. 数据分析

(1) 总体采购金额季度趋势。

在轻分析模块进入与数据建模同一个业务主题的数据斗方,选择图表类型为"折线图",在"字段"列表框中,单击"购销对比表"下拉按钮,从下拉列表中选择"日期"字段,将其拖曳至"横轴"列表框中,选择维度为"季度";选择"采购金额"字段,将其拖曳至"纵轴"列表框中,然后在"纵轴"选项区域中,设置"数字格式"文本框中的数值为 12 345 亿,保存指标。操作界面如图 5-3 所示。

MySQL 查询代码 5.1

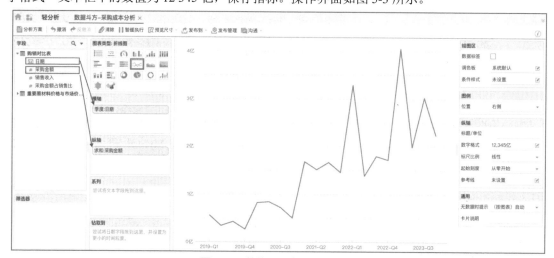

图 5-3 总体采购金额季度趋势

(2) 总体采购金额占销售比季度趋势。

按照上一步骤的操作方法,选择"采购金额占销售比"字段,将其拖曳至"纵轴"列表框中,在"纵轴"选项区域中,设置"数字格式"文本框中的数值为 12%,并保存指标,如图 5-4 所示。

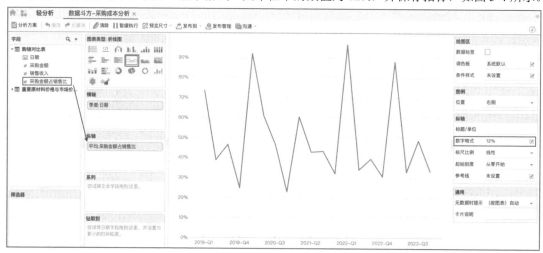

图 5-4 总体采购金额占销售比季度趋势

(3) 重要原材料价格与市场月均价格对比趋势。

清除上一步骤的图表,设置图表类型为"折线图",单击通过 MySQL 统计的"重要原材料价格与市场价格的对比"下拉按钮,从下拉列表中选择"日期"字段,将其拖曳至"横轴"列表框中,维度选择"年月",选择"采购价格"和"市场价格"字段,将其拖曳至"纵轴"列表框中,度量均选择"平均"。选择"材料名称"字段,将其拖曳至"筛选器"列表框中,根据需要选择材料名称,然后在"纵轴"选项区域中,单击"起始刻度"下拉按钮,选择"允许不从零开始"选项,保存指标。筛选鸡蛋的价格对比如图5-5所示。

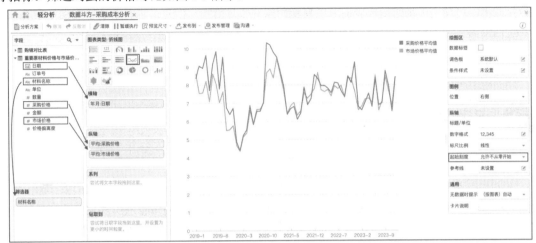

图5-5 重要原材料价格与市场月均价格对比趋势

(4) 2023年重要原材料价格与市场价格偏离度与采购数量分析。

清除上一步骤的图表,选择图表类型为"组合图",单击"重要原材料价格与市场价格的对比"下拉按钮,从下拉列表中选择"订单号"字段,将其拖曳至"横轴"列表框中,选择"数量"字段,将其拖曳至"左轴"列表框中,选择"价格偏离度"字段,将其拖曳至"右轴"列表框中,在"右轴"选项区域中,设置"数字格式"文本框中的数值为12%。选择"日期"字段,将其拖曳至"筛选器"列表框中,选择2023年度,选择"材料名称"字段,将其拖曳至"筛选器"列表框中,根据需要选择需要的材料名称,选择鸡蛋的对比分析如图5-6所示。

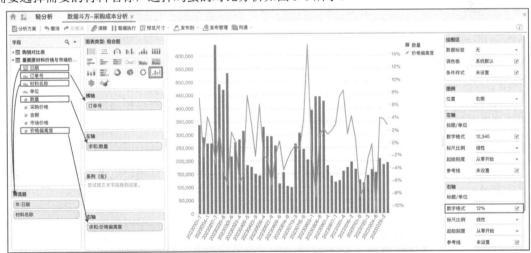

图5-6 2023年重要原材料价格与市场价格偏离度与采购数量分析

4. 分析结果解读

(1) 根据图5-3和图5-4所示,采购金额总体波动上行,由于幸福蛋糕每年初进行招标,每年一季度采购金额较高,因此一季度的采购金额占销售比指标也远高于其他期间。年初的大额采购存在占用资金,引发库存仓储成本的问题,需要与集中

采购成本分析:
数据分析

采购带来的成本节约进行综合考虑。

(2) 根据图 5-5 所示，面粉、鸡蛋和细砂糖的采购价格趋势与市场价格保持一致，整体有所节约，但也存在部分采购单价格较高的现象。根据图 5-6 所示，价格偏离度超过 20% 的采购订单大部分采购数量较小，可能由于采购量较少而未能享受厂家的数量折扣。但是，也有个别较大批量采购订单存在价格偏离过大的情况，需要进一步调查偏离的原因，确认是否存在廉洁问题等。

↗ 拓展练习

对采购成本的管理，除了对采购价格的合理控制，还有哪些因素应该考虑？

5.2 采购执行绩效分析

【案例背景】

除了采购成本，采购物料的交付和质量也是幸福蛋糕采购工作需要考虑的重要因素。由于生产产品的特殊性，对于物料的新鲜和安全性有着很高的要求，因此，公司管理层要求采购部门保证生产所需物料可以按计划入库，仓储部门保证物料的先进先出，并且能够迅速应对突发情况，对于及时交付率低、出现质量问题的物料和供应商采取措施，保证物料供应的良性循环。

在 2023 年 9 月 30 日的经营会上，仓储部门提出在盘点物料时发现，库存中有一批黄油已过保质期 60 天，账面价值为 740 609.52 元；在 9—10 月已领出该批黄油用于生产产品，目前库存中仍有大量使用该批黄油制成的酥皮半成品，账面价值为 2 402 443.52 元，提请讨论处理意见。

采购部门提出，该批黄油过期的时间不算太长，且一直保存在冷冻环境下。黄油在产成品中所占比重很少，对产品的口味影响有限，少量食用对人体一般也没有大碍，建议生产部门尽快领用。

生产部门负责人提出，使用该批过期黄油不能像正常品质原料那样进行配方，可能会影响产品口味，而且领出后很容易滋生细菌等微生物。黄油应马上进行报废处理，酥皮可以视领用原料的日期酌情考虑利用。

销售部负责人发言道，如果使用过期物料的消息传出去，对公司的声誉会造成极坏的影响，建议将黄油和酥皮都报废处理。

一位不愿具名的负责人则提出，为了降低损失并且维护公司的品牌形象，可以更换黄油和半成品的生产日期的标签，然后降价处理给其他小厂家。

总经理最后要求调查过期的原因，并且要求将公司面粉、鸡蛋、细砂糖等重要物料的到货及时性和质量情况做出分析，以避免再出现类似问题。

1. 确定分析目标

根据案例背景，可以从物料、供应商等维度对采购物料的交付、质量情况进行分析评价，具体分析指标如下。

(1) 物料及时交付率月趋势。
(2) 供应商及时交付率月趋势。
(3) 质量合格率总体趋势与 2023 年月度趋势。
(4) 2023 年各物料质量合格率排序。
(5) 2023 年各供应商质量合格率排序。

注：质量合格率计算使用数量计算比率，经检验不合格的材料均已退回供应。

2. 数据采集与处理

根据确定的分析目标，相关指标可以直接从"采购订单执行表"获取或通过计算获得。在轻分析模块新建业务主题，从数据建模中引入数据表"采购订单执行表"并保存，如图 5-7 所示。

图 5-7 采购订单执行表

3. 数据分析

(1) 物料及时交付率月趋势。

在轻分析模块进入与数据建模同一个业务主题的数据斗方，在"采购订单执行表"表创建计算字段"及时交付率"，表达式为

COUNT([采购订单执行表.单号])-SUM(IF([采购订单执行表.到货日期]>[采购订单执行表.要货日期],1,0)))/COUNT([采购订单执行表.单号])

选择图表类型为"折线图"，在"字段"列表框中，单击"采购订单执行表"下拉按钮，从下拉列表中选择"订货日期"字段，将其拖曳至"横轴"列表框中，选择维度为"年月"；选择"及时交付率"字段，将其拖曳至"纵轴"列表框中，选择"物料名称"字段，将其拖曳至"系列"列表框中，然后在"纵轴"选项区域中，设置"数字格式"文本框中的数值为12%，保存指标。操作界面如图 5-8 所示。

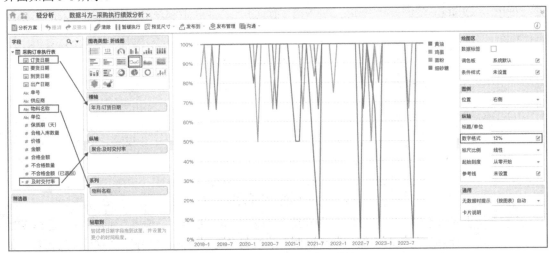

图 5-8 物料及时交付率月趋势

(2) 供应商及时交付率月趋势。

按照上一步骤的操作方法，选择"供应商"字段，将其拖曳至"系列"列表框中，并另存为指标，如图 5-9 所示。

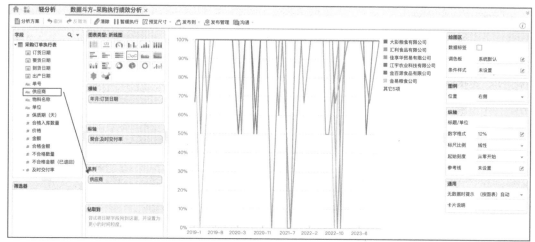

图 5-9 供应商及时交付率月趋势

(3) 质量合格率总体趋势与 2023 年月度趋势。

在"采购订单执行表"表创建计算字段"质量合格率",表达式为

[采购订单执行表.合格入库数量]/([采购订单执行表.合格入库数量]+[采购订单执行表.不合格数量])

选择图表类型为"折线图",在"字段"列表框中,单击"采购订单执行表"下拉按钮,从下拉列表中,选择"订货日期"字段,将其拖曳至"横轴"列表框中,选择维度为"年";选择"质量合格率"字段,将其拖曳至"纵轴"列表框中,度量选择"平均",然后在"绘图区"选项区域中,选择"数据标签"复选框,保存指标。操作界面如图 5-10 所示。

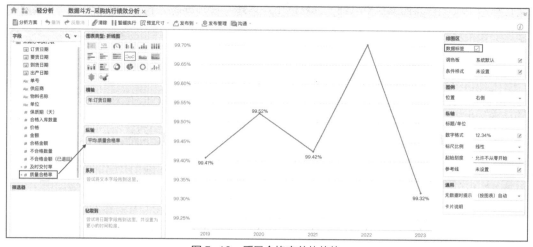

图 5-10 质量合格率总体趋势

按照上一步骤的操作方法,选择"订货日期"字段,将其拖曳至"筛选器"列表框中,选择 2023 年度数据,将"横轴"列表框中的"订货日期"字段的维度修改为"年月",并另存为指标,如图 5-11 所示。

(4) 2023 年各物料质量合格率排序。

按照上一步骤的操作方法,修改图表类型为"多系列柱形图",选择"物料名称"字段,将其拖曳至"横轴"列表框中,然后在"数据"选项区域中,单击"排序"下拉按钮,从下拉列表中选择"升序"选项,并另存为指标,如图 5-12 所示。

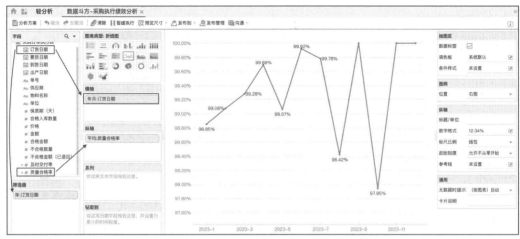

图 5-11　2023 年质量合格率月度趋势

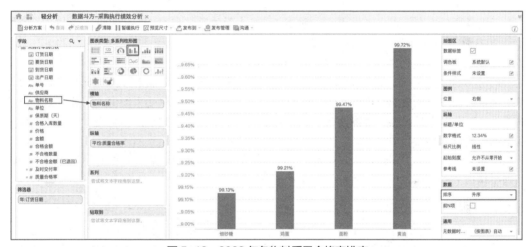

图 5-12　2023 年各物料质量合格率排序

(5) 2023 年各供应商质量合格率排序。

按照上一步骤的操作方法,选择"供应商"字段,将其拖曳至"横轴"列表框中,并另存为指标,如图 5-13 所示。

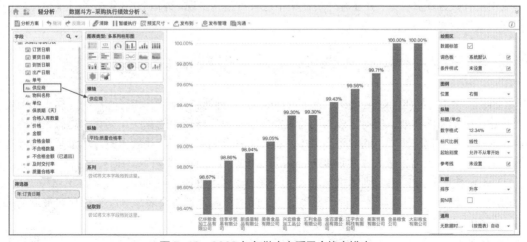

图 5-13　2023 年各供应商质量合格率排序

4. 分析结果解读

(1) 采购绩效评价。

① 在交付及时性方面，根据图 5-8 和图 5-9 所示，黄油的订单及时交付率较差；汇利食品有限公司和美香食品有限公司这两家供应商的表现较差。时间主要集中在 2020—2021 年度，尤其是 2021 年 8 月及时交付率最低，可以看到 2022—2023 年已逐步好转。

② 质量合格率方面，根据图 5-10 和图 5-11 所示，各年总体质量合格率在 99%以上。从月份来看，订单期间在 2023 年 10 月、8 月和 1 月略差，其他期间均达到 99%以上。

③ 各物料质量合格率对比如图 5-12 所示，质量合格率由低到高依次为：细砂糖、鸡蛋、面粉和黄油，分别为 99.13%、99.21%、99.47%和 99.72%。

④ 供应商合格率对比如图 5-13 所示，亿华粮食加工品有限公司、佳享华贸易有限公司和新盛蛋制品有限公司表现略差，未达 99%。

上述合格率整体差异不大，但是还需要考虑质检方法和抽样方法是否具有代表性的问题。

(2) 案例问题原因查找。

幸福蛋糕原料出库采用先进先出法，则 2023 年 9 月的原料库存应从其最近入库的订单开始查找。从 2023 年 9 月的订单往前查询，可以发现 2023 年 7 月订单(单号：20230730-02)的生产日期为 2022 年 2 月 8 日，数量为 74.5 吨，黄油的保质期为 540 天，截至 2023 年 9 月 30 日，该批黄油正好过期 60 天。从上述信息看，该批黄油于 2023 年 7 月 3 日到货，到货时仅余 29 天质保期，如果分析采购价格也可以发现其采购价格仅 12.94 元/公斤，远低于其前后订单的采购价。因此，该批黄油过期的原因是采购购进时已临近质保期，且购进的量超过了其在质保剩余期的耗用量，造成原料及其半成品面临质量问题。

由上述分析的问题，采购部门不应仅关注采购价格，而需要对比质保到期日与消耗量，验收时也需要警惕该问题，而不仅仅是查验是否未到质保期。

> **拓展练习**

(1) 评价各部门对于过期黄油及制成的酥皮半成品的处理意见，并提出自己的处理意见。

(2) 幸福蛋糕材料出库采用先进先出法，利用"采购订单执行表"与"重要物料库存表及日均消耗量(2023 年)"数据表，针对找出的问题设置"物料预计过期量"指标，计算公式为

物料预计过期量=该物料期初库存+本次采购数量-[质保天数-

(到货日期-生产日期)]× 当期日均消耗量。

利用现有数据计算结果，并在轻分析模块中进行可视化呈现，评估 2023 年采购订单执行表中是否存在与案例背景类似的问题或风险。

5.3 基于 K-means 聚类算法的供应商分类分析

K-means 聚类算法(K-means clustering algorithm)是一种迭代求解的聚类分析算法，属于无监督的聚类算法，由于简洁和效率使得它成为所有聚类算法中最广泛使用的算法。其算法思想大致为：对于给定的样本集，按照样本之间的距离大小，将样本划分为 k 个簇，让簇内的点尽量紧密地连接在一起，而让簇间的距离尽量大。实现 K-means 算法的执行大致步骤如下。

(1) 预将数据分为 K 组，则随机选取 K 个对象作为初始的聚类中心。

(2) 然后计算每个对象与各个种子聚类中心之间的距离，把每个对象分配给距离它最近的聚类中心。聚类中心及分配给它们的对象就代表一个聚类。

(3) 每分配一个样本，聚类的聚类中心会根据聚类中现有的对象被重新计算。这个过程将不断

重复直到满足某个终止条件，终止条件可以是以下任何一个：
- 没有(或最小数目)对象被重新分配给不同的聚类；
- 没有(或最小数目)聚类中心再发生变化；
- 误差平方和局部最小。

【案例背景】

幸福蛋糕采购部拟对供应商进行分类和评级管理，采购部收集了供应商的领导素质、员工素质、经营理念、技术设备、年营业额以及设备更新期限等数据，并按照 10 分制对其表现进行了评分，具体评级数据见附表 5.3。然而，采购部不确定应该根据什么标准对供应商进行分类，业务财务专员建议使用 K-means 聚类算法来对供应商进行聚类分析，从而进行分类与评级。

表 5.3 供应商评级数据

1. 确定分析目标

根据案例背景，要求使用 K-means 聚类算法对供应商进行分类的描述性分析。

2. 数据采集与处理

根据案例背景，下载给出的数据表"表 5.3 供应商评级数据"，表格格式如图 5-14 所示。

	A	B	C	D	E	F	G	H	I	J	K	L	M	N	O	P	Q	R
1	领导素质	员工素质	经营理念	技术设备	年营业额	设备更新期限	揽货能力	固定资产	员工数量	子公司、营业网点数量	地理位置	信息传递及时	服务价格	技术水平	交货期	退货率	长期客户数量	业务覆盖率
2	6.7	7.2	7.1	7.9	6	7.2	7	6.2	7	7.7	7.6	7	8	7.5	7	7.3	6.4	6.9
3	7.2	6.2	7	7.4	6	3	7.1	7.7	7.6	6	7.8	6.4	7.2	7	7.3	6.4	6.7	6.9
4	6.9	6.6	6.3	6.6	7.9	7.9	7.7	7.2	6.4	7.3	8.8	8.3	8.5	8.6	5.7	5.4	5.6	4.9
5	6.1	6.6	7	6.2	6.4	7.7	7.2	7.2	6.4	6.1	7.3	7.7	7	7.9	6.8	6.5	8	8
6	4.8	4.3	4.2	5.8	4	4.6	4.4	5.5	4.8	4.7	4.2	5.7	5.9	4.1	4.7	5.1	4.6	5.6
7	6.1	6.4	7	7.1	6.7	6.6	7.3	6.8	7.5	6.5	10	10	8.2	8.4	4	5.9	4.4	5.6

图 5-14 供应商评级数据

3. 数据分析

登录金蝶大数据平台，在界面左侧单击"大数据挖掘"下拉按钮，从下拉列表中单击"聚类"下拉按钮，从下拉列表中选择"k-means"选项，在"k-means"页面中，单击"导入数据"按钮，参数 K 值根据需要选择(即需要分类的类别数)，将下载的"供应商评级数据"表格导入，然后单击"模型构建"按钮，如图 5-15 所示。

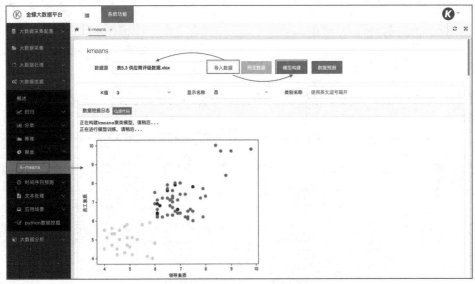

图 5-15 K-means 聚类分析

4. 分析结果解读

运行完成后,模型将供应商分为三类,如图 5-16 所示,蓝色代表第 0 类供应商,其各项指标的评分较高,供货更为可靠,这类供应商应被视为企业的主要供应商;而与此相反,绿色代表第 2 类供应商,其各项指标的评分都比较低,供货可靠性较差,应加强对于这类供应商的采购审批、货物跟单与产品检验。橙色代表第 1 类供应商,其中部分指标表现较好,但送货和物流等部分指标表现极差,供货的可靠性很可能不稳定,应谨慎选择,特别是在紧急类物资的采购中,应避免采用第 1 类供应商。

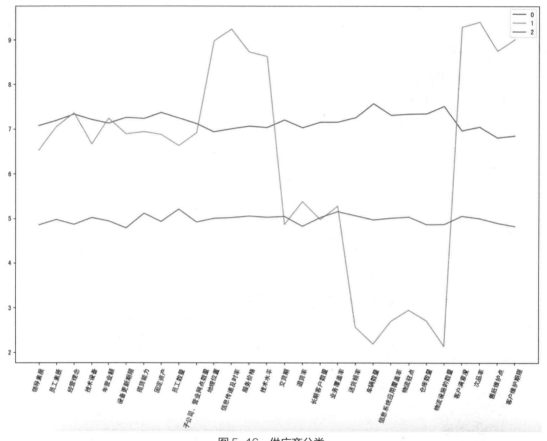

图 5-16 供应商分类

所有供应商的类别显示在原表格的最后一列,如图 5-17 所示,可以下载表格作为供应商分类管理的依据。

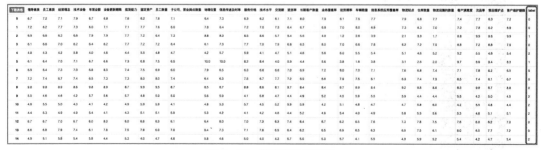

图 5-17 供应商分类结果

↗ 拓展练习

如果 2024 年拟选择一批新的供应商进入企业的供应商库,应该如何利用上述模型对新供应商进行分类与选择?

5.4 基于社交网络分析招标风险

社交网络分析也译为社会网络分析,是指对人、组织、计算机或者其他信息或知识处理实体之间的关系和流动信息的映射和测量。一个社交网络由很多节点(node)和连接这些节点的一种或多种特定的链接(link,也称为边,即 edge)所组成。节点往往表示了个人或团体,链接则表示了他们之间存在的各种关系(relation),如股权关系、高管交叉任职关系、朋友关系、亲属关系、贸易关系和资金关系等。

在招标社交网络分析中,基本分析流程如图 5-18 所示。

图 5-18 基本分析流程

(1) 整理数据源。数据的整理来源包括内部数据和外部数据。内部数据包括投标人相关信息,如公司名称、联系人姓名、银行账号和联系电话等。其他内部信息,如供应商库和财务系统中的付款对象信息等。外部数据对参与投标的公司,可以通过外部信息查询公司的股东、高管、联系电话和电子投标系统的网络访问信息,如网卡的 MAC 地址、IP 地址和操作员信息等。

(2) 数据预处理。由于社交网络分析涉及处理一对对节点之间的关系,而在投标人信息数据中,同一个投标人包含多个信息点,需要分别提取,最终形成每对节点"投标公司名称-公司信息点"一一对应的唯一数据集合,将数据处理为三个字段的对照表,分别为"投标公司名称""信息点"和"关系描述"。

(3) 找出网络中关键节点。在社交网络中,可以用 PageRank 值来刻画节点在网络中的重要性程度,帮助寻找重要性节点,即中心节点。Networkx 自带 PageRank 算法模块,可以使用该模块列出可疑围标网络中的关键信息控制点,也就是重点关注的疑点。

(4) 可视化生成关系网络图。Networkx 自带 draw 函数,可以画出关系图。此外,还可以考虑通过第三方工具进行展现,如商业软件 I2 或者开源的 graphviz 实现。

【案例背景】

幸福蛋糕采购部通过公开招标确定批量采购物的供应商。大宗产品市场竞争激烈,近来采购部发现个别招标项目存在问题。几家供应商之间达成协议,轮流中标或者共同操控投标价格,以达到垄断市场和维持高价的目的。采购部还发现这种"围标"的投标人之间总会在一些关键信息上存在交集,构成一个隐蔽的网络。

采购部整理了投标公司信息,具体信息见附表 5.4 业务财务专员提议利用社交网络分析来识别招标中的"围标"风险,具体做法是将参加投标的公司作为一个节点,该公司相关的联系人、电话、邮箱和 IP 地址等静态信息也分别作为节点,然后利用社交网络分析方法查找其中的潜在关联。

表 5.4
投标单位信息

1. 确定分析目标

根据案例背景,要求对投标人信息进行社会网络分析的描述性分析。

2. 数据采集与处理

根据案例背景和分析目标，首先需要对数据进行处理，下载给出的数据表"表 5.4 投标单位信息"，数据表格式如图 5-19 所示。

	A	B	C	D	E	F	G
1	投标公司名称	联系人姓名	联系电话	银行账号	联系邮箱	IP地址	MAC地址
2	兴宏粮食加工品公司	杨玉珍	18861291124	BQUU0265158253176	acui@yahoo.com	193.48.387.4	83:74:38:26:38:58
3	新盛蛋制品有限公司	卿丽华	14736543784	JBSZ2345148473984	ryan@yahoo.com	100.23.860.1	42:94:30:31:54:57
4	大彩粮食有限公司	郭旭	13353598555	AZVF2097510655529	guiyingqiu@yahoo.com	176.62.646.2	73:59:45:15:55:23
5	佳享华贸易有限公司	吕霞	14583167129	DWMD4182835999066	yongdu@gmail.com	119.38.905.3	55:27:30:13:45:90
6	美香食品有限公司	卿丽华	18665230985	JBSZ2345148499984	guiyingqiu@yahoo.com	139.75.679.2	93:66:26:81:44:64
7	金易粮食公司	白建军	18665950985	MVDH7965807956621	xiuying07@mingyu.cn	151.75.383.6	51:96:46:42:63:80
8	江宇农业科技有限公司	李桂花	13583167129	BTQW3248550566775	guiyingqiu@yahoo.com	116.82.911.9	60:12:39:55:75:11
9	金百源食品有限公司	白建军	13583167129	NOFD5735472924528	gang57@ul.cn	157.18.886.0	23:94:62:80:99:26
10	汇利食品有限公司	熊玉梅	15333462205	TUZB6434707461953	minghuang@yahoo.com	118.76.375.3	48:61:85:15:54:34
11	美家贸易有限公司	黄红	14583167129	BQUU0265156783176	chaowang@gu.cn	173.87.135.6	42:94:30:31:54:57
12	亿华粮食加工有限公司	郭旭	13306736765	BTQW3244320566775	guiyingqiu@yahoo.com	193.48.387.4	30:74:95:11:27:22

图 5-19 投标单位信息

登录金蝶大数据平台，在界面左侧单击"大数据处理"下拉按钮，从下拉列表中选择"python 数据处理"选项，在"python 数据处理"页面中单击"上传文件"按钮，将下载的数据表上传，上传后单击"选择数据源"下拉按钮，从下拉列表中选择上传的数据表，在"代码区"文本框中输入 Python 代码，然后单击"运行"按钮，运行代码，将数据表处理为每对节点"投标公司名称-公司信息点"一一对应的唯一数据集合，数据处理结果为三个字段的对照表，分别为"投标公司名称""信息点"和"关系描述"。数据处理的操作界面如图 5-20 所示。

Python代码5.4 投标单位信息数据处理

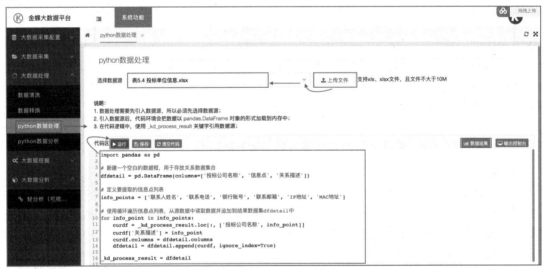

图 5-20 投标单位信息数据处理

运行完成后，在"数据结果"对话框中查看处理结果，如图 5-21 所示，单击"下载"按钮并将数据结果保存到数据库。

图 5-21 投标单位信息数据处理结果

3. 数据分析

在界面左侧单击"应用场景"下拉按钮，从下拉列表中选择"社会网络分析"选项，在"社会网络分析"页面中单击"导入数据"按钮，导入经过处理的数据表，然后单击"模型构建"按钮，进行模型构建，操作界面如图 5-22 所示。

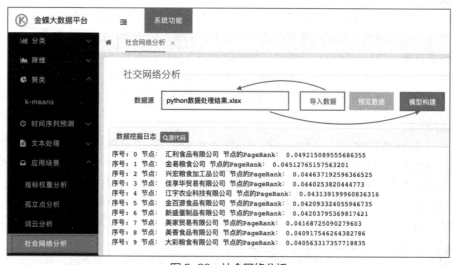

图 5-22 社会网络分析

4. 分析结果解读

分析结果如图 5-23 所示，各投标单位中仅有一家单位是完全独立，其他单位都存在相关信息的交叉，这些投标人的招标项目中存在较大的围标风险。

基于社交网络分析招标风险：采集和处理数据及数据分析

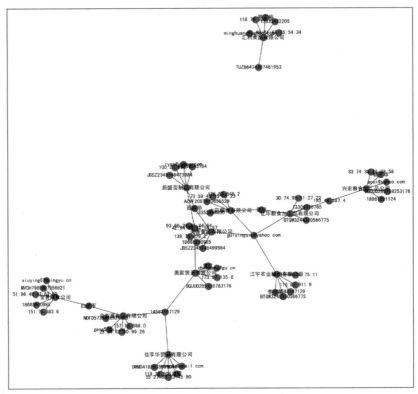

图 5-23 社会网络分析结果

↗ 拓展练习

在采购业务中，由于采购金额大且涉及复杂的利益关系，除了招标单位之间存在互相串通的可能性，还有公司的采购人员与供应商勾结进行职业舞弊的情况。例如，在招标过程中，采购人员提前将招标信息透露给特定供应商，从而使这些供应商在竞标中获得优势；或者表面上进行了公开招标，但实际上已经内定了中标方，其他投标方只是陪标角色。

针对这种情况，是否可以利用社会网络分析查找潜在的职业舞弊行为，需要搜集哪些数据？

↗ 课程思政

在企业财务管理的实践中，采购业务作为连接内外部资源的关键环节，其规范性、公正性和透明度直接影响到企业的成本控制、盈利能力和市场竞争力。然而，在现实操作中，采购业务中的职业舞弊现象时有发生，不仅严重损害了公司的经济利益，更对企业的声誉和长远发展造成了负面影响。近期曝光的一些大型企业采购舞弊案件，揭示出部分采购人员与供应商勾结，通过虚增报价、操纵招投标、伪造合同和收受回扣等手段进行非法获利。这些行为不仅侵蚀了企业利润，破坏了市场竞争秩序，也暴露出企业在内部控制和职业道德教育方面的短板。

面对采购业务中的职业舞弊挑战，财务分析人员不仅要具备扎实的专业知识和敏锐的风险识别能力，更要坚守职业道德底线，积极构建防范职业舞弊的有效机制，用实际行动践行社会主义核心价值观，共同维护健康的市场经济环境。

【思考】在采购业务实际操作中，如何将社会主义核心价值观中的"诚信、公正、法治"理念有效融入并体现在供应商选择、合同签订和执行监督等各个环节？请结合具体案例，探讨这一过程中可能遇到的挑战及应对策略，并思考如何通过这种实践来培养自身的社会责任感和职业道德，以及在未来职业生涯中持续推动社会公平正义与商业伦理建设。

第6章

存货主题分析

📌 学习目标

1. 了解存货管理的典型工作任务
2. 了解存货分析的不同角度与目的
3. 熟悉存货选址的分析应用
4. 掌握存货的结构与库龄、减值与报损及存货总体分析方法

📌 学习导图

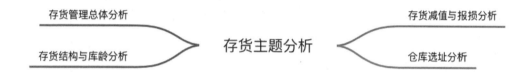

6.1 存货管理总体分析

【案例背景】

在 2022 年 12 月经营会上,幸福蛋糕中央工厂的仓储经理提出要将存货水平控制在一定水平,采购部门应及时了解供需情况再做出订货计划,避免大量采购造成存储空间不足或长期存储带来的保管费用和损毁风险。2022 年 1—3 月,采购部门大批量采购了一批面粉和鸡蛋,造成面粉无处存放,部分鸡蛋过期。当时,仓储部门已经向采购部门提出减少采购数量的建议,但是在 2022 年 11 月,采购部门再次大量增加面粉和鸡蛋的采购数量,给仓储部门带来巨大的管理难度和风险。

采购部门负责人回应称,由于公司业务扩张,对原料的需求急剧增加,采购部门是根据市场部门的销售计划制定的采购计划。每年初,采购部门通过招投标确定合格供应商,并通过批量采购,给公司节约了大量采购成本,已经超额完成了本部门当期考核绩效。

市场部门负责人则回应称,根据公司的开店规划和销售数据分析,市场部已经合理地预测了销售计划。尽管在 2022 年市场整体情况并不理想,但是市场部仍然顶着压力完成了上半年的销售任务。未来的一个月是销售的关键时期,市场部有信心完成全年的销售任务,但是不希望因为材料短缺而影响销售业绩。

总经理要求财务部先对公司的存货情况做总体分析,并与对标企业进行对比,以评估公司存货管理水平。分析中央工厂重要原材料的库存情况,查找造成上述情况的原因并给出建议措施。总经理提出在 2023 年,仓储部门、采购部门和销售部门应更好地协作,共同努力将存货控制在合理水平,特别是不能造成原料过期的情况。

1. 确定分析目标

根据案例背景，总经理想要了解存货的总体情况，可以从存货的变动趋势、构成分析并与对标企业对比等方面展开；其次，通过分析重要原材料的库存情况，查找造成案例背景中库存问题的主要原因，可以通过分析存货的构成及重要原材料的变动趋势获得线索，具体如下。

(1) 公司总体存货余额年度变动趋势。
(2) 存货占总资产比趋势及与对标企业的对比。
(3) 存货与收入比变动趋势及与对标企业的对比。
(4) 2022年各存货类别金额占比。
(5) 重要原材料余额变动趋势。

说明：对标企业可以选择烘焙行业的类似公司，本案例以桃李面包为例；重要原材料可以从构成中占比前三的原材料中选取。

2. 数据采集与处理

根据确定的分析目标，指标一存货余额年度变动趋势可以直接从资产负债表中的存货项目中获取数据，指标二和指标三从幸福蛋糕和桃李面包的资产负债表和利润表中获取数据，为简便数据处理过程，可以通过自定义SQL新建数据表，命名为"存货对比指标"，编写代码如下：

```
SELECT
    a.报表日期,
    "幸福蛋糕" AS 公司名称,
    a.存货,
    a.存货/a.资产总计 AS 存货占总资产比,
    a.存货/b.其中：营业收入 AS 存货占收入比
FROM
    资产负债表_幸福蛋糕 a,
    利润表_幸福蛋糕 b
WHERE
    a.报表日期 = b.报表日期

UNION
SELECT
    a.报表日期,
    "桃李面包" AS 公司名称,
    a.存货,
    a.存货/a.资产总计 AS 存货占总资产比,
    a.存货/b.营业收入 AS 存货占收入比
FROM
    资产负债表_桃李面包 a,
    利润表_桃李面包 b
WHERE
    a.报表日期 = b.报表日期
```

MySQL
查询代码6.1

运行完成后，新建数据表如图6-1所示。

报表日期	公司名称	存货	存货占总资产比	存货占收入比
2020-12-31	幸福蛋糕	20,735,361.42	0.02	0.01
2021-12-31	幸福蛋糕	22,603,752.95	0.02	0.01
2022-12-31	幸福蛋糕	34,527,132.23	0.02	0.01
2023-12-31	幸福蛋糕	42,574,170.58	0.03	0.02
2018-12-31	桃李面包	109,773,231.00	0.03	0.02
2019-12-31	桃李面包	130,851,572.14	0.03	0.02

总共13行数据，仅显示前10行数据

图 6-1　存货对比指标

指标四和指标五从"中央工厂存货明细表"获取数据，通过 MySQL 数据库新建数据表并单击"保存"按钮，如图 6-2 所示。

存货管理总体分析：采集和处理数据

图 6-2　中央工厂存货明细表

3. 数据分析

(1) 公司总体存货余额年度变动趋势。

在轻分析模块进入与数据建模同一个业务主题的数据斗方，在"图表类型"选项区域中，选择"折线图"选项，在通过 MySQL 统计的"存货对比指标"下拉列表中选择"报表日期"字段，将其拖曳至"横轴"列表框中，选择"存货"字段，将其拖曳至"纵轴"列表框中。为数据显示更清晰，可以在"绘图区"选项区域中，选择"数据标签"复选框，将数字格式的单位设置为"千万"，保存指标。操作界面如图 6-3 所示。

图 6-3　公司总体存货余额年度变动趋势

(2) 存货占总资产比趋势及与对标企业的对比。

清除上一步骤的图表，设置图表类型为"折线图"，在通过 MySQL 统计的"存货对比指标"下拉列表中选择"报表日期"字段拖曳至横轴，选择"存货占总资产比"字段拖曳至纵轴。为便于对比，由于行业数据为 2019—2022 年，可以选择"报表日期"字段拖曳至筛选器，将 2016—2017 年的数据筛选去掉，选择"数据标签"复选框，将数字格式的单位设置为百分比，并保存指标。操作界面如图 6-4 所示。

图 6-4　存货占总资产比趋势及与对标企业的对比

(3) 存货与收入比变动趋势及与对标企业的对比。

将上一步骤中的纵轴数据替换为"存货对比指标"下拉列表中的"存货占收入比"字段，并保存指标，如图 6-5 所示。

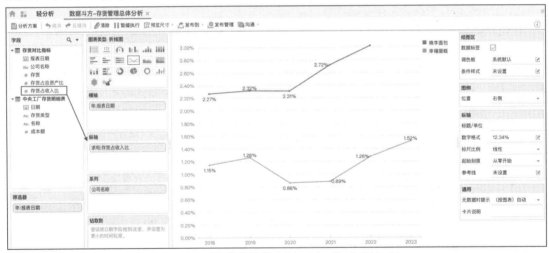

图 6-5　存货与收入比变动趋势及与对标企业的对比

(4) 2022 年各存货类别金额占比。

清除上一步骤的图表，设置图表类型为"饼图"，选择"中央工厂存货明细表"下拉列表中的"日期"字段拖曳至筛选器，选择日期为"2022-12-31"的数据，选择"成本额"字段拖曳至角度，选择"存货类型"字段拖入颜色，选择"名称"字段拖曳至"钻取到"列表框中，选择"数据标签"复选框，并保存指标。操作界面如图 6-6 所示。

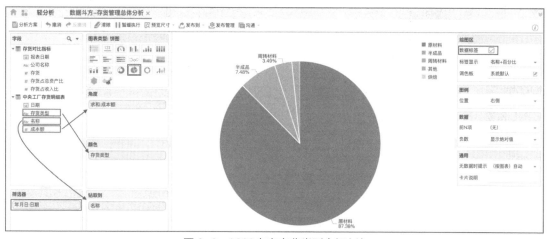

图 6-6　2022 年各存货类别金额占比

单击图中的存货类型，可以向下钻取到各存货类型中不同存货名称的占比，由于下一指标需要分析重要原材料，因此单击原材料部分，钻取到各原材料的占比情况，占比前三的原材料为"面粉""鸡蛋"和"小麦粉"，如图 6-7 所示。

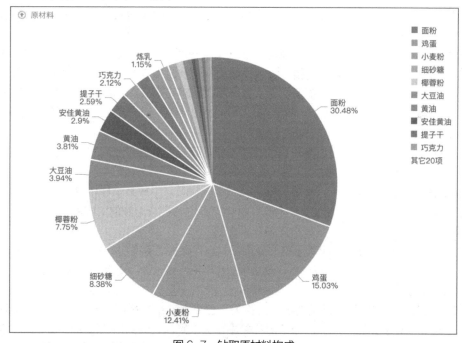

图 6-7　钻取原材料构成

(5) 重要原材料余额变动趋势。

清除上一步骤的图表，设置图表类型为"折线图"，选择"中央工厂存货明细表"下拉列表中的"名称"字段拖入筛选器，筛选名称为"面粉""鸡蛋"和"小麦粉"的数据，选择"日期"字段拖曳至横轴，选择"成本额"字段拖曳至纵轴，选择"名称"字段拖曳至系列，设置数字格式为"万"，并保存指标。操作界面如图 6-8 所示。

图 6-8　重要原材料余额变动趋势

4. 分析结果解读

(1) 分析结论。

存货管理总体分析：数据分析

① 根据图 6-3 所示，2016—2022 年总体存货年末余额呈快速增长，需要进一步分析。

② 根据图 6-4 所示，各年度存货占总资产比低于桃李面包，一方面受益于幸福蛋糕数字化技术的应用，通过以产定销，大数据精准推送及时处理当日快到期成品，达到了成品零库存；另一方面由于桃李面包以新鲜蛋糕为主打产品，不容易形成库存，而桃李面包有较多保质期较长的面包、月饼和粽子等产品库存。需要关注的是 2022 年幸福蛋糕存货占资产比有大幅增长，增幅明显高于桃李面包，需要进一步分析原因。

③ 根据图 6-5 所示，幸福蛋糕各年度的存货与收入比指标同样低于对标企业桃李面包，幸福蛋糕以更少量的存货支撑其收入的增长。

④ 根据图 6-6 和图 6-7 所示，幸福蛋糕的存货由原材料、半成品、周转材料和其他组成，产成品无库存，主要以原材料为主。2022 年末，原材料库存占其存货总额的 87.38%，2022 年末占比最大的三项原材料库存为面粉、鸡蛋和小麦粉。

⑤ 根据图 6-8 所示，每年的年初和年末重要原材料库存量显著增加，结合案例背景，这与该期间采购部门大批量采购有关，也是造成面粉、鸡蛋年初和年末库存过大，造成部分原料过期的主要原因。

(2) 建议措施。

① 原料过期与采购部门大批量采购直接相关，但更深层次的原因是仓储、采购和销售部门的工作尚缺少统筹性和整体性。例如，仓储部门关注存货水平，采购部门关注采购成本，而销售部门注重销售任务的完成，这可能与各自部门考核指标的分离相关。建议总经理等高层管理人员应协同人事部门做好部门的绩效指标的制定，应围绕公司的统一规划安排工作。例如，采购部门的指标不应仅关注采购成本，而应该注重包括仓储成本等在内的整体成本的合理性。

② 幸福蛋糕整体存货水平要好于行业平均水平，对存货的整体控制较好，但应进一步分析 2022 年存货和收入两项占比指标增长的具体原因，分析存货是否存在呆滞料或不合理浪费等情况，以求不断改进存货的管理，通过管理降低成本成为公司的差异化战略之一。

➦ 拓展练习

2023 年结束后，公司的经营会上要求分析存货数据，与 2022 年相比是否存在重大变化或异常，是否能够按照 2022 年末的经营会要求降低了重要原材料的水平。

6.2 存货结构与库龄分析

【案例背景】

幸福蛋糕管理层对中央工厂仓储部门的考核一方面要求降低库存水平，另一方面要求保障生产和销售需求。业务财务专员拟对现有存货的结构和库龄进行分析，比对原材料结构是否与销售商品的用料结构相匹配。为此，根据销售情况及产品用料统计了"销售用料结构表"，同时分析存货库龄，查找是否存在库龄较长或已过期的存货，以建议采购部门减少采购批量或调整送货周期。

1. 确定分析目标

分析原材料结构与销售商品的用料结构可以通过库存原材料占比与销售用量占比进行对比分析，包括绘制二者占比的差异及计算其偏差率。查找库龄较长及过期存货，可以通过计算库龄及过期天数指标获得。因此，可以确定以下具体分析指标。

(1) 原材料库存与销售用料偏差。

(2) 存货库龄排序。

(3) 存货过期天数。

原材料库存与销售用料偏差率的计算公式为

$$偏差率 = (库存物料占比 - 物料的销售用料占比) \div 物料的销售用料占比$$

2. 数据采集与处理

原材料库存与销售用料偏差的数据需要从"中央工厂存货明细表"与"销售用料结构表"两张表中获取，为简便处理，可以通过自定义 SQL 新建数据表，命名为"原材料库存与销售用料偏差分析"，编写代码如下：

```
SELECT
    a.名称 AS 原料,
    a.成本额,
    (
        SELECT
            SUM(成本额)
        FROM
            中央工厂存货明细表
        WHERE
            日期 = '2023-12-31' AND 存货类型 = '原材料'
    ) AS 成本总额,
    c.销售量用料占比
FROM
    中央工厂存货明细表 a
LEFT JOIN
    销售用料结构表 c ON a.名称 = c.原料
WHERE
    a.日期 = '2023-12-31' AND a.存货类型 = '原材料'
```

MySQL
查询代码 6.2

运行完成后，在该数据表新建计算字段，计算原料的占比和偏差率，表达式为

原料占比：
[成本额]/[成本总额]
偏差率：
([原料占比]-[销售量用料占比])/[销售量用料占比]

完成后的数据表如图 6-9 所示。

原料	成本额	成本总额	销售量用料占比	原料占比	偏差率
豆沙	67,837.48	14,590,598.28	0.00	0.0046	-0.05
干酪	40,427.83	14,590,598.28	0.00	0.0028	-0.08
桂圆肉	37,912.76	14,590,598.28	0.00	0.0026	-0.07
果酱	143,991.90	14,590,598.28	0.01	0.0099	-0.09
黑糖	7,991.88	14,590,598.28	0.00	0.0005	-0.09
黑芝麻	61,850.31	14,590,598.28	0.00	0.0042	-0.10

总共33行数据，仅显示前10行数据

图 6-9　原材料库存与销售用料偏差分析

计算库龄和物料的过期天数需要用到"物料库存分析表"，通过新建数据表从 MySQL 数据库中引入数据表，如图 6-10 所示。

存货类型	名称	截止日期	成本	入库日期	生产日期
原材料	大豆油	2023-12-31	294,433.51	2023-12-28	2023-12-11
半成品	蛋挞皮	2023-12-31	98,326.22	2023-12-06	2023-11-16
原材料	豆沙	2023-12-31	81,404.97	2023-11-23	2023-11-10
原材料	干酪	2023-12-31	48,513.39	2023-12-31	2023-12-05
原材料	桂圆肉	2023-12-31	45,495.31	2023-03-23	2022-12-15
原材料	果酱	2023-12-31	139,213.85	2023-12-23	2023-12-15

总共85行数据，仅显示前10行数据

图 6-10　物料库存分析表

然后在"物料库存分析表"中新建库龄和过期天数的计算字段，表达式为

库龄：
[截止日期]-[入库日期]
过期天数：
IF([截止日期]-[生产日期]-[保质期(天)]>0,[截止日期]-[生产日期]-[保质期(天)],0)

最后保存退出。

3. 数据分析

(1) 原材料库存与销售用料偏差。

在轻分析模块中进入与数据建模同一个业务主题的数据斗方，设置图表类型为

存货结构与库龄分析：采集和处理数据

"组合图",在通过 MySQL 统计的"原材料库存与销售用料偏差分析"下拉列表中,选择"原料"字段拖入横轴,选择"销售量用料占比"和"原料占比"字段拖曳至左轴,选择"偏差率"字段拖曳至右轴。将左轴和右轴的数字格式的单位设置为百分比,保存指标。操作界面如图 6-11 所示。

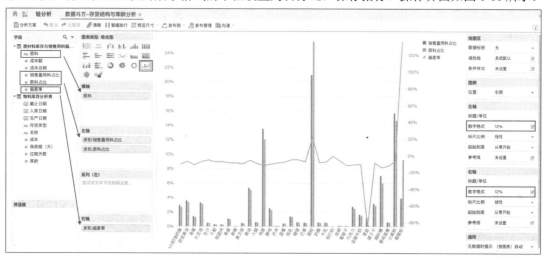

图 6-11　原材料库存与销售用料偏差

(2) 存货库龄排序。

清除上一步骤的图表,设置图表类型为"多系列柱形图",选择"物料库存分析表"中的"名称"字段拖曳至横轴,选择"库龄"字段拖曳至纵轴,度量选择"最大",选择"数据标签"复选框,选择数据按降序排序,选择"前 N 项"复选框,输入需要显示的条目数,并保存指标。操作界面如图 6-12 所示。

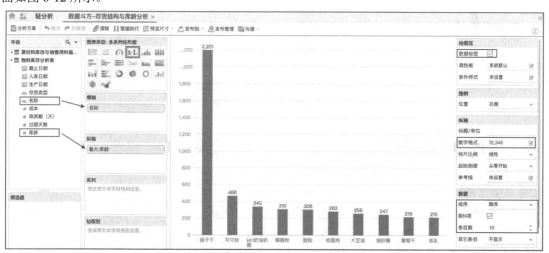

图 6-12　存货库龄排序

(3) 存货过期天数。

清除上一步骤的图表,设置图表类型为"列表",选择"物料库存分析表"中的"名称""生产日期""保质期""过期天数"字段拖曳至列,"生产日期"的维度选择"年月日",将"过期天数"拖曳至筛选器,筛选过期天数从一开始,并保存指标。操作界面如图 6-13 所示。

图 6-13 存货过期天数

4. 分析结果解读

(1) 通过分析原材料结构占比与销售用料占比的偏离率，如图 6-11 所示，面粉和椰蓉粉的存货占比较大，应想办法降低库存水平；而食盐的占比较少，应建议采购部门进行补货。当然，原材料的结构合理性除考虑销售用料比的对比分析，也应综合考虑原料的保质期、采购折扣、运输费用和便利性等因素。

存货结构与库龄分析：数据分析

(2) 分析存货库龄，如图 6-12 所示，提子干、可可粉和 kiri 奶油奶酪等材料的库龄较长，应进一步调查原因，是否存在未严格遵循原料先进先出的情况，或是因为采购批量过多造成。

(3) 根据图 6-13 所示，提子干、kiri 奶油奶酪、牛乳、牛轧糖和奶油存在已过期材料，尤其是前两项，过期天数分别达到 737 天和 323 天，为避免发生安全事故，应尽快申请报废处理。

➡ 拓展练习

经过分析，面粉和椰蓉粉的库存占比较销售用量比较偏离较大，因此仓储部门向采购部门建议减少面粉的采购批量。采购部门回应称，由于批量采购可以获得更高折扣并减少运输费用，降低采购成本，且面粉和椰蓉粉用量较大、可以长期存放，多备一些存货并无不妥。

分析以上场景，从公司总体利益考虑，应如何进行决策？

6.3 存货减值与报损分析

【案例背景】

对于烘焙行业，如何解决浪费问题一直是困扰企业的难题。因为蛋糕和面包不像其他产品，可以长时间的存储，产品的短保特点决定其很容易过期。并且面包产品也很难像其他产品一样，在收到订单以后再生产，因为面包的生产过程大约需要 6 个小时，但超过 5 个小时就过了最佳品尝的时间。因此整个行业都是面包做好了，等客人来买，到了晚上卖不出去就要扔掉，行业浪费率至少为 10%。

幸福蛋糕携手金蝶云，用数字化解决问题。以 ERP 系统为核心，打通了 BBC 的掌上分销，SRM 采购云和 WMS 三大系统，实现了门店、仓储和供应链的全智能化、移动化和数据化管理。幸福西饼首先通过大数据分析明天应该做什么面包，判断谁会来买，以此代替店长的主观判断。以前到了晚上剩下的面包只能等顾客来购买，系统的自动化清库存功能通过产品找到客户，比如，今天剩下 10 个提子面包，系统会识别过去哪些客户喜欢提子面包，主动将促销打折信息推送给客户。通过这样的方式可以大大缓解浪费严重的问题。

通过新零售为客户精准推送，过去是面包做好了等客人来买，现在是做面包时就能匹配谁会买这个面包。这种数字化解决了无限购买场景，把信息和数据在前端进行展示，客人睡觉前想买一个面包，能知道面包什么时候出炉，现在购买按约定配送的时间就能送达。通过这种运营方式，客户不再只是到店消费，还可以通过美团、微信等各个渠道 24 小时购买。不同的用户收到的内容不一样，不同的产品推给不同的用户，这些就是通过大数据算法实现的。

通过更精准的销售计划，理论上材料的库存也可以得到更丰富的信息，从而帮助提高存货运营效率、降低材料库存水平和减少库存损耗。

幸福-2 门店是幸福蛋糕率先打通数字化链接的门店，管理层要求对该店存货的减值与损耗情况进行分析，评估企业实施数字化战略是否达到了降低损耗的目标。

1. 确定分析目标

根据案例背景，管理层要求分析幸福-2 门店的存货减值与损耗情况，可以从商品及材料的报损率、报损原因、变动趋势、减值等方面展开，可以具体化为以下指标。

(1) 商品报损率变动趋势分析。
(2) 2023 年商品报损原因占比分析。
(3) 材料报损额变动趋势分析。
(4) 2023 年材料报损原因占比分析。
(5) 2023 年 12 月 31 日库存存货减值额。

由于库存商品产销基本平衡，商品的报损率可以根据以下公式计算：

$$报损率 = 报损金额 \div 销售额$$

2. 数据采集与处理

上述指标涉及数据库中幸福-2 门店的 4 个数据表：

- "商品报损单(幸福-2 门店)"；
- "商品销售表(幸福-2 门店)"；
- "材料报损单(幸福-2 门店)"；
- "存货可变现净值分析表(幸福-2 门店)"。

其中商品报损率的计算需要用到"商品报损单(幸福-2 门店)"中的商品报损金额和"商品销售表(幸福-2 门店)"的商品销售金额，可以通过 MySQL 数据库进行统计，新建数据表命名为"各年度商品类型报损率"，查询代码如下：

```
SELECT
    a.商品类型,
    a.年度,
    b.报损金额 / a.销售额 AS 报损率
FROM
    (
        SELECT
            商品类型,
            LEFT(销售期间, 4) AS 年度,
            SUM(金额) AS 销售额
        FROM
```

```
                '商品销售表(幸福-2门店)'
            GROUP BY
                商品类型,
                LEFT(销售期间, 4)
    ) a
JOIN
    (
        SELECT
            存货类型,
            DATE_FORMAT(报损时间, '%Y') AS 年度,
            SUM(金额) AS 报损金额
        FROM
            '商品报损单(幸福-2门店)'
        GROUP BY
            存货类型,
            DATE_FORMAT(报损时间, '%Y')
    ) b
ON
    a.商品类型 = b.存货类型
    AND a.年度 = b.年度
```

MySQL
查询代码 6.3

完成后,新建数据表如图 6-14 所示。

商品类型	年度	报损率
下午茶	2023	0.01
其他	2019	0.12
其他	2020	0.09
其他	2021	0.10
其他	2022	0.02
其他	2023	0.03

总共24行数据,仅显示前10行数据

图 6-14 各年度商品类型报损率

然后将"商品销售表(幸福-2门店)""材料报损单(幸福-2门店)"和"存货可变现净值分析表(幸福-2门店)"三张表导入数据建模,并在"存货可变现净值分析表(幸福-2门店)"中新建"减值额"的计算字段,表达式为

```
IF([成本]>[可变现净值],[成本]-[可变现净值],0)
```

完成后保存退出。

3. 数据分析

(1) 商品报损率变动趋势分析。

在轻分析模块中进入与数据建模同一个业务主题的数据斗方,设置图表类型为"折线图",在通过 MySQL 统计的"各年度商品类型报损率"下拉列表中将"年度"字段拖入横轴,选择"报损率"字段拖入纵轴,选择"数值标签"复选框,数字格式的单位设置为百分比,保存指标。操作

界面如图 6-15 所示。

图 6-15　商品报损率整体变动趋势

可以进一步分析每个商品类型的报损率变动趋势，在上一步骤的基础上，选择"各年度商品类型报损率"下拉列表中的"商品类型"字段拖入系列，如图 6-16 所示。

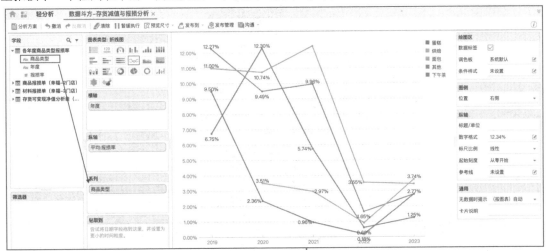

图 6-16　各商品类型报损率变动趋势

(2) 2023 年商品报损原因占比分析。

清除上一步骤的图表，设置图表类型为"饼图"，选择"商品报损单(幸福-2 门店)"下拉列表中的"金额"字段拖入角度，选择"存货类型"字段拖入颜色，选择"报损原因"字段拖入钻取到，选择"数据标签"复选框，保存指标。操作界面如图 6-17 所示。

单击饼图的构成，可以查看相应类型的报损原因，例如单击"面包"版块，可以钻取到面包类产品的不同报损原因占比，如图 6-18 所示。

(3) 材料报损额变动趋势分析。

清除上一步骤的图表，设置图表类型为"折线图"，选择"材料报损单(幸福-2 门店)"下拉列表中的"报损日期"字段拖入横轴，选择"金额"字段拖入纵轴，选择"数据标签"复选框，保存指标。操作界面如图 6-19 所示。

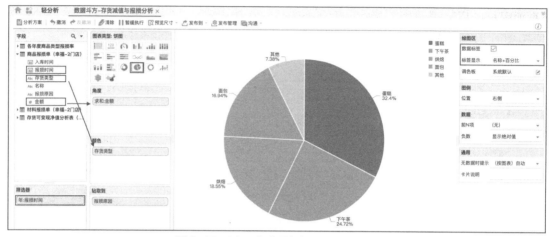

图 6-17　2023 年商品报损原因占比分析

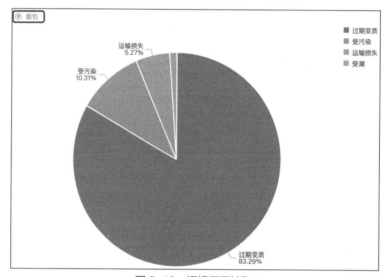

图 6-18　报损原因钻取

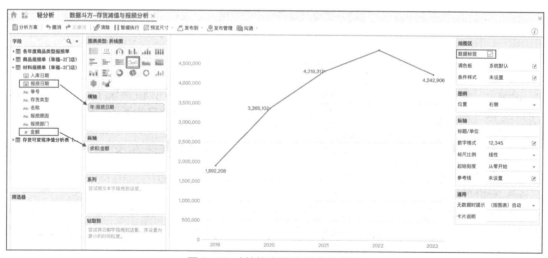

图 6-19　材料报损额变动趋势分析

(4) 2023 年材料报损原因占比分析。

清除上一步骤的图表,设置图表类型为"饼图",选择"材料报损单(幸福-2 门店)"下拉列表中的"金额"字段拖入角度,选择"报损原因"字段拖入颜色,筛选报损日期为 2023 年,选择"数据标签"复选框,保存指标。操作界面如图 6-20 所示。

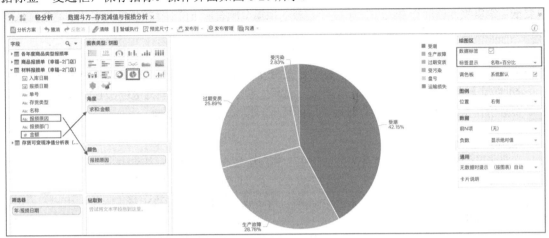

图 6-20 2023 年材料报损原因占比分析

(5) 2023 年 12 月 31 日库存存货减值额。

清除上一步骤的图表,设置图表类型为"列表",选择"存货可变现净值分析表(幸福-2 门店)"下拉列表中的"名称""入库日期"和"减值额"字段拖入列,并筛选减值额大于 0(选择最小值为 1)的数据,保存指标。操作界面如图 6-21 所示。

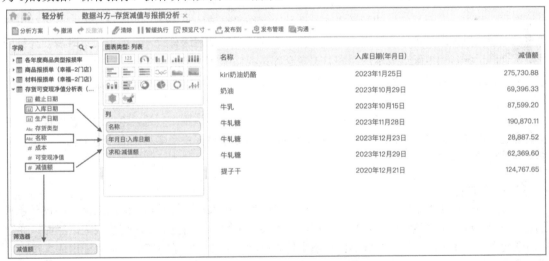

图 6-21 2023 年 12 月 31 日库存存货减值额

4. 分析结果解读

(1) 商品报损率降幅明显,整体报损率在 2019—2023 年低于 3%,如面包类产品的报损率自 2019—2021 年的高于 10%,降至 2022—2023 年的 4%左右,已远低于同行业平均水平。说明幸福蛋糕的数字化战略在降低商品损耗方面取得良好成效。

(2) 2023 年商品报损原因中,蛋糕类产品均为运输损耗,由于蛋糕类产品均根据订单生产,且线上订单为主,因此主要为运输损耗;下午茶类产品损耗原因则主要有运输损失(47.43%)、盘亏损失(34.36%)和受污染损失(11.69%),下午茶产品介于蛋糕和面包之间,除按订单生产,大部分也会生产部分库存供客户选择,但其中盘亏损失为非正常损失,应进一步调查具体原因;面包类产品损耗由于其产品短保与无法实现线上预订的特点,主要因过期变质引起,但损耗率已远低于同行。

(3) 材料的报损金额随着业务量的增长在 2019—2022 年均有较大幅度的增长,但其报损的增长率要低于销售收入的增长率,且在 2023 年材料的报损金额有所下降。幸福蛋糕数字化战略在降低商品损失额的同时,也在一定程度上传导致了材料损耗的减少。

(4) 2023 年材料报损原因中,原材料主要由于受潮(42.15%)、生产故障(28.78%)及过期变质(25.89%)引起,因此应注意材料保管,特别是在南方或沿海地区的梅雨天气,加强材料防潮处理。

(5) 经计算共有 7 项存货存在减值迹象,成本与可变现净额的差额为 839 621.29 元,建议计提同等金额的存货跌价准备,并调查造成减值的原因,以采取进一步措施。

拓展练习

幸福蛋糕的中央工厂主要负责为各加工中心和门店生产半成品,总部将中央工厂作为成本中心管理和考核,即主要考核其单位产品的生产成本。工厂负责人实行三年任期制,考核结果将决定其是否连任。2023 年是时任负责人最后一年任期,为达成考核目标,其决定最大限度利用闲置产能,增加半成品的生产量。

分析为何产量增加会有助于中央工厂完成考核计划,以及脱离销售计划增加半成品产量可能造成的后果。

6.4 仓库选址分析

在解决仓库选址问题时,这是一个涉及物流成本、运营成本和供应链效率等多方面因素的复杂决策过程,其中仓库至目的地的配送成本是选址决策中最重要的因素之一。配送成本可以拆分为配送距离、配送量及配送单价三项影响因素,由于需要计算的是配送总成本,所以决策时需要计算的是拟定仓库至各目的地配送成本的总和。拟定仓库是我们需要决策的选项,所以分析时需要循环计算各拟定仓库至所有目的地的配送成本总和,然后比较总的配送成本,从中选择总成本最低的仓库选址。

当数据量较大时,我们可以利用 Python 进行计算。如果各地距离较远,可以通过各地址的经纬度坐标进行距离的粗略计算,SciPy 库中的 spatial.distance 模块提供了多种距离度量的函数,可以用于空间距离的计算。

【案例背景】

随着幸福蛋糕在华东区门店不断增多,业务量的不断扩大,原材料和半成品的储存和收发需求也随之增加。对于幸福蛋糕而言,华东区市场的重要性仅次于华南区,市场规模较大。然而,通过华南仓配送集团集采的原料和半成品已经越来越难以满足需要,配送距离过长造成配送成本过高、配送不及时等问题逐渐突出。经过公司管理层讨论,决定在华东区建立一个 2000 平的智能中转仓库。

对于仓库的选址,管理层主要考虑总的配送成本问题,要求财务分析团队根据配送距离及预计的配送量找出总的配送成本最低的城市。目前政府部门已经采集了华东区主要城市的经纬度坐标,以及每个城市的预计原料及半成品需要量,相同配送量、配送距离的配送成本相同,见表 6.4。

表 6.4
仓库选址数据

1. 确定分析目标

根据任务背景，需要根据所列城市的经纬度坐标计算拟定的仓库地址至每个城市的配送距离。基于目前发达的公路交通，可以将坐标的直线距离作为配送距离进行计算，由于单位配送价格一样，配送距离与配送量的乘积可以作为配送成本的比较基础。因此需要循环计算每个城市配送到其他城市的配送成本之和，然后找到总配送成本最低的城市。

2. 数据采集与处理

根据案例背景，下载给出的数据表"表6.4 仓库选址数据"，表格格式如图6-22所示。

	A	B	C
1	地点	地理坐标	配送量
2	济南	(117,36.65)	84875.6
3	青岛	(120.33,36.07)	84876.26
4	淄博	(118.05,36.81)	17563.42
5	枣庄	(117.57,34.86)	59248.71

图 6-22　仓库选址数据

3. 数据分析

Python 代码 6.4
仓库选址

登录大数据处理平台，选择"大数据挖掘"模块下的"python 数据分析"，在代码区编写代码(可参考 Python 代码 6.4)，完成后在该页面中单击"导入数据"按钮，将采集的表 6.4 上传到平台中，然后单击"构建模型"按钮，如图 6-23 所示。

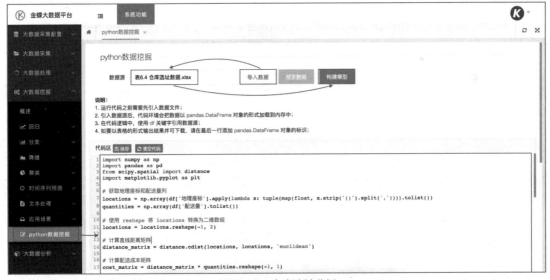

图 6-23　仓库选址分析

运行完成后，可在数据挖掘展示区看到数据可视化结果及分类结果，如图6-24所示。

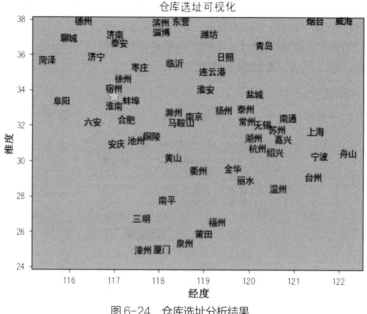

图 6-24 仓库选址分析结果

4. 分析结果解读

根据图 6-24 所示,程序计算的最佳地点为宿州,智能中转仓库建立在宿州至各城市的总体运输成本最少。

↗ 拓展练习

对于幸福蛋糕的中转仓选址,除了上述提到的运输距离和配送量带来的运输成本之外,还应该考虑哪些问题?结合其他需要考虑的问题,对采集数据进行进一步分析。

↗ 课程思政

在存货主题分析的课程中,我们剖析了企业存货管理的战略价值与实践路径。通过存货管理的总体分析,强调了科学合理的存货控制对企业资源优化配置、降低运营成本和提升经济效益的重要性,我们应当养成严谨细致的工作态度和精益求精的专业精神;在存货的结构与库龄分析部分,深入探讨了存货组合的有效管理和动态监控,我们通过案例学习应养成系统思维能力和敏锐的风险防控意识,倡导绿色可持续的发展理念,坚决反对盲目囤积和过度生产导致的资源损耗;在存货的减值与报损分析环节,我们应当从法律规范与会计准则的角度出发,去理解诚信经营、如实反映财务状况是现代企业必须遵循的基本原则,也是对消费者权益和社会公共利益的尊重和保护;在仓库选址分析模块则融合了地理信息科学、物流管理等多学科知识,在实践中我们更应当注重人与自然和谐共生,推动形成节约型社会的新风尚。

【思考】如何将精细化的存货管理融入企业的社会责任体系,平衡市场需求波动与资源利用效率的关系,既实现经济效益,减少无效库存,又兼顾社会效益,推动产业绿色发展?

第 7 章 生产主题分析

📙 学习目标

1. 了解生产管理的典型工作任务
2. 了解生产分析的不同角度与目的
3. 熟悉烘烤时间预测分析的应用
4. 掌握生产成本、生产质量、生产交付分析方法

📙 学习导图

7.1 生产成本分析

基于财务管理中本量利分析的基本假设，总成本由固定成本和变动成本两部分组成，变动成本总额与业务量呈正比例变动，固定成本总额在一定范围内保持不变。本量利分析在经营决策中有大量的应用，它可以根据各个备选方案的成本、业务量与利润三者之间的相互依存关系，在特定情况下确定最优决策方案。

通过分析边际贡献，可以衡量产品为企业贡献利润的能力。边际贡献分析主要包括边际贡献和边际贡献率两个指标。相关计算公式为

$$边际贡献总额 = 销售收入 - 变动成本总额$$
$$= 销售量 \times 单位边际贡献$$
$$单位边际贡献 = 单价 - 单位变动成本$$
$$单位变动成本 = 变动成本总额 \div 数量$$
$$边际贡献率 = 边际贡献总额 \div 销售收入$$

根据本量利基本关系，利润、边际贡献及固定成本之间的关系可以表示为

$$利润 = 边际贡献 - 固定成本$$

从上述公式可以看出，企业的边际贡献首先用于补偿企业的固定成本，只有当边际贡献大于固定成本时才能为企业提供利润，当边际贡献等于固定成本时的点称为保本点，亦称盈亏临界点，可以用保本量或保本额来表示。对于生产单一产品的企业来说，可以计算其保本量，公式为

$$保本量 = 固定成本 \div 单位边际贡献$$

在现代经济中，产销单一产品的企业已为数不多，大多数企业同时产销多种产品。在多品种情况下，由于不同品种产品销售量加总没有意义，因此，多品种情况下计算总体或综合盈亏平衡状况时的销售额更有意义，保本额计算公式为

$$保本额 = 固定成本 \div 边际贡献率$$

【案例背景】

幸福蛋糕从管理角度将生产成本分为变动成本和固定成本,变动成本主要包括制造过程发生的原料、燃料和动力、变动制造费用;固定成本则包括人工成本、租赁、折旧、总部分摊费用和固定制造费用等项目。

门店店长希望通过结合门店的成本费用和销售收入分析,对其成本状况、经营风险有所了解并可以支持门店的相关经营决策。例如,根据成本支出情况规划资金需求,确定最少需要实现多少销售额才可以达到盈亏平衡。

另外,幸福蛋糕门店反馈经常有客户在有大单时会要求价格优惠,门店存在一定的闲置生产能力,但因给出的价格没有达到其完全成本线,门店管理人员不清楚是否应该接单。幸福蛋糕的财务管理人员提出应首先对企业的成本区分变动成本和固定成本来进行分析,来确定生产能力范围内的额外订单是否能给门店带来利润。

幸福-2门店是一家成立较久,运营较为成熟的门店,近期该门店便碰到这个问题,帮助幸福-2的店长就其成本、边际贡献和保本额情况进行分析。

1. 确定分析目标

根据案例背景,可以确定以下分析指标。
(1) 2023年成本结构分析。
(2) 各商品类型单位变动成本的变动趋势。
(3) 各商品类型单位边际贡献变动趋势。
(4) 各商品类型边际贡献率变动趋势。
(5) 各年度保本额分析。

2. 数据采集与处理

上述指标涉及的数据表包括"门店销售统计表(幸福-2)""门店变动成本汇总表(幸福-2)"和"门店固定费用汇总表(幸福-2)",结合数据信息,上述指标均可以通过MySQL查询语句实现。在轻分析新建业务主题,从数据建模通过MySQL新建数据表。根据确定的分析目标,各项指标的查询代码具体如下。

指标一新建数据表命名为"成本结构分析",MySQL查询代码如下:

```
SELECT 期间,成本属性,成本项目,金额 FROM '门店变动成本汇总表(幸福-2)'
UNION
SELECT 日期 AS 期间,'固定成本' AS 成本属性,费用项目 AS 成本项目,金额 FROM'门店固定费用汇总表(幸福-2)'
```

完成后,在数据建模新建数据表如图7-1所示。

期间	成本属性	成本项目	金额
2019-12-31	变动成本	教育费附加	1,619.14
2019-12-31	变动成本	其他税费	713.44
2019-12-31	变动成本	产品配送服务费	66,301.26
2019-12-31	变动成本	材料费	945,421.95
2019-12-31	变动成本	燃料动力	20,135.14
2019-12-31	变动成本	变动制造费用	29,067.50

总共281行数据,仅显示前10行数据

图7-1 成本结构分析

指标二至指标四新建数据表可命名为"边际贡献分析",MySQL 查询代码如下:

```sql
SELECT
    a.期间,
    a.商品类型,
    a.金额/b.数量 AS 单位变动成本,
    (b.销售额 -a.金额)/b.数量 AS 单位边际贡献,
    (b.销售额 -a.金额)/b.销售额 AS 边际贡献率
FROM
    (SELECT 期间,商品类型,SUM(金额) AS 金额 FROM '门店变动成本汇总表(幸福-2)' GROUP BY 商品类型,期间) a,
    (SELECT 期间,商品类型,SUM(数量) AS 数量,SUM(销售额) AS 销售额 FROM '门店销售统计表(幸福-2)' GROUP BY 商品类型,期间) b
WHERE
    a.期间 = b.期间 AND a.商品类型 = b.商品类型
```

完成后,在数据建模新建数据表如图 7-2 所示。

期间	商品类型	单位变动成本	单位边际贡献	边际贡献率
2023-12-31	下午茶	62.86	47.48	0.43
2019-12-31	儿童蛋糕			
2020-12-31	儿童蛋糕			
2021-12-31	儿童蛋糕	136.72	74.92	0.35
2022-12-31	儿童蛋糕	130.30	85.12	0.40
2023-12-31	儿童蛋糕	139.29	76.70	0.36

总共30行数据,仅显示前10行数据

图 7-2　边际贡献分析

指标五新建数据表命名为"保本额",MySQL 查询代码如下:

```sql
SELECT
    a.期间,
    c.固定成本 * b.销售额/(b.销售额 -a.变动成本) AS 保本额
FROM
    (SELECT 期间,SUM(金额) AS 变动成本 FROM '门店变动成本汇总表(幸福-2)' GROUP BY 期间) a,
    (SELECT 期间,SUM(销售额) AS 销售额 FROM '门店销售统计表(幸福-2)' GROUP BY 期间) b,
    (SELECT 日期 AS 期间,SUM(金额) AS 固定成本 FROM '门店固定费用汇总表(幸福-2)' GROUP BY 期间) c
WHERE
    a.期间 = b.期间 AND a.期间 = c.期间
```

完成后,在数据建模新建数据表如图 7-3 所示。

MySQL
查询代码 7.1

期间	保本额
2019-12-31	5,510,712.45
2020-12-31	13,689,193.91
2021-12-31	19,148,291.00
2022-12-31	13,554,115.56
2023-12-31	6,648,801.52

总共5行数据

图 7-3　保本额

生产成本分析：
采集和处理数据

全部完成后，保存并退出数据建模。

3. 数据分析

(1) 2023 年成本结构分析。

在轻分析模块进入与数据建模同一个业务主题的数据斗方，设置图表类型为"饼图"，在通过 MySQL 统计的"成本构成分析"下拉列表中选择"期间"字段拖入筛选器，选择 2023 年度数据，选择"金额"字段拖入角度，选择"成本属性"字段拖入颜色，选择"成本项目"字段拖入"钻取到"列表框。为数据显示更清晰，可以选择"数据标签"复选框，保存指标。操作界面如图 7-4 所示。

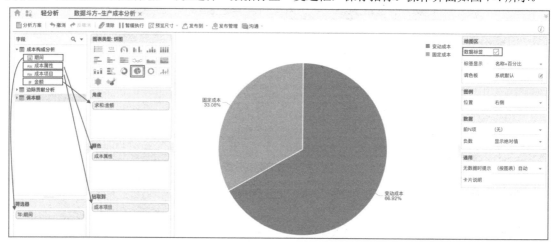

图 7-4　成本结构分析

(2) 各商品类型单位变动成本的变动趋势。

清除上一步骤的图表，设置图表类型为"折线图"，在通过 MySQL 统计的"边际贡献分析"下拉列表中选择"期间"字段拖入横轴，选择"单位变动成本"字段拖入纵轴，选择"商品类型"字段拖入系列。选择"数据标签"复选框，并另存为指标，操作界面如图 7-5 所示。

(3) 各商品类型单位边际贡献变动趋势。

基于上一步操作步骤，将纵轴字段替换为"边际贡献分析"下拉列表中的"单位边际贡献"字段，并另存为指标，如图 7-6 所示。

(4) 各商品类型边际贡献率变动趋势。

基于上一步操作步骤，将纵轴字段替换为"边际贡献分析"下拉列表中的"边际贡献率"字段，在右侧属性修改纵轴数字格式为百分比，并另存为指标，如图 7-7 所示。

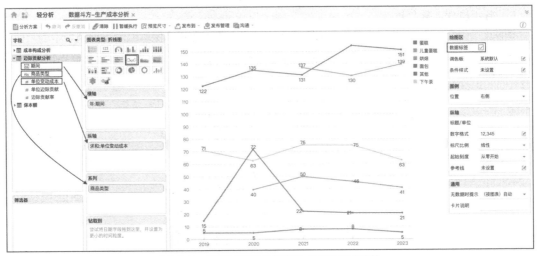

图 7-5　各商品类型单位变动成本的变动趋势

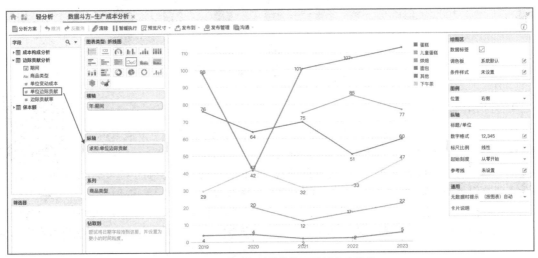

图 7-6　各商品类型单位边际贡献变动趋势

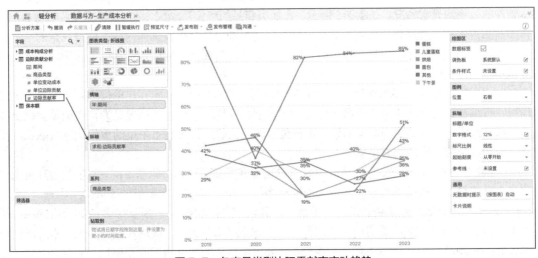

图 7-7　各商品类型边际贡献率变动趋势

(5) 各年度保本额分析。

清除上一步骤操作，设置图表类型为"多系列柱形图"，选择"保本额"下拉列表中的"期间"字段拖入横轴，选择"保本额"字段拖入纵轴，选择"数据标签"复选框，设置纵轴数值单位为"万"。操作界面如图 7-8 所示。

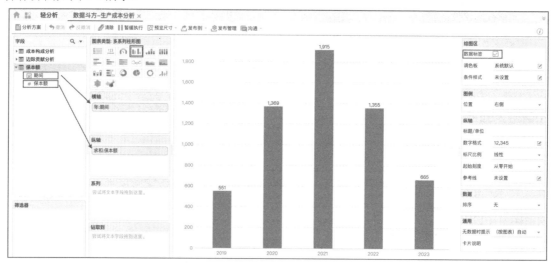

图 7-8　各年度保本额分析

4．分析结果解读

(1) 如图 7-4 所示，幸福-2 门店 2023 年度的成本结构中，变动生产成本占比 66.92%，而固定成本占比 33.08%。钻取变动成本的结构分析，材料成本占比最重，占变动成本额的 77.18%；其次为产品配送服务费，总体占变动成本总额的 17.40%，因为需要专门的冷链配送，蛋糕和儿童蛋糕类产品配送费占比会更高；钻取固定成本的结构分析，包括总部分摊费用(占比 38.14%)、人工成本(23.46%)、经营租赁费(19.04%)和固定制造费用(10.02%)等，对于重要的固定费用，可以进一步通过趋势分析或明细分析查找是否存在异常或问题。

生产成本分析：数据分析

(2) 理论上变动成本随产销量同比变动，因此对单位变动成本进行分析可以更好地体现对变动成本管控的效果或异常情况。如图 7-5 所示，其他类商品的单位变动成本在 2020 年有大幅增加，不过该类商品占比较小且具体商品较为复杂，可以视情况进一步分析其具体构成；值得注意的是蛋糕类产品单位变动成本在逐渐走高，这可能是因为产品品质的提升，或成本管理出现问题，需要进一步分析单位边际贡献情况。

(3) 如图 7-6 所示，从单位边际贡献趋势可以发现，蛋糕类商品确实存在单位边际贡献逐渐走低的情况，可见在该类商品售价并未同步随变动成本增长而提高，可能的情况是为扩大销量提供更高品质的商品或服务，或是因为成本的管控不到位导致；较好的情况是下午茶的单位边际贡献在逐步提升，说明其单位盈利能力有所提高。

(4) 如图 7-7 所示，进一步分析边际贡献率发现蛋糕类商品边际贡献率下降，下午茶边际贡献率总体呈上升趋势，面包类商品则存在较大的变动幅度，2021 年有较大幅度的下降。

(5) 保本额的高低反映了企业的盈利敏感性和经济韧性。如图 7-8 所示，幸福-2 门店的保本额在 2019—2021 年逐年走高，说明门店在此期间扩大固定成本的投入，该投入可能并未在本期产生相应的收益；而 2022—2023 年保本额逐步走低，主要由于门店的边际贡献收益率增长较快，可以在较低的销售水平下实现盈亏平衡，从而降低了经济风险。

➚ 拓展练习

用合适的指标进一步分析面包类商品边际贡献率波动的原因。

7.2 生产质量分析

生产质量分析通过收集、处理和解释与产品或服务质量相关的数据，以识别和评估生产过程中的潜在问题、优势和改进机会，帮助建立有效的质量措施，提升客户满意度。生产质量分析可以从不良品率分析、过程能力分析、原因分析、趋势分析和客户投诉分析等方面展开。

【案例背景】

幸福蛋糕采用标准化生产过程并通过数控设备进行过程控制，以确保产品口味的一致性，但配料时可能会因为机械故障或人为因素使得产品配方略有差异。

在生产质量的管控方面，较为困难的是对城市合伙人产品质量的管控。由城市合伙人所开的门店购进公司的设备和原料进行加工生产。曾有城市合伙人认为幸福蛋糕总部提供的原料价格高于市场价，通过外购原料进行生产。为避免城市合伙人自主购买材料的质量问题影响品牌形象，管理层通过对销售订单与原料采购的配比分析来保证用料的一致性。另外，还通过良品率分析来评估用料的准确性和生产过程的合规性。

分析人员收到幸福-88 店 2023 年的“订单用料表”和“生产订单执行表”，根据要求分析其原料使用与产品配方应使用原料的相符性、良品率及缺陷原因。

1. 确定分析目标

根据案例背景，原料配比的相符性可以通过计算原料配比相符率或其他合理指标来呈现：

$$原料配比相符率=1-|(某产品实际用料-配方应用原料)/配方应用原料|$$

良品率可以通过计算订单良品率占总订单数的比率进行趋势、不同商品的对比分析，缺陷原因则可以通过占比进行分析，具体的分析指标可以从以下方面展开。

(1) 原料配比相符率月度趋势。

(2) 商品原料配比相符率排行。

(3) 良品率月度趋势。

(4) 商品良品率排行。

(5) 缺陷原因占比。

2. 数据采集与处理

在金蝶云星空的轻分析模块新建业务主题，在数据建模页面新建数据表，从数据库中导入“订单用料表”和“生产订单执行表”，数据表格式如图 7-9 和图 7-10 所示。

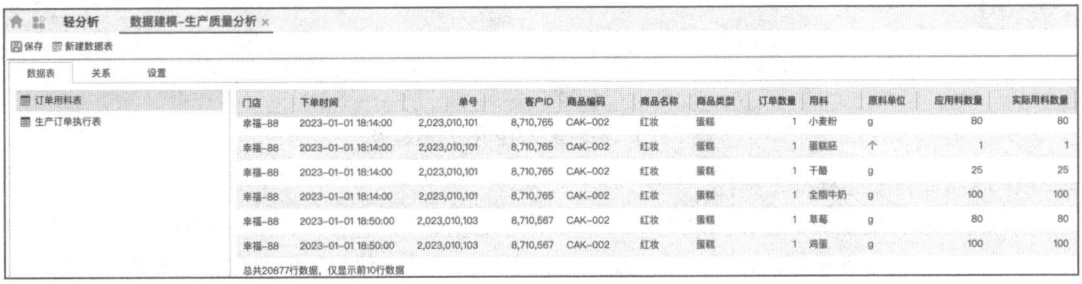

门店	下单时间	单号	客户ID	商品编码	商品名称	商品类型	订单数量	用料	原料单位	应用料数量	实际用料数量
幸福-88	2023-01-01 18:14:00	2,023,010,101	8,710,765	CAK-002	红妆	蛋糕	1	小麦粉	g	80	80
幸福-88	2023-01-01 18:14:00	2,023,010,101	8,710,765	CAK-002	红妆	蛋糕	1	蛋糕胚	个	1	1
幸福-88	2023-01-01 18:14:00	2,023,010,101	8,710,765	CAK-002	红妆	蛋糕	1	干酪	g	25	25
幸福-88	2023-01-01 18:14:00	2,023,010,101	8,710,765	CAK-002	红妆	蛋糕	1	全脂牛奶	g	100	100
幸福-88	2023-01-01 18:50:00	2,023,010,103	8,710,567	CAK-002	红妆	蛋糕	1	草莓	g	80	80
幸福-88	2023-01-01 18:50:00	2,023,010,103	8,710,567	CAK-002	红妆	蛋糕	1	鸡蛋	g	100	100

总共20877行数据，仅显示前10行数据

图 7-9 订单用料表

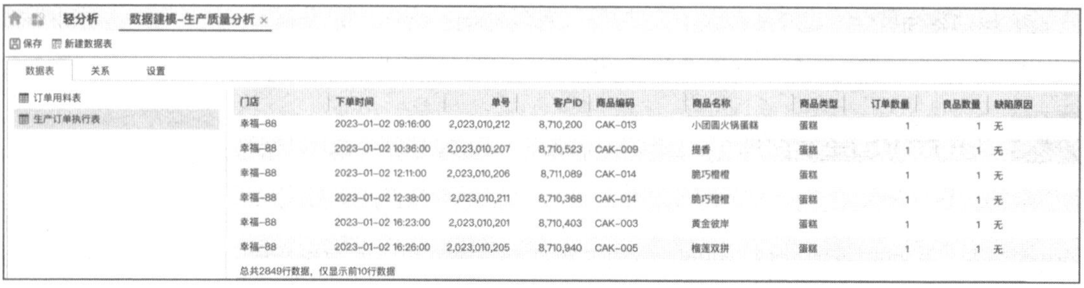

图 7-10 生产订单执行表

在"订单用料表"创建计算字段"原料配比相符率",表达式为

1-ABS(([实际用料数量]-[应用料数量])/[实际用料数量])

在"生产订单执行表"创建计算字段"良品率",表达式为

[良品数量]/[订单数量]

最后保存退出。

3. 数据分析

(1) 原料配比相符率月度趋势。

在轻分析模块进入与数据建模同一个业务主题的数据斗方,设置图表类型为"折线图",选择"订单用料表"下拉列表中的"下单时间"字段拖入横轴,维度选择"年月";选择"原料配比相符率"字段拖入纵轴,度量选择"平均"。为数据显示更清晰,可以单击"数据标签"复选框,将数字格式的单位设置为百分比,起始刻度设置为"允许不从零开始",保存指标。操作界面如图 7-11 所示。

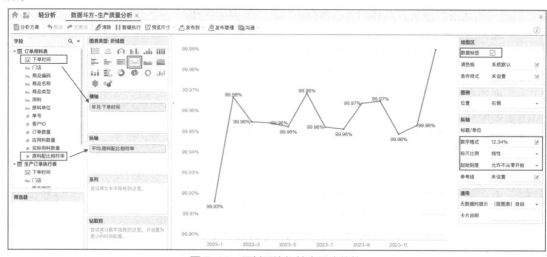

图 7-11 原料配比相符率月度趋势

(2) 商品原料配比相符率排行。

清除上一步骤的操作,设置图表类型为"多系列柱形图",选择"订单用料表"下拉列表中的"商品名称"字段拖入横轴,选择"原料配比相符率"字段拖入纵轴,度量选择"平均",保持上一步骤的属性设置,并设置排序为"降序",保存指标,操作界面如图 7-12 所示。

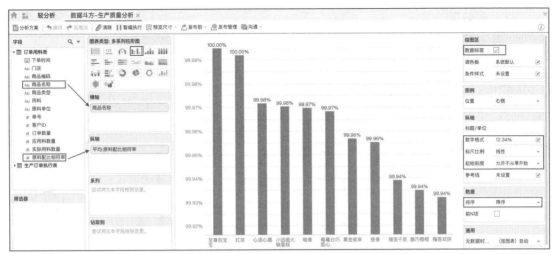

图 7-12　商品原料配比相符率排行

(3) 良品率月度趋势。

清除上一步骤的操作,设置图表类型为"折线图",选择"生产订单执行表"下拉列表中的"下单时间"字段拖入横轴,维度选择"年月";选择"良品率"字段拖入纵轴,度量选择"平均",保持上一步骤的属性设置,保存指标,操作界面如图 7-13 所示。

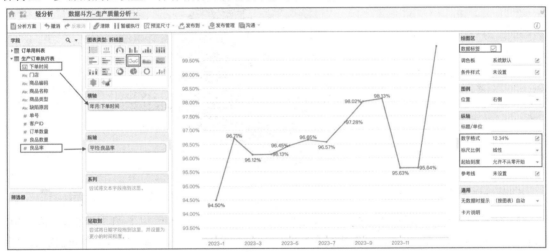

图 7-13　良品率月度趋势

(4) 商品良品率排行。

清除上一步骤的操作,设置图表类型为"多系列柱形图",选择"生产订单执行表"下拉列表中的"商品名称"字段拖入横轴,选择"良品率"字段拖入纵轴,度量选择"平均",保持上一步骤的属性设置,并设置排序为"降序",保存指标,操作界面如图 7-14 所示。

(5) 缺陷原因占比。

清除上一步骤的操作,设置图表类型为"饼图",选择"生产订单执行表"下拉列表中的"单号"字段拖入角度,度量选择"计数",选择"缺陷原因"字段拖入颜色,同时将其拖入筛选器,不勾选缺陷原因为"无"的项,设置数据标签显示为"名称+百分比",保存指标,操作界面如图 7-15 所示。

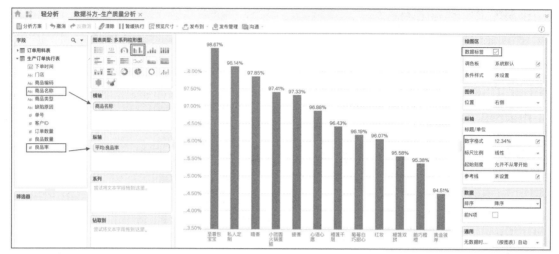

图 7-14　商品良品率排行

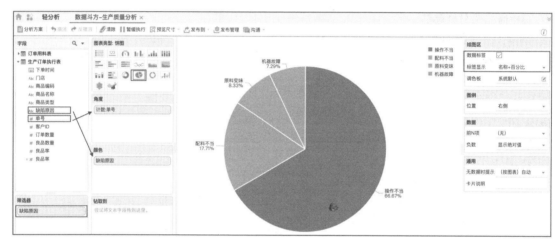

图 7-15　缺陷原因占比

4. 分析结果解读

(1) 订单用料与配方表整体相符率较高，2023 年各月份均达到 99.9%以上，1 月略低。各商品中，榴莲千层、榴莲双拼以及脆巧橙橙的相符率略低，未超过 99.95%，而心语心愿和至尊包宝宝表现较好，其配方相符率达到 100%。

(2) 幸福-88 门店良品率在 2023 年 1 月、11 月、12 月偏低，未达到 96%。造成产品缺陷的原因中，因操作不当造成的产品缺陷占 66.67%，其次为配料不当(17.71%)、原料变味(8.33%)和机器故障(7.29%)。因此，造成不良品的主要原因是人为因素，应加强对生产员工的培训，确保熟练掌握机器的使用和配料等工序。

▶ 拓展练习

针对城市合伙人生产的质量管控，除上述通过分析配方和加强人员培训等管控措施外，还有哪些由城市合伙人生产的质量风险未被纳入管理，可以采取哪些措施进行管控？

7.3 生产交付分析

生产交付是企业价值链中的一个关键环节,对企业在生产过程中产品或服务交付阶段的各个方面进行深入研究和评估,可以发现潜在的问题和改进点,以优化生产交付过程,提高效率和降低成本,并确保产品或服务的质量和客户满意度,在竞争激烈的市场中取得优势。

针对生产交付的分析可以从生产效率、供应链管理和交付及时性等方面展开。

【案例背景】

蛋糕等烘焙产品对新鲜度有较高的要求,因此需要在每个布局的城市进行当地生产。幸福蛋糕得以快速扩张,很大程度上来自供应链的优势,其中最为核心的是产能和物流。幸福蛋糕采用了"中央工厂＋卫星工厂(生产中心)"的分布式生产模式,前者主要的功能是半成品生产和仓储,比如蛋挞皮和千层酥皮等,后者则负责在接到用户订单后进行加工。

幸福蛋糕中央工厂的排产计划流程如图 7-16 所示。

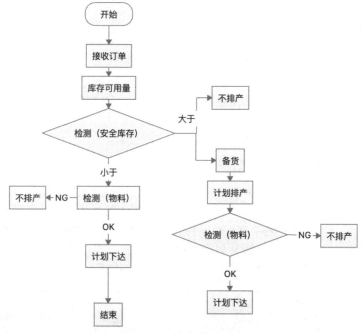

图 7-16 排产计划流程图

加工中心烘烤糕点类的生产工艺主要流程如图 7-17 所示。

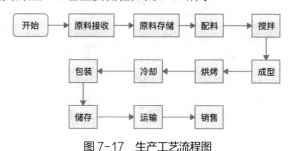

图 7-17 生产工艺流程图

幸福蛋糕自 2016 年开始利用大数据技术对生产过程精细化管理，从接收订单开始，从每月生产计划细化到每日制定生产计划，通过数字技术减少不必要的环节(如原来的找料、等料、出库等环节)，缩短生产周期，实现准时制生产(just-in-time)。

生产管理的目标除降低生产成本、提高生产效率，更要保证生产质量和交付的及时性。对于中央工厂，生产目标是匹配生产中心的需求，保证半成品的齐套和不可缺性，需要的时候及时送达，需要多少送达多少，不可过多提前送达或占用。

管理层要求对加工中心和中央工厂的交付情况进行分析，因为只有在交付可靠的情况下，备用的库存量才可以进一步减少。具体分析的标的包括：

(1) 中央工厂千层酥皮产线的排产计划合理性，是否存在排产计划未满足要货时间或超过最大产能的情况并分析原因。

(2) 中央工厂奶油产线交付及时性分析。

(3) 加工中心生产蛋糕订单的齐套率和交付及时性分析，其中齐套率是指生产线上产品生产或组装所需的各个材料、零部件是否齐全的比例，订单的齐套率的计算公式为

订单齐套率=已备齐生产用料的订单÷总订单

1. 确定分析目标

根据案例背景，中央工厂千层酥皮产线的排产计划合理性可以通过日产能利用率和排产滞后率来查找产能异常的天数，具体的分析指标可以从以下方面展开。

(1) 千层酥皮产线日产能利用率排序。
(2) 千层酥皮排产滞后率(排产滞后于要货日期的订单数÷总订单数)。
(3) 奶油及时交付率月度趋势。
(4) 加工中心生产订单齐套率月度趋势。
(5) 加工中心及时交付率月度趋势。

2. 数据采集与处理

上述指标需要用到"中央工厂排产计划表(千层酥皮)""奶油订单交付表""加工中心生产订单齐套分析表(蛋糕)"和"加工中心生产订单交付表(蛋糕)"四张数据表，新建业务主题后进行数据建模，将上述 4 张数据表导入业务主题，如图 7-18 所示。

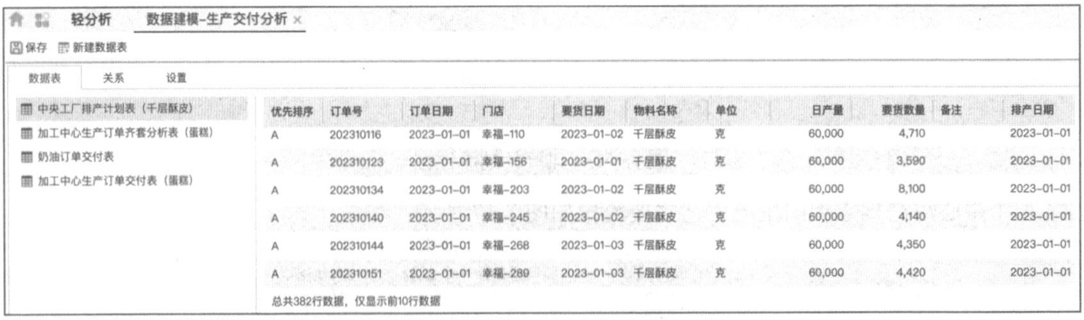

图 7-18 生产交付分析数据表采集

另外，千层酥皮产线的日产能利用率需要统计每日的排产合计数，为简便操作，可以通过 MySQL 查询语句统计出该产线的日产能利用率，通过自定义 SQL 新建数据表，命名为"日产能利用率统计"，代码如下：

```sql
SELECT
    排产日期,
    SUM(要货数量)/60000 AS 产能利用率
FROM
    中央工厂排产计划表(千层酥皮)
GROUP BY
    排产日期
```

MySQL
查询代码 7.3

运行完成后，新建数据表如图 7-19 所示，然后保存并退出。

排产日期	产能利用率
2023-01-05	0.97
2023-01-06	1.01
2023-01-07	0.96
2023-01-08	0.95
2023-01-09	0.91
2023-01-10	1.00

总共31行数据，仅显示前10行数据

图 7-19　日产能利用率统计

3. 数据分析

(1) 千层酥皮产线日产能利用率排序。

在轻分析模块进入与数据建模同一个业务主题的数据斗方，设置图表类型为"多系列柱形图"，将通过 MySQL 统计的"日产能利用率统计"下拉列表中选择"排产日期"字段拖入横轴，维度选择"年月日"，选择"产能利用率"字段拖入纵轴。为数据显示更清晰，选择"数据标签"复选框，将数字格式的单位设置为百分比，起始刻度设置为"从零开始"，并设置排序为"升序"，保存指标。操作界面如图 7-20 所示。

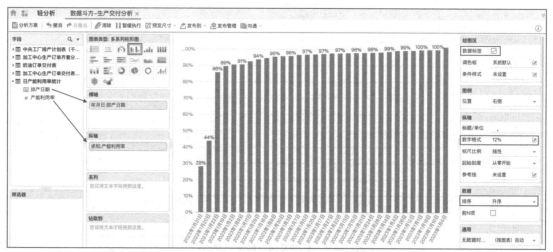

图 7-20　千层酥皮产线日产能利用率排序

(2) 千层酥皮排产滞后率。

在"中央工厂排产计划表(千层酥皮)"中新建计算字段"排产滞后率"，表达式为

SUM(IF([中央工厂排产计划表(千层酥皮).排产日期]>[中央工厂排产计划表(千层酥皮).要货日期],1,0))/COUNT([中央工厂排产计划表(千层酥皮).订单号])

清除上一步骤的图表，设置图表类型为"业务指标"，选择计算出的"排产滞后率"字段拖入主指标，设置数字格式为百分比，并保存指标，如图 7-21 所示。

图 7-21　千层酥皮排产滞后率

(3) 奶油及时交付率月度趋势。

在"奶油订单交付表"中新建计算字段"奶油订单交付及时率"，表达式为

SUM(IF([奶油订单交付表.要货时间]>=[奶油订单交付表.交货时间],1,0))/COUNT([奶油订单交付表.订单号])

清除上一步骤的图表，设置图表类型为"折线图"，选择"订单时间"字段拖入横轴，维度选择"年月"，选择计算出的"奶油订单交付及时率"字段拖入纵轴，设置图表显示属性并保存指标，如图 7-22 所示。

图 7-22　奶油及时交付率月度趋势

(4) 加工中心生产订单齐套率月度趋势。

在"加工中心生产订单齐套分析表(蛋糕)"中新建计算字段"齐套率"，表达式为

SUM([加工中心生产订单齐套分析表(蛋糕).齐套数量])/SUM([加工中心生产订单齐套分析表(蛋糕).数量])

清除上一步骤的图表，设置图表类型为"折线图"，选择"下单时间"字段拖入横轴，选择计算出的"齐套率"字段拖入纵轴，设置图表显示属性并保存指标，如图 7-23 所示。

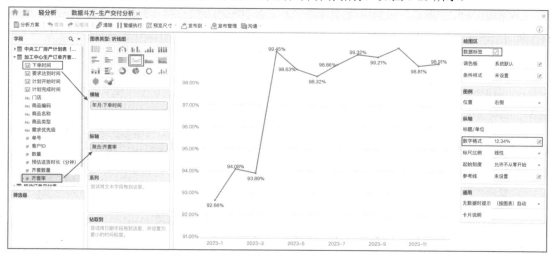

图 7-23　加工中心生产订单齐套率月度趋势

(5) 加工中心及时交付率月度趋势。

在"加工中心生产订单交付表(蛋糕)"中新建计算字段"订单交付及时率"，表达式为

SUM(IF([加工中心生产订单交付表(蛋糕).送货时间]+[加工中心生产订单交付表(蛋糕).预估送货时长(分钟)]/(60*24)>[加工中心生产订单交付表(蛋糕).要求达到时间],0,1))/COUNT([加工中心生产订单交付表(蛋糕).单号])

清除上一步骤的图表，设置图表类型为"折线图"，选择"下单时间"字段拖入横轴，选择计算出的"订单交付及时率"字段拖入纵轴，设置图表显示属性并保存指标，如图 7-24 所示。

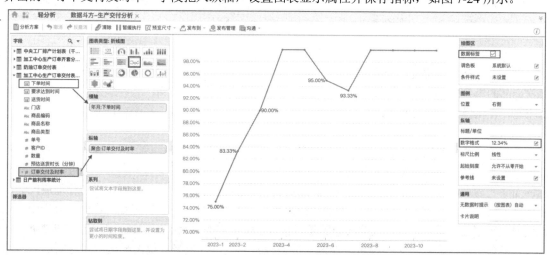

图 7-24　加工中心及时交付率月度趋势

4. 分析结果解读

(1) 根据千层酥皮生产线日产能利用率排序指标(见图 7-20)，2023 年 1 月 31 日、2023 年 1 月 20 日的排产率分别为 28%、44%，产能利用率较低，经查询备注，上述日期因计划检修，若原因属实，则该两日排产计划可以接受。2023 年 1 月 6 日超出最大产能的排产计划应调查可行性，必要时

做出调整。另外，该产线的排产滞后率为 0.52%(见图 7-21)，存在未能满足订单时限要求的情况，应进一步分析滞后的订单，是否可以调整排产日期或交货时间。

(2) 根据图 7-22 所示，2023 年 1 月中央工厂奶油订单的及时交付率较低，仅为 92.67%，之后逐步提升，到 3 月以后稳定在 97%以上，且大部分延迟订单为 1 天。2023 年 1 月可能由于受春节假期影响，工厂开工时间较短，造成部分订单未能及时交付。但 2023 年 12 月交付及时率又有所下降，需要引起关注并调查原因。

(3) 根据图 7-23 所示，2023 年 1—3 月加工中心齐套率较低，仅在 92%~94%之间，4 月以后订单齐套率明显上升至 99.45%左右。

(4) 加工中心交付及时率变动趋势与齐套率趋势基本一致。由于加工中心的交付及时率直接影响客户收货的及时性，因此应给予更多关注，特别是在原料未配齐的情况下，应对接单系统进行设置，考虑配料时间来确认是否满足订单要求的送达时间，从而设置可销售量。

拓展练习
针对加工中心延迟的订单进一步分析，接单系统中是否存在风险或问题。

7.4 基于支持向量机的烘烤时间预测

支持向量机(Support Vector Machines，SVM)是一种强大的机器学习模型，其主要目标是找到一个最优的决策边界来区分不同类别的数据。例如，你手里有一堆水果，一部分是苹果，另一部分是橙子，你想画一条线把它们完美地分开。

在最简单的情况下，如果这些水果恰好可以被一条直线完全隔开，SVM 就会寻找这条能将两类水果间隔最大化(即两边距离这条线最近的水果离它都尽可能远)的直线作为分类边界。这样的水果就是所谓的"支持向量"，因为它们对确定边界起着决定性作用。

支持向量机是一种监督学习算法，可用于分类和回归任务。在 Python 中，使用 scikit-learn 库可以很方便地实现 SVM，金蝶大数据平台已内置了线性 SVM 回归模型。

【案例背景】
幸福-3 门店在过去几年一直拥有大量老客户光顾，因为该门店的烘焙师傅有着近 30 年经验，每次出品的蛋糕熟度和口感都能恰到好处。然而最近集团收到大量反馈，因为烘烤时间要么太过要么不足，使得蛋糕的口感明显下降，不少会员客户购买频次明显降低，在平台产品也收到大量差评和中评。

幸福蛋糕产品部反思在过去一直依赖设备给出的标准烘烤时间及烘焙师傅的经验，但实际上不同地区、不同产品、不同环境下产品所需要的烘焙时间会存在很大的变数，例如，冷冻的面团和常温的面团所需烘烤时间便存在较大差异，如果师傅经验不足，烘烤的时间选择不当，会造成产品口感变差，引起销量下降，甚至会给整个企业的声誉带来不良影响。产品部经理听说财务分析团队现在使用大数据技术帮助销售、采购和仓储部门解决了大量难题，因此也找到分析团队寻求帮助。

财务分析经理表示这个问题可以通过大数据技术解决，首先需要找出影响烘焙时间的所有因素，并采集在过去表现良好的历史数据用于模型构建。产品部找出与烘烤时间最为相关的产品尺寸、含糖量、水分含量、面粉类型、烘烤温度、原料温度几项因素，并采集了过去记录的数据和最合适的烘烤时间，其中面粉类型包括蛋糕粉、自发面粉、普通面粉、全麦面粉，为便于建模，分别以数字 0—3 代替。另外，产品部又整理了一些目前急需确定烘烤时间的新品数据，整理的数据表见表 7.4-1、表 7.4-2。

表 7.4-1 烘烤时间建模数据

表 7.4-2 烘烤时间预测数据

1. 确定分析目标

根据案例背景，需要根据历史数据构建烘烤时间的预测模型，并对新品蛋糕的烘烤时间进行预测，属于预测性分析，可以采用线性 SVM 模型。

2. 数据采集与处理

根据案例背景，下载给出的数据表"表 7.4-1 烘烤时间建模数据"，表格格式如图 7-25 所示。

	A	B	C	D	E	F	G
1	尺寸	含糖量	水份含量	面粉类型	烘烤温度	原料温度	烘烤时间
2	8	0.36	0.44	0	182	22	33
3	6	0.77	0.49	3	180	-27	43
4	9	0.11	0.7	3	160	-23	43
5	10	0.07	0.44	3	160	23	29
6	8	0.58	0.42	3	180	-4	35

图 7-25　烘烤时间建模数据

下载给出的数据表"表 7.4-2 烘烤时间预测数据"，烘烤时间列无数据，表格格式如图 7-26 所示。

	A	B	C	D	E	F	G
1	尺寸	含糖量	水份含量	面粉类型	烘烤温度	原料温度	烘烤时间
2	6	0.11	0.41	2	174	-4	
3	3	0.12	0.47	3	160	23	
4	12	0.6	0.64	1	179	18	
5	10	0.02	0.56	0	175	-22	
6	10	0.4	0.43	1	160	30	

图 7-26　烘烤时间预测数据

3. 数据分析

登录大数据处理平台，选择"大数据挖掘"|"回归"|"线性 SVM"选项，导入采集的"表 7.4-1 烘烤时间建模数据"，然后单击"模型构建"按钮，如图 7-27 所示。

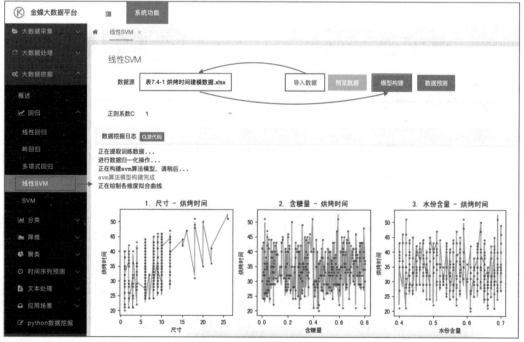

图 7-27　烘烤时间建模

运行完成后可以看到各因素与烘烤时间的相关关系图形及线性系数,其中尺寸、原料温度与烘烤时间具有较强的线性关系。根据评估,该数据模型在测试数据集中的准确度为 0.9424,具有较好的性能,如图 7-27、图 7-28 所示。

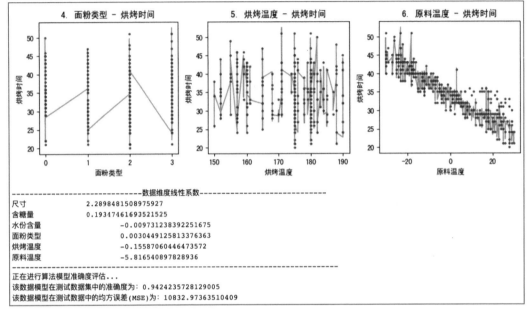

图 7-28 烘烤时间预测模型

完成模型构建后可以对新产品的烘烤时间进行预测,单击"数据预测"按钮,导入"表 7.4-2 烘烤时间预测数据",如图 7-29 所示。

图 7-29 烘烤时间预测

预测结果如图 7-30 所示。

	尺寸	含糖量	水份含量	面粉类型	烘烤温度	原料温度	烘烤时间
0	9	0.11	0.41	2	174	-4	35.94266570774985
1	15	0.12	0.47	3	160	23	30.501523057001517
2	12	0.6	0.64	1	179	18	30.529162809025255
3	10	0.02	0.56	0	175	-22	42.48400115664206
4	10	0.4	0.43	1	160	30	25.47446834821456
5	8	0.63	0.49	0	165	17	28.810592831823303
6	9	0.29	0.69	3	175	-18	40.77259645848194
7	9	0.35	0.43	3	157	6	33.0200707839567
8	9	0.61	0.58	2	176	-7	37.310126327111554

图 7-30 烘烤时间预测结果

4. 分析结果解读

根据图 7-28 所示，以线性 SVM 构建的烘烤时间预测模型具有较好的性能，可以根据图 7-30 所示的预测结果设定烘烤时间，并在后续使用中不断收集数据以优化模型。

↗ 拓展练习

(1) 除了上述案例中提到的产品尺寸、含糖量、水分含量、面粉类型、烘烤温度、原料温度，还有哪些特征可能对烘烤时间有影响，如何收集、整理和处理这些额外的特征数据。

(2) 模拟蛋糕店产品的制作过程，考虑如何根据预测的烘烤时间安排制作顺序和计划，以提高蛋糕店整体运营效率。

↗ 课程思政

在本章课程中，我们深入剖析了幸福蛋糕生产管理的核心要素，展示了数据分析与优化在实际生产运营中的关键作用。通过对生产成本的精细化分析，揭示了节约资源、提高经济效益的重要性；对生产质量数据的深度挖掘，使学员深刻认识到质量是企业生存和发展的生命线，务必坚守品质至上原则；运用先进的机器学习技术——支持向量机进行烘烤时间预测，则生动展现了科技赋能传统产业的创新实践。通过本章课程内容的学习与反思，我们应当站在更高的角度理解并践行"以人为本、创新驱动、绿色发展"的新发展理念，为我国制造业转型升级贡献智慧和力量。

【思考】以一家奶茶店为例，面对快速变化的市场需求和技术进步，店长应如何持续提升自身的数字化转型能力，以适应未来智能制造的发展趋势？

第 3 篇

财务分析与评价

第8章 财务报表分析

学习目标

1. 掌握资产负债表的结构和比较分析方法
2. 掌握利润表的收入、成本费用和利润分析方法
3. 掌握现金流量表的结构分析和获取现金能力分析方法

学习导图

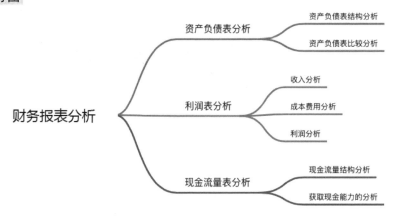

8.1 资产负债表分析

8.1.1 资产负债表结构分析

根据资产负债表的结构,其左侧反映了企业的资产构成,右侧反映了负债和所有者权益的构成。通过分析资产和负债的构成,可以评估企业在不同类型资产之间的资本配置,判断其财务结构的合理性和稳定性,帮助企业调整资产结构,优化资本使用,降低财务风险和提高盈利水平。另外,由于资产负债表中的资产及负债按照其流动性程度分类和排序,分析资产负债表的结构有助于评估企业的流动性状况。

投资者通常通过分析企业的资产构成来评估其投资吸引力。清晰的资产结构可以帮助投资者更好地理解企业的价值和潜在增长动力。

【案例背景】

幸福蛋糕的战略投资者对公司的资产负债状况非常关心,经历了过去几年的大规模扩张,近几年幸福蛋糕的主营业务逐步走向稳健,战略投资者要求公司管理层提供关于近八年各年度的资产构成和资本结构的分析报告。同时,由于投资者对幸福蛋糕的经营情况不了解,可能无法充分解读分析结果,因此,华兴基金等战略投资者要求分析报告应提供同行业公司的对比情况。

1. 确定分析目标

根据案例背景，需要分析幸福蛋糕的资产结构和资本结构，并提供与同行业的对比分析，主要为描述性分析目标，可以将分析目标具体拆解为以下方面。

(1) 流动资产和非流动资产各年度占总资产比及与同行业对比分析。

(2) 流动资产项目中各年度的资产构成及与同行业对比分析。

(3) 非流动资产项目中各年度的资产构成及与同行业对比分析。

(4) 负债和所有者权益各年度占资本总额比及与同行业对比分析。

2. 数据采集与处理

根据确定的分析目标，幸福蛋糕的资产构成和资本结构均可通过数据库中幸福蛋糕的资产负债表获得，但同行业的数据需要从外部采集行业资产负债表。

(1) 幸福蛋糕资产负债表采集。

登录金蝶云星空，在轻分析模块下新建业务主题，通过数据建模新建数据表，根据分析目标可只选择需要的非零字段，从数据库中采集的数据表如图 8-1 所示。

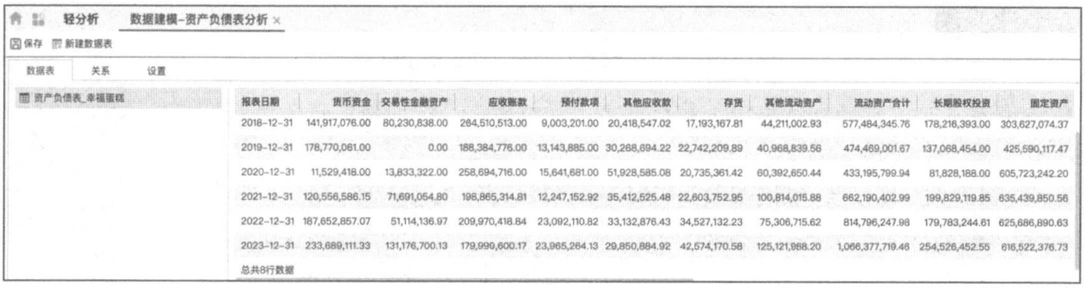

报表日期	货币资金	交易性金融资产	应收账款	预付款项	其他应收款	存货	其他流动资产	流动资产合计	长期股权投资	固定资产
2018-12-31	141,917,076.00	80,230,838.00	264,510,513.00	9,003,201.00	20,418,547.02	17,193,167.81	44,211,002.93	577,484,345.76	178,216,393.00	303,627,074.37
2019-12-31	178,770,061.00	0.00	188,384,776.00	13,143,885.00	30,268,694.22	22,742,209.89	40,968,839.56	474,469,001.67	137,068,454.00	425,590,117.47
2020-12-31	11,529,418.00	13,833,322.00	258,694,716.00	15,641,681.00	51,928,585.08	20,735,361.42	60,392,650.44	433,195,799.94	81,828,188.00	605,723,242.20
2021-12-31	120,556,586.15	71,691,054.80	198,865,314.81	12,247,152.92	35,412,525.48	22,603,752.95	100,814,015.88	662,190,402.99	199,829,119.85	635,439,850.56
2022-12-31	187,652,857.07	51,114,136.97	209,970,418.84	23,092,110.82	33,132,876.43	34,527,132.23	75,306,715.62	814,796,247.98	179,783,244.61	625,686,890.63
2023-12-31	233,689,111.33	131,176,700.13	179,990,600.17	23,965,284.13	29,850,884.92	42,574,170.58	125,121,988.20	1,066,377,719.46	254,526,452.55	616,522,376.73

总共8行数据

图 8-1　资产负债表_幸福蛋糕

(2) 同行业上市公司资产负债表采集。

为了找到与案例公司类似的企业且一次性采集全部行业多年度的资产负债表，可以在新浪财经行情中心找到申万三级分类中的“烘焙食品”，其与案例公司幸福蛋糕有可比性，行业公司如图 8-2 所示。

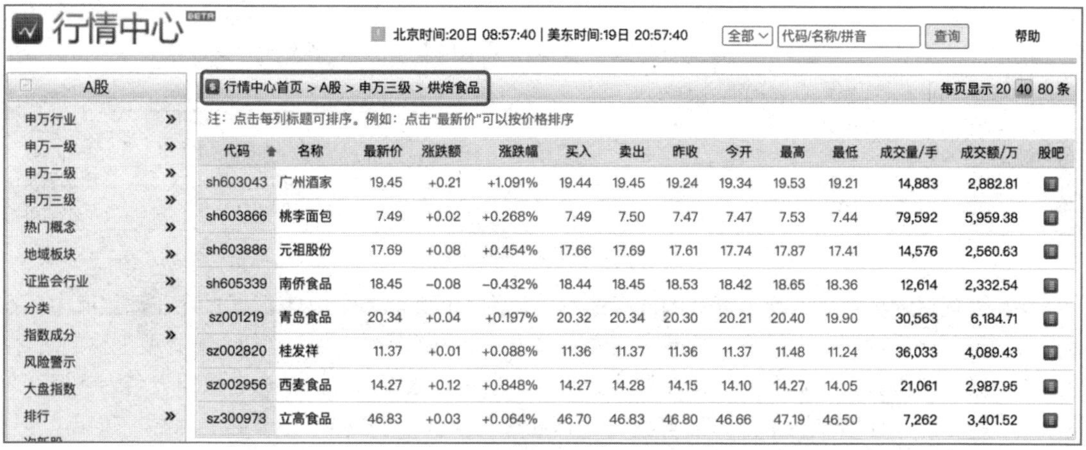

代码	名称	最新价	涨跌额	涨跌幅	买入	卖出	昨收	今开	最高	最低	成交量/手	成交额/万	股吧
sh603043	广州酒家	19.45	+0.21	+1.091%	19.44	19.45	19.24	19.34	19.53	19.21	14,883	2,882.81	
sh603866	桃李面包	7.49	+0.02	+0.268%	7.49	7.50	7.47	7.47	7.53	7.44	79,592	5,959.38	
sh603886	元祖股份	17.69	+0.08	+0.454%	17.66	17.69	17.61	17.74	17.87	17.41	14,576	2,560.63	
sh605339	南侨食品	18.45	−0.08	−0.432%	18.44	18.45	18.53	18.42	18.65	18.36	12,614	2,332.54	
sz001219	青岛食品	20.34	+0.04	+0.197%	20.32	20.34	20.30	20.21	20.40	19.90	30,563	6,184.71	
sz002820	桂发祥	11.37	+0.01	+0.088%	11.36	11.37	11.36	11.37	11.48	11.24	36,033	4,089.43	
sz002956	西麦食品	14.27	+0.12	+0.848%	14.27	14.28	14.15	14.10	14.27	14.05	21,061	2,987.95	
sz300973	立高食品	46.83	+0.03	+0.064%	46.70	46.83	46.80	46.66	47.19	46.50	7,262	3,401.52	

图 8-2　烘焙食品上市公司

通过编写 Python 代码在金蝶大数据平台采集上述公司的财务报表，登录金蝶大数据平台，在大数据采集模块下的"python 爬虫采集"页面中，将提供的采集代码粘贴在代码区，单击"运行"按钮，采集页面如图 8-3 所示。

图 8-3 烘焙行业资产负债表采集

运行完成后，在数据结果中下载数据表，并对数据进行处理，具体包括以下步骤。

① 由于无对比数据，删除 2013—2017 年报表数据。
② 删除无数据的列和不需要的列。
③ 修改报表日期为日期格式，通过 Excel 中的文本提取函数，提取出年、月、日后再使用 date() 函数组合为日期，函数如图 8-4 所示。设定首行数据函数后下拉至数据表末尾，将新的"报表日期"选择性粘贴为数值，并删除多余的列。

Python 代码 8.1 烘焙行业资产负债表采集

	A	B	C	D	E	F
1	报表日期	年	月	日	报表日期	公司名称
2		=LEFT(A2,4)	=MID(A2,5,2)	=RIGHT(A2,2)	=DATE(B2,C2,D2)	
	20221231	2022	12	31	2022/12/31	广州酒家
3	20211231	2021	12	31	2021/12/31	广州酒家
4	20201231	2020	12	31	2020/12/31	广州酒家
5	20191231	2019	12	31	2019/12/31	广州酒家
6	20181231	2018	12	31	2018/12/31	广州酒家

图 8-4 报表日期格式修改

保存处理好的数据，为便于后续的同行业对比操作，可以将行业报表数据保存在数据库中。在金蝶大数据平台的数据处理模块下的数据清洗菜单中，单击"上传文件"按钮，选择要上传的文件，待上传完成后单击数据预览下的"保存到数据库"，填写数据库信息，并命名数据表名为"资产负债表_烘焙行业"，设置好字段类型，单击"测试连接"按钮，连接成功后单击"保存"按钮，即可在不同平台通过数据库的连接信息查找到该张数据表。保存到数据库的界面如图 8-5 所示。

将报表日期类型设置为"Date"，公司名称字段类型设置为"String"，其他数值类字段类型设置为"Double"，设置字段类型的界面如图 8-6 所示。

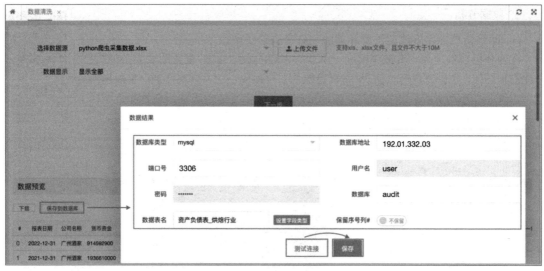

图 8-5　保存到数据库

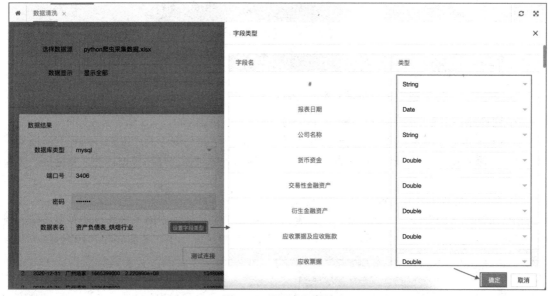

图 8-6　设置字段类型

登录金蝶云星空，进入轻分析模块的数据建模，通过新建数据表获取上述保存的数据表，并保存，如图 8-7 所示。

图 8-7　资产负债表_烘焙行业

3. 数据分析

(1) 幸福蛋糕各年度流动资产和非流动资产占总资产比。

在轻分析模块进入与数据建模同一个业务主题的数据斗方,设置图表类型为"百分比面积图",选择"资产负债表_幸福蛋糕"下拉列表中的"报表日期"字段拖入横轴,选择"流动资产合计"和"非流动资产合计"字段拖入纵轴,选择"数据标签"复选框,操作界面如图8-8所示。

资产负债表结构分析:采集和处理数据

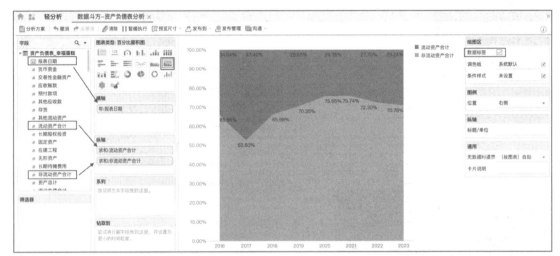

图8-8 幸福蛋糕各年度流动资产和非流动资产占总资产比

(2) 同行业各年度平均流动资产和非流动资产占总资产比。

清除上一步骤的图表,选择"资产负债表_烘焙行业"下拉列表中的"报表日期"字段拖入横轴,选择"流动资产合计"和"非流动资产合计"字段拖入纵轴,选择"数据标签"复选框,操作界面如图8-9所示。

(3) 幸福蛋糕各年度流动资产项目中的资产构成。

清除上一步骤的图表,选择"资产负债表_幸福蛋糕"下拉列表中的"报表日期"字段拖入横轴,选择所有流动资产项目拖入纵轴,选择"数据标签"复选框,操作界面如图8-10所示。

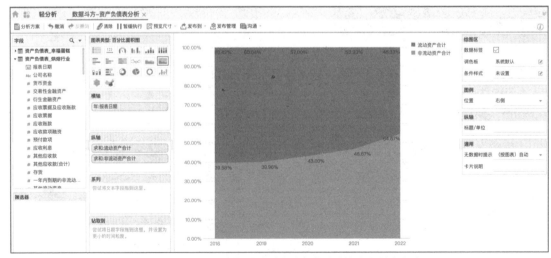

图8-9 烘焙行业各年度流动资产和非流动资产占总资产比

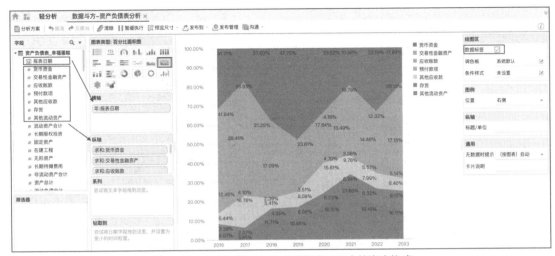

图 8-10　幸福蛋糕各年度流动资产项目中的资产构成

(4) 同行业各年度流动资产项目中的资产构成。

清除上一步骤的图表，选择"资产负债表_烘焙行业"下拉列表中的"报表日期"字段拖入横轴，选择所有流动资产项目拖入纵轴，选择"数据标签"复选框。注意由于行业报表中部分公司在过去年度尚未采用新报表格式，部分报表项目有重叠部分，另外有些报表项目金额极小，对分析结果影响极小，根据重要性原则可以不予选择，操作界面如图 8-11 所示。

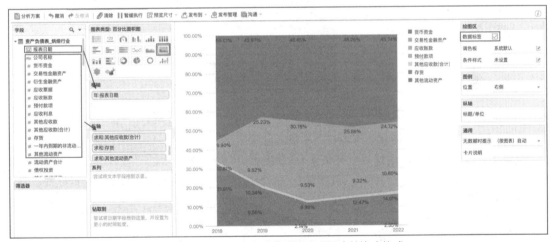

图 8-11　同行业各年度流动资产项目中的资产构成

(5) 幸福蛋糕各年度非流动资产项目中的资产构成。

清除上一步骤的图表，选择"资产负债表_幸福蛋糕"下拉列表中的"报表日期"字段拖入横轴，选择所有非流动资产项目拖入纵轴，选择"数据标签"复选框，操作界面如图 8-12 所示。

(6) 同行业各年度非流动资产项目中资产构成。

清除上一步骤的图表，选择"资产负债表_烘焙行业"下拉列表中的"报表日期"字段拖入横轴，选择所有非流动资产项目拖入纵轴，选择"数据标签"复选框。注意由于行业报表中部分公司在过去年度尚未采用新报表格式，部分报表项目有重叠部分，另外有些报表项目金额极小，对分析结果影响极小，根据重要性原则可以不予选择，操作界面如图 8-13 所示。

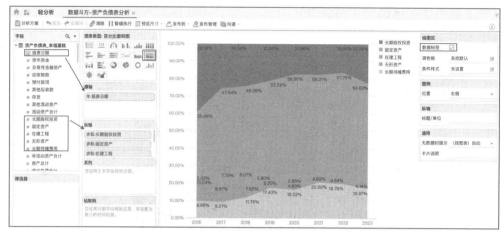

图 8-12 幸福蛋糕各年度非流动资产项目中的资产构成

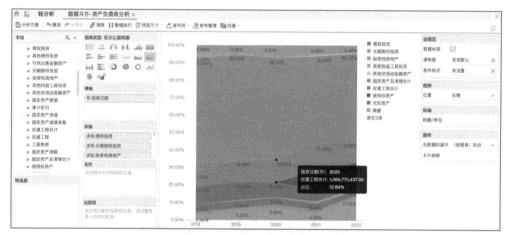

图 8-13 同行业各年度非流动资产项目中的资产构成

(7) 幸福蛋糕各年度负债和所有者权益占资本总额比。

清除上一步骤的图表,选择"资产负债表_幸福蛋糕"下拉列表中的"报表日期"字段拖入横轴,选择"负债合计"和"所有者权益(或股东权益)合计"字段拖入纵轴,选择"数据标签"复选框,操作界面如图 8-14 所示。

图 8-14 幸福蛋糕各年度负债和所有者权益占资本总额比

(8) 同行业各年度负债和所有者权益占资本总额比。

清除上一步骤的图表,选择"资产负债表_烘焙行业"下拉列表中的"报表日期"字段拖入横轴,选择"负债合计"和"所有者权益(或股东权益)合计"字段拖入纵轴,选择"数据标签"复选框,操作界面如图 8-15 所示。

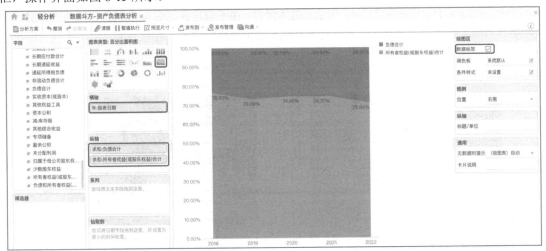

图 8-15 同行业各年度负债和所有者权益占资本总额比

资产负债表结构
分析：数据分析

4. 分析结果解读

(1) 流动资产和非流动资产各年度占总资产比及与同行业对比分析。

二者分析结果的对比图,如图 8-16 所示。

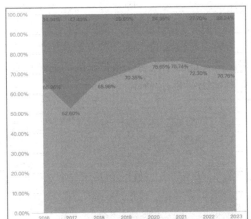
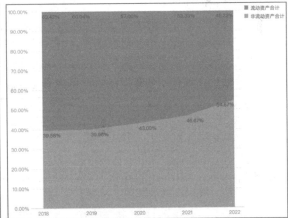

图 8-16 流动资产和非流动资产各年度占总资产比及与同行业对比

整体而言,幸福蛋糕的非流动资产占比高于行业水平,资产的整体流动性也大于行业水平。根据案例企业背景,幸福蛋糕过去几年都处于快速扩张阶段,长期资产的相对投入必然大于相对稳定的上市公司水平。

另外,幸福蛋糕的流动资产与非流动资产结构占比波动较大,根据案例企业背景,主要是由于在 2020 年之前扩张速度较快,长期投资产投资波动造成起伏较大,2020 年度后业务规模逐步稳定。而同行业上市公司大都规模较大,处于稳定发展阶段,非流动资产的占比缓慢提升,也说明烘焙行业的长期投资随经济增长稳步提升,略高于流动资产的增长速度。

注意同行业的该指标不是每家公司流动资产和非流动资产占总资产比的平均数,而是所有烘焙行业流动资产合计数和非流动资产的合计数点总数的比。以下其他行业指标也存在同样情况,这里将不再赘述。

(2) 流动资产项目中各年度的资产构成及与同行业对比分析。

二者分析结果的对比图如图 8-17 所示。整体而言,由于前述原因幸福蛋糕各项流动资产的占比波动幅度大于上市公司行业整体水平,特别是交易性金融资产的投入起伏较大。流动性最大的货币资金和交易性金融资产合计占比整体要小于行业水平,近年来其他流动资产占比远高于行业占比。流动资产的整体流动性与上市公司行业水平相比较差。

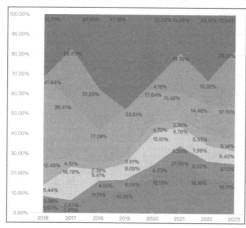 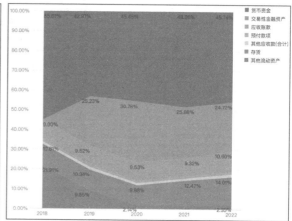

图 8-17 流动资产项目中各年度的资产构成及与同行业对比

(3) 非流动资产项目中各年度的资产构成及与同行业对比分析。

在非流动资产项目中,幸福蛋糕的长期股权投资占比高于行业水平,固定资产与在建工程的合计数略小于行业水平,虽然幸福蛋糕近年来扩张速度较大,但是其主打产品为蛋糕类,加工设备及场地要求相对较低,而上市公司大都有月饼、糕点等保质期相对较长的产品,对设备及场地的要求也相对较高。另外,幸福蛋糕的长期待摊费用占比较高,主要是由于快速扩张带来的门店装修费用较大。非流动资产项目中各年度的资产构成及与同行业对比如图 8-18 所示。

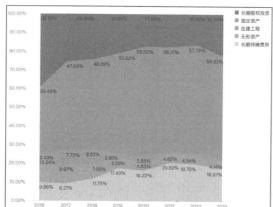 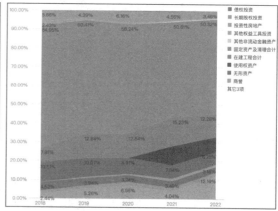

图 8-18 非流动资产项目中各年度的资产构成及与同行业对比

(4) 负债和所有者权益各年度占资本总额比及与同行业对比分析。

在全部资本中,幸福蛋糕由负债提供的资本占比明显高于行业水平,但近年来负债占比整体呈下降趋势。由于幸福蛋糕尚未上市,股权资本融资渠道相对较少,因此更多依赖债务资本维持其扩张需求，负债和所有者权益各年度占资本总额比及与同行业对比如图 8-19 所示。

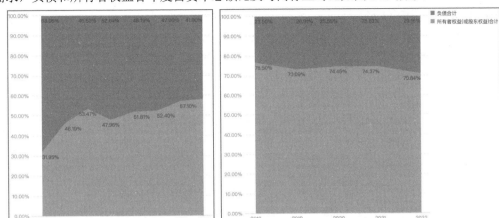

图 8-19 负债和所有者权益各年度占资本总额比及与同行业对比

↗ 拓展练习

分析资产负债表中负债的构成，具体包括：
- 分析流动负债和非流动负债各年度占总负债比及与同行业对比分析；
- 流动负债项目中各年度的负债构成及与同行业对比分析；
- 非流动负债项目中各年度的负债构成及与同行业对比分析。

8.1.2 资产负债表比较分析

对资产负债表进行比较分析包括对其按期间进行趋势的变动分析，以及不同期间变动率的分析，或与其他同对标企业的对比分析，也包括对变动原因的深入探究，特别是针对异常的变动情况，需要进行诊断分析。

资产负债表变动分析可以了解一个企业在一段时间内的财务状况变化，识别企业在不同时间点的财务表现趋势，评估企业的财务稳健性，帮助发现潜在的财务问题或异常情况，从而及时采取纠正措施。

【案例背景】

幸福蛋糕的管理层在审阅了资产负债表的结构分析报告后，发现资本结构与行业差距较大，担心投资者认为公司存在较高的财务风险从而触发股权回购条款。因此要求对负债做进一步分析，特别是公司对于流动性负债及金融负债的依赖情况是否在逐步改善。这样即使公司现在仍然对债权资本依赖较大，但若随着企业经营，趋势一直在逐步变好，管理层相信可以说服投资者保持现有投资，甚至进一步追加投资。

1. 确定分析目标

根据案例背景，管理层想要了解公司资金对流动负债和非流动负债，以及金融负债和非金融负债的依赖程度，可以通过以下指标的分析来说明，并对项目的大幅或异常变动情况进行进一步的诊断分析。

(1) 流动负债、非流动负债和所有者权益的变动趋势。
(2) 金融负债和非金融负债变动趋势。
(3) 流动负债、金融负债占负债比的变动趋势。

2. 数据采集与处理

根据确定的分析目标，幸福蛋糕的资本结构项目金额均可通过数据库中幸福蛋糕的资产负债表中获得。登录金蝶云星空，在轻分析模块下新建业务主题，通过数据建模新建数据表，根据分析目标可只选择需要的非零字段，从数据库中采集的“资产负债表_幸福蛋糕”如图 8-20 所示。

报表日期	短期借款	应付账款	预收款项	合同负债	应付职工薪酬	应交税费	其他应付款	流动负债合计	长期借款
2018-12-31	50,000,000.00	170,063,790.00	148,602,747.00	0.00	56,701,762.00	8,378,855.95	34,368,222.11	468,115,377.06	0.00
2019-12-31	225,000,000.00	184,085,105.00	161,007,411.00	0.00	52,511,929.00	1,511,540.68	15,414,915.00	639,530,900.68	0.00
2020-12-31	250,000,000.00	176,195,040.00	122,666,687.00	0.00	56,774,301.00	33,641,919.01	9,620,759.00	648,898,706.01	0.00
2021-12-31	200,000,000.00	150,669,069.09	0.00	149,126,267.31	57,014,242.68	28,694,030.40	9,268,399.89	594,772,009.37	100,000,000.00
2022-12-31	100,000,000.00	128,198,991.98	0.00	155,740,197.79	64,072,546.57	20,338,600.16	10,966,691.23	479,317,027.73	150,000,000.00
2023-12-31	0.00	163,387,007.89	0.00	194,485,744.33	67,591,828.93	16,930,770.92	9,273,152.83	451,668,504.90	200,000,000.00

总共8行数据

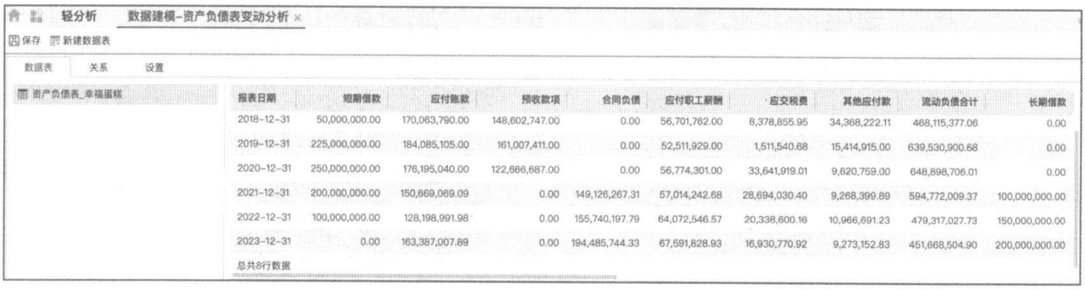

图 8-20 资产负债表_幸福蛋糕

3. 数据分析

(1) 流动负债、非流动负债和所有者权益的变动趋势。

在轻分析模块进入与数据建模同一个业务主题的数据斗方，设置图表类型为“折线图”，选择“资产负债表_幸福蛋糕”下拉列表中的“报表日期”字段拖入横轴，选择“流动负债合计”“非流动负债合计”“所有者权益(或股东权益)合计”字段拖入纵轴，为数据显示更清晰，可以将数字格式的单位设置为亿，操作界面如图 8-21 所示。

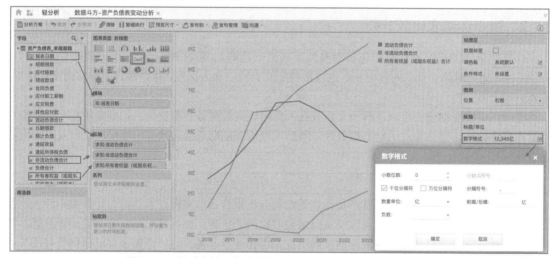

图 8-21 流动负债、非流动负债和所有者权益的变动趋势绘制

(2) 金融负债和非金融负债变动趋势。

清除上一步骤的图表，创建计算字段“金融负债”，表达式为

```
[资产负债表_幸福蛋糕.短期借款]+[资产负债表_幸福蛋糕.长期借款]
```

然后继续创建计算字段“非金融负债”，表达式为

```
[资产负债表_幸福蛋糕.负债合计]-[资产负债表_幸福蛋糕.金融负债]
```

选择"资产负债表_幸福蛋糕"下拉列表中的"报表日期"字段拖入横轴,选择"金融负债""非金融负债"字段拖入纵轴,将数字格式的单位设置为亿,操作界面如图 8-22 所示。

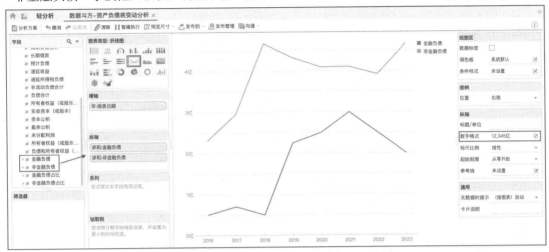

图 8-22　金融负债和非金融负债变动趋势绘制

(3) 流动负债、金融负债占负债比的变动趋势。

清除上一步骤的图表,创建计算字段"金融负债占比",表达式为

[资产负债表_幸福蛋糕.金融负债]/[资产负债表_幸福蛋糕.负债合计]

然后继续创建计算字段"非金融负债占比",表达式为

[资产负债表_幸福蛋糕.非金融负债]/[资产负债表_幸福蛋糕.负债合计]

选择"资产负债表_幸福蛋糕"下拉列表中的"报表日期"字段拖入横轴,选择"金融负债占比""流动负债占比"字段拖入纵轴,将数字格式的单位设置为"%",选择"数据标签"复选框,操作界面如图 8-23 所示。

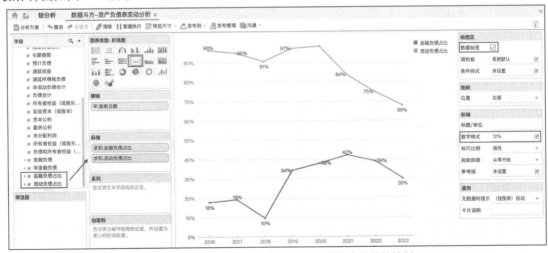

图 8-23　流动负债、金融负债占负债比的变动趋势绘制

4. 分析结果解读

(1) 流动负债、非流动负债和所有者权益的变动趋势。

根据图 8-24 所示，幸福蛋糕所有者权益逐年增长，除了 2017 年、2018 年股东投入和增资外，2019—2023 年的增长均来自实现的利润。流动负债在 2016—2020 年企业快速扩张期呈快速增长，而 2021—2023 年逐年下降；与此相反，非流动负债在 2020 年开始逐年增长，替代了部分流动负债，从而使得流动负债有所下降，降低企业的短期财务风险。

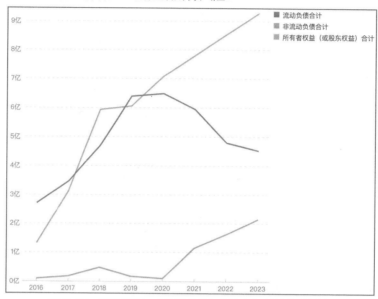

图 8-24　流动负债、非流动负债和所有者权益的变动趋势

(2) 金融负债和非金融负债变动趋势。

根据图 8-25 所示，金融负债在 2021 年之前总体呈增长趋势，2022—2023 年有所下降；而非金融负债随企业经营情况持续波动，需要进一步分析金融负债的占比情况。

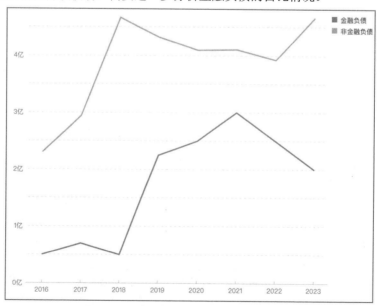

图 8-25　金融负债和非金融负债变动趋势

(3) 流动负债、金融负债占负债比的变动趋势。

根据图 8-26 所示,流动负债占比自 2020 年开始逐年下降,金融负债占比自 2021 年开始有所下降。

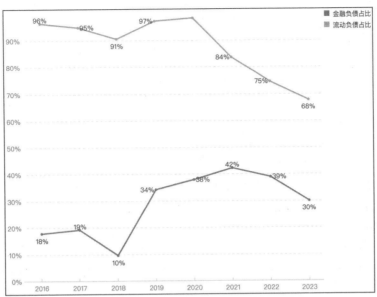

图 8-26　流动负债、金融负债占负债比的变动趋势

从上述指标可以判断,虽然幸福蛋糕的债权资本占比相较于同行业上市公司偏高,但近年来随着经营业绩的提升,占比逐年下降,其中风险较高的金融负债及流动负债占比也逐年下降。

> **拓展练习**
> 分析资产负债表中非流动资产的变动趋势,找出需要重点关注的非流动资产项目。

8.2　利润表分析

8.2.1　收入分析

收入是企业生存和发展的基础,也是衡量企业经营健康的重要指标之一。通过对收入与行业的对比分析,可以了解企业的盈利能力和市场竞争力,评估企业的发展前景和投资价值;通过对收入构成的分析可以了解收入的品类来源和区域分布,帮助企业识别优势产品和市场,优化产品组合和市场布局;同时,收入分析也有助于识别企业的收入风险和潜在机会,为企业的战略规划和运营管理提供重要的参考依据。

【案例背景】

幸福蛋糕依托数字化的技术,对市场有较强的敏感性。2022 年幸福西饼进军冷冻烘焙赛道,布局自烤面包产业。自烤面包是由专业化工厂生产,采用急速冷冻锁鲜技术保存的预制面包。购买幸福西饼自烤面包的消费者只需将自烤面包放入空气炸锅中,经过 5 分钟的加热即可食用,其品质可媲美面包房现烤品质。为了实现该战略的进一步拓展,幸福蛋糕在 2023 年迎来新的投资调研者。

经过初步沟通,投资者想要了解企业近几年的收入情况,评估企业在市场的地位及收入的主要来源和区域布局,特别是自烤面包产品目前的占比情况,以辅助制定投资决策。

1. 确定分析目标

根据任务场景，投资者想要了解行业内收入规模的情况，可以通过对比各行业公司与幸福蛋糕的营业收入；若投资者想要了解幸福蛋糕收入的主要来源和区域布局，则需要获取幸福蛋糕收入来源的数据，具体而言，可以从以下方面展开分析。

(1) 营业收入对比分析。

(2) 营业收入分品类趋势分析。

(3) 营业收入分区域趋势分析。

(4) 自烤面包收入占比分析。

2. 采集和处理数据

(1) 营业收入对比分析数据。

根据确定的分析目标，幸福蛋糕的营业收入可以从数据库中的利润表中获取，但同行业的数据需要从外部采集行业资产负债表，参照本章 8.1 节中烘焙行业资产负债表的采集方法，利用 Python 代码 8.2 采集烘焙行业的利润表，并对不需要的数据进行删除及对格式进行处理后保存到数据库中。

Python 代码 8.2
烘焙行业利润表采集

为方便对比，可以通过 MySQL 查询语句将幸福蛋糕的营业收入与其他行业公司的营业收入统计在一张数据表中。在轻分析数据建模中进入"自定义 SQL"，命名为"营业收入对比数据"，编写代码如下：

```
SELECT
    报表日期,
    '幸福蛋糕' AS 公司名称,
    其中：营业收入   AS 营业收入
FROM
    利润表_幸福蛋糕
UNION
SELECT
    报表日期,
    公司名称,
    营业收入
FROM
    利润表_烘焙行业
```

MySQL
查询代码 8.2-1

完成后得到各行业公司和幸福蛋糕各年度的营业收入数据，如图 8-27 所示。

报表日期	公司名称	营业收入
2020-12-31	幸福蛋糕	99,726,080.00
2021-12-31	幸福蛋糕	549,229,014.78
2022-12-31	幸福蛋糕	598,613,835.05
2023-12-31	幸福蛋糕	97,652,962.80
2022-12-31	广州酒家	112,347,081.55
2021-12-31	广州酒家	89,924,382.28

总共48行数据，仅显示前10行数据

图 8-27 营业收入对比数据

(2) 收入来源分析数据。

分析目标中其他指标可以从数据库中的"年度销售额汇总表"中获取数据,从 MySQL 数据库中直接选取该表,选择全部字段,然后单击"保存"按钮,如图 8-28 所示。

图 8-28　年度销售额汇总表

3. 数据分析

(1) 营业收入对比分析。在轻分析主界面进入该业务主题的数据斗方模块,设置图表类型为"多系列柱形图",选择"营业收入对比数据"下拉列表中的"报表日期"字段拖入横轴,选择"营业收入"字段拖入纵轴,选择"公司名称"字段拖入系列。由于行业数据为 2019—2022 年,可以将 2016—2017 年的数据筛选去掉,将数字格式设置为"亿"元的单位,操作界面如图 8-29 所示。

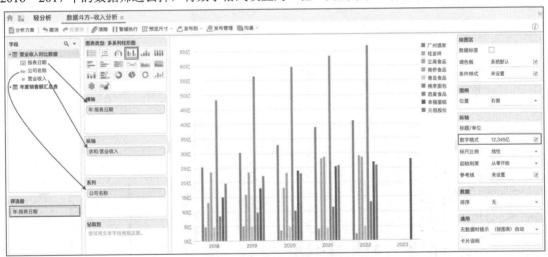

图 8-29　营业收入对比分析

(2) 营业收入分品类趋势分析。可以设置图表类型为"多系列柱形图"或"堆积柱形图",选择"年度销售额汇总表"下拉列表中的"期间"字段拖入横轴,选择"销售额"字段拖入纵轴,选择"商品类别"字段拖入系列,设置数字格式的单位为"亿",根据需要勾选数据标签。

(3) 营业收入分区域趋势分析。清除上一步骤的操作,将系列的字段替换为"区域"。

(4) 自烤面包收入占比分析。数据分析模块的部分图形可以更多维度地呈现数据,如对自烤面包多年度的占比分析,在轻分析界面进入本业务主题的数据分析模块,设置图表类型为"饼图",选择"年度销售额汇总表"下拉列表中的"期间"字段拖入筛选器和列,选择"销售额"和"商品类别"字段拖入值展现方式,由于自烤面包自 2022 年推出,因此可以只筛选 2022—2023 年数据,设置图表显示百分比,如图 8-30 所示。

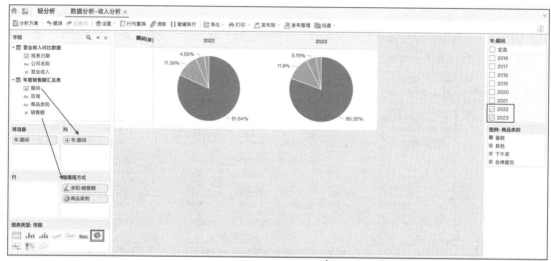

图 8-30 自烤面包收入占比分析

4. 分析结果解读

根据图 8-31 所示,幸福蛋糕在烘焙行业的上市公司中收入水平居中,收入规模最大的是桃李面包公司,2022 年高达 67 亿元,远高于其他公司,其次为广州酒家,桃李面包与立高食品、南侨食品的收入规模类似。

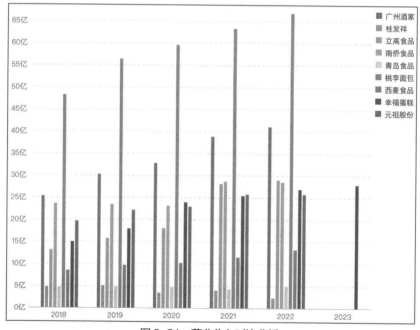

图 8-31 营业收入对比分析

根据图 8-32 所示幸福蛋糕的主要收入来源于蛋糕类产品,占全部收入 80%以上,其次为下午茶,占比 10%以上;收入最大的区域为华南区,也是幸福蛋糕的创立地,随着其他区域的门店扩张,近年来收入占比有所下降,约占全部收入来源的 50%,其次为华东区和华中区,而东北区域和西北区域占比较少。

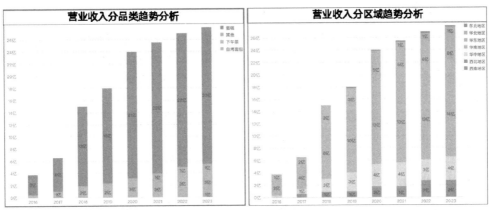

图 8-32　收入来源分析

根据图 8-33 所示，自烤面包产品自 2022 年推出，目前占全部收入比例较少，2022 年占 2.42%，2023 年占 2.7%，收入有所增长，但增幅有限。

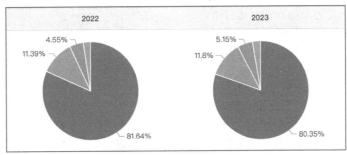

图 8-33　收入占比分析

▶ 拓展练习

搜集互联网数据，对幸福蛋糕自烤面包(属于冷冻烘焙行业)的市场需求、竞争对手、竞品情况进行分析，做一份自烤面包相关产品的前景分析报告。

8.2.2　成本费用分析

成本费用对财务成果有着十分重要的影响，降低成本费用是增加经营成果的重要途径。进行财务成果分析，应在揭示财务成果完成情况的基础上，进一步对影响财务成果的基本要素——成本费用进行分析，以评估成本费用的投入产出情况，找出影响成本升降的原因，加强成本费用的控制，提升财物资源的经营效率。

营业成本由生产成本结转而来，生产成本通常在生产环节进行具体分析，营业成本主要是通过与营业收入、利润总额等数据对比来衡量企业利润获取能力。对于费用分析的重点在于企业的费用是否与企业的经营业务规模相适应，常用的分析指标及计算公式为

成本费用利润率=利润总额÷成本费用总额

其中：成本费用总额=营业成本+税金及附加+期间费用

期间费用率=期间费用÷营业收入

销售费用率=销售费用÷营业收入

管理费用率=管理费用÷营业收入

财务费用率=财务费用÷营业收入

【案例背景】

幸福蛋糕管理层一直致力于从战略层面提升销售业绩，包括大范围投放自媒体广告，签约古×乐为品牌形象代言人、推出自烤面包系列产品等各项措施，但由于烘焙行业进入壁垒较低，幸福西饼面临的竞争变得越来越激烈，近年来销售增速大幅下降，管理层意识到这可能对企业的盈利能力带来压力。

管理层提出不能一味地追求市场份额而忽视了盈利，既然收入端遇到瓶颈，应该从成本费用着手。首先，应对成本费用进行分析，包括各期间的对比及与同行业进行对比，找出费用控制的弱项并进行改进。

1. 确定分析目标

根据案例背景，管理层要求对各项成本费用的分析指标进行不同期间的纵向对比及与同行业进行横向对比，具体可从以下方面进行对比分析。

(1) 成本费用利润率趋势及与行业对比分析。

(2) 期间费用率趋势及与行业对比分析。

(3) 销售费用率趋势及与行业对比分析。

(4) 管理费用率趋势及与行业对比分析。

(5) 财务费用率趋势及与行业对比分析。

2. 采集和处理数据

根据确定的分析目标，上述指标可以直接从数据库中的"幸福蛋糕"和"行业利润表"中直接获取。登录金蝶云星空，在轻分析模块下新建业务主题，通过数据建模新建数据表，根据分析目标可只选择需要的非零字段，从数据库中采集"利润表_幸福蛋糕""利润表_烘焙行业"，如图 8-34、图 8-35 所示。

报表日期	其中: 营业收入	其中: 营业成本	税金及附加	销售费用	管理费用	财务费用	四、利润总额（损失以"-"号填列）
2018-12-31	1,500,027,008.00	835,915,565.50	17,393,992.00	510,669,888.00	80,914,248.00	2,610,312.50	46,269,236.00
2019-12-31	1,799,115,904.00	1,099,022,956.25	19,370,414.00	556,703,616.00	94,876,888.00	11,925,483.00	10,810,342.00
2020-12-31	2,399,726,080.00	1,352,510,236.00	22,375,406.00	767,786,176.00	96,540,840.00	12,869,217.00	138,829,424.00
2021-12-31	2,549,229,014.52	1,178,763,496.44	234,019,223.56	878,464,318.49	135,899,398.78	17,361,206.94	92,378,187.09
2022-12-31	2,698,613,835.05	1,162,562,840.14	289,831,125.88	1,030,060,900.84	119,764,482.00	13,097,005.83	66,903,673.27
2023-12-31	2,797,652,962.80	1,016,387,321.38	306,342,999.43	1,179,770,254.10	131,469,571.90	7,280,579.67	117,101,807.13

图 8-34 利润表_幸福蛋糕

报表日期	公司名称	营业收入	营业成本	营业税金及附加	销售费用	管理费用	财务费用	利润总额
2018-12-31	广州酒家	2,537,127,359.07	1,150,437,017.68	26,243,224.33	657,913,901.04	230,577,221.27	-22,772,869.41	464,431,934.53
2022-12-31	桃李面包	6,686,263,321.97	5,082,719,247.42	73,175,411.24	542,630,463.31	131,315,361.35	11,490,371.69	815,975,535.51
2021-12-31	桃李面包	6,335,381,671.50	4,670,262,656.90	69,864,248.64	551,993,283.15	111,201,841.00	-10,745,917.49	982,764,722.56
2020-12-31	桃李面包	5,963,004,180.87	4,175,743,033.89	66,003,456.63	524,169,551.48	100,227,895.62	22,057,418.64	1,137,690,529.83
2019-12-31	桃李面包	5,643,709,759.53	3,410,405,323.55	62,077,881.70	1,227,896,415.47	101,718,105.28	3,473,905.21	873,683,630.10
2018-12-31	桃李面包	4,833,227,645.58	2,915,595,229.85	63,528,451.75	998,761,073.00	88,759,740.52	-10,391,176.38	824,444,162.44

图 8-35 利润表_烘焙行业

在数据建模的数据表页签中，单击"利润表-幸福蛋糕"的右侧，在菜单中选择"新建计算字段"

选项，根据分析目标依次创建字段，字段及表达式为

成本费用利润率_幸福蛋糕：[四、利润总额(损失以"-"号填列)]/([其中：营业成本]+[税金及附加]+[销售费用]+[管理费用]+[财务费用])
期间费用率_幸福蛋糕：([销售费用]+[管理费用]+[财务费用])/[其中：营业收入]
销售费用率_幸福蛋糕：[销售费用]/[其中：营业收入]
管理费用率_幸福蛋糕：[管理费用]/[其中：营业收入]
财务费用率_幸福蛋糕：[财务费用]/[其中：营业收入]

同样在"利润表-烘焙行业"表中创建以下字段，相关表达式为

成本费用利润率_烘焙行业：[利润总额]/([营业成本]+[营业税金及附加]+[销售费用]+[管理费用]+[财务费用])
期间费用率_烘焙行业：([销售费用]+[管理费用]+[财务费用])/[营业收入]
销售费用率_烘焙行业：[销售费用]/[营业收入]
管理费用率_烘焙行业：[管理费用]/[营业收入]
财务费用率_烘焙行业：[财务费用]/[营业收入]

然后在"关系"页签单击"新建关系"按钮，在打开的"新建关系"对话框中的左侧数据表选择"利润表_幸福蛋糕"，字段选择"报表日期"，右侧数据表选择"利润表_烘焙行业"，字段选择"报表日期"，中间关系选择"一对多"关系，并选择"保留无法关联的行"复选框，单击"确定"按钮，操作页面如图 8-36 所示。

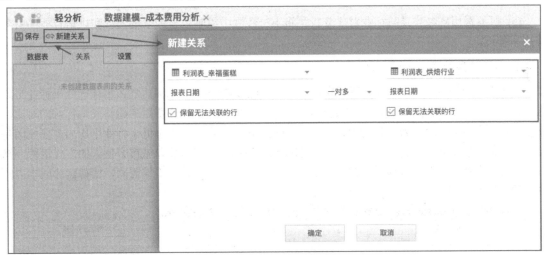

图 8-36　利润表关系建立

3. 数据分析

(1) 成本费用利润率趋势及与行业对比分析。在轻分析主界面进入该业务主题的数据斗方模块，设置图表类型为"折线图"，选择"利润表_幸福蛋糕"下拉列表中的"报表日期"字段拖入横轴，选择计算出的"成本费用利润率_幸福蛋糕"字段拖入纵轴，选择"利润表_烘焙行业"下拉列表中的"成本费用利润率_烘焙行业"字段拖入纵轴，注意行业指标的度量需要选择"平均"，由于行业数据为 2018—2022 年，可以将 2016—2017 年的数据筛选去掉，选择"数据标签"复选框，设置数字格式为百分比形式，操作界面如图 8-37 所示。

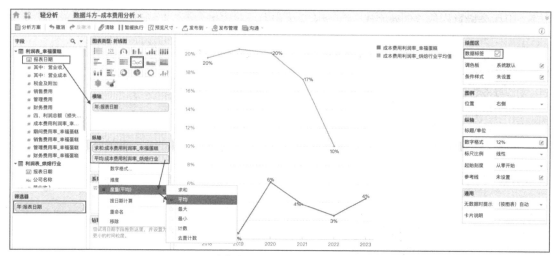

图 8-37 成本费用利润率趋势及与行业对比分析

(2) 期间费用率趋势及与行业对比分析。将上一步骤中纵轴替换为幸福蛋糕和烘焙行业的期间费用率即可。

(3) 销售费用率趋势及与行业对比分析。将上一步骤中纵轴替换为幸福蛋糕和烘焙行业的销售费用率即可。

(4) 管理费用率趋势及与行业对比分析。将上一步骤中纵轴替换为幸福蛋糕和烘焙行业的管理费用率即可。

(5) 财务费用率趋势及与行业对比分析。将上一步骤中纵轴替换为幸福蛋糕和烘焙行业的财务费用率即可。

4. 分析结果解读

根据图 8-38 所示,从成本费用利润率趋势及与行业对比来看,幸福蛋糕该指标远低于行业平均水平,这与营业成本或期间费用与同行业的对比密切相关,根据期间费用率趋势及与行业的对比,幸福蛋糕的期间费用率远高于同行平均水平,因此,造成成本费用率远低于行业平均的主要原因是营业成本低于行业水平,除了对于生产成本的控制,也由于幸福蛋糕以城市合伙人的方式运营,通过收取加盟费用、材料和设备等方式取得收入,将大量生产成本转嫁给加盟商,使得营业成本大幅低于烘焙行业公司。

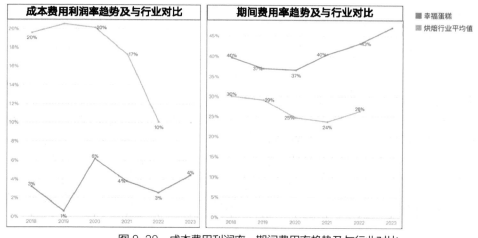

图 8-38 成本费用利润率、期间费用率趋势及与行业对比

因此，期间费用是幸福蛋糕需要关注的重点，期间费用率高于行业水平，且近年还有逐年增长趋势，需要进一步分析是哪项具体期间费用过高造成的。

根据图8-39所示，管理费用虽然各年有所波动，但均低于行业水平。财务费用主要由借款利息构成，通过对比可以发现行业的财务费用为负值，即存款的利息收入可以完全覆盖利息支出并留有盈余，这与行业公司基本是成熟的大企业，对银行贷款的依赖度低有关。幸福蛋糕在一定程度上依靠债务资金扩张，近两年有大幅下降，且占收入比低，短期来说属于企业的刚性支出，因此可不作为关注重点。

而销售费用则是需要重点关注的对象，占收入比重大，远高于行业水平且近年来逐年上涨，需要进一步分析销售费用的构成，包括对于销售费用投入产出的具体分析。例如，可能需要重新评估市场策略、销售渠道的效果、广告推广的投入，以评估这些投入是否带来了预期的销售增长等，从而有针对性地对销售费用进行有效管控。

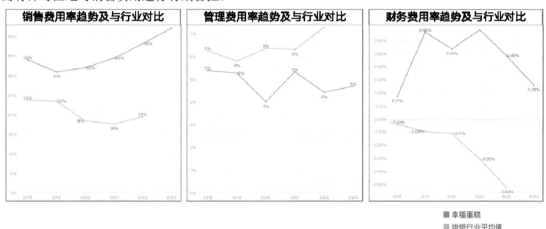

图8-39 销售费用率、管理费用率、财务费用率趋势及与行业对比

> **拓展练习**

参照上述分析模式，对桃李面包公司的成本费用展开分析。

8.2.3 利润分析

利润分析允许企业分析不同产品线、业务部门或市场的盈利贡献。通过了解各个业务单元的盈利状况，企业可以调整资源分配，优化业务结构，提高盈利能力；通过了解利润的组成部分，管理层可以制定更有效的战略和经营决策，以确保企业的可持续盈利。

针对利润分析可以从业务单元、客户、影响因素等多个维度进行，基于本书案例背景，主要从业务单元进行分析，分析的主要指标及计算公式为

投资报酬率＝息税前经营利润÷平均净经营资产
剩余收益＝平均净经营资产×(投资报酬率-资本成本)
边际贡献率＝(销售收入-变动成本总额)÷销售收入
可控边际贡献率＝(边际贡献-可控固定成本)÷销售收入
税前经营利润＝可控边际贡献-不可控固定成本

【案例背景】

幸福蛋糕的利润主要有两个部分：直营门店的产品销售收入和城市合伙人的加盟收入。针对直

营门店的管理，为强化经营责任，幸福蛋糕给予区域和门店较大的经营自主权，将区域作为投资中心，直营门店作为利润中心来设置考核指标。各直营门店发生的成本费用主要为制造成本、税金及附加和部分销售费用，其他费用均由总部统一列支。

管理层拟针对直营店的利润情况进行具体分析，对各区域和门店的利润情况进行评估，对盈利能力较差的地区做具体分析，针对亏损的门店进行调整优化，其他相关条件如下。

(1) 幸福蛋糕的加权资金成本为15%。
(2) 由于产品即产即销，因此其生产成本即为其营业成本。
(3) 税金及附加为变动费用。
(4) 直营门店发生的期间费用均为销售费用，一定范围内均属于固定费用，对门店负责人来说，折旧费用、租赁费用为不可控，其余费用为可控费用。
(5) 生产成本中，材料费用、燃料动力为变动成本；人工成本为固定成本；制造费用分为变动制造费用和固定制造费用。上述成本对于门店负责人来说，除固定制造费用外均为可控成本。

1. 确定分析目标

根据案例背景，幸福蛋糕针对直营门店进行利润情况分析，需要对区域和门店的利润情况进行评估，以及对盈利能力较差的区域做进一步分析，根据其责任中心的性质，可以具体分解为以下指标。

(1) 各区域投资报酬率排行。
(2) 各区域剩余收益排行。
(3) 盈利较差区域的门店边际贡献率排行。
(4) 盈利较差区域的门店可控边际贡献率排行。
(5) 盈利较差区域的门店税前经营利润排行。

2. 采集和处理数据

根据分析目标确定的指标，需要计算区域的投资报酬率、剩余收益和各门店的边际贡献等指标，这些指标需要获取的数据来源于数据库中"直营门店净资产及收入表(2023年)""直营门店生产成本汇总表(2023年)""直营门店费用汇总表(2023年)"这三张表。

(1) 区域指标数据采集。

区域的投资报酬率、剩余收益指标需要对数据进行分类汇总，可以通过 MySQL 查询语句计算每个地区的息税前利润和平均净经营资产。在轻分析数据建模中进入"自定义SQL"，命名为"区域指标"，查询代码如下：

```
SELECT
    a.地区,
    SUM(a.2022年净资产)+SUM(a.2023年净资产) AS 平均净经营资产,
    (SUM(a.2023年收入额)-SUM(b.材料费)-SUM(b.人工成本)-SUM(b.燃料动力)-SUM(b.固定制造费用)
    -SUM(b.变动制造费用)-SUM(c.税金及附加)-SUM(c.折旧费用)-SUM(c.租赁费用)-SUM(c.其他销售费
    用))*2/(SUM(a.2022年净资产)+SUM(a.2023年净资产)) AS 投资报酬率
FROM
    '直营门店净资产及收入表(2023年)' a,
    '直营门店生产成本汇总表(2023年)' b,
    '直营门店费用汇总表(2023年)' c
WHERE
```

MySQL 查询代码 8.2-2

```
        a.门店编号 = b.门店编号 AND a.门店编号 = C.门店编号
GROUP BY
    a.地区
```

完成后,得到各地区的平均净经营资产和投资报酬率,还需要在数据建模中创建计算字段统计各地区的剩余收益,表达式为

剩余收益:[平均净经营资产]*([投资报酬率]-0.15)

数据表如图 8-40 所示。

图 8-40 区域指标统计

(2) 门店指标数据采集。

门店的各项指标可以通过引入表格后建立关系来进行计算,在数据建模新建数据表,从数据库中引入"直营门店净资产及收入表(2023 年)""直营门店生产成本汇总表(2023 年)""直营门店费用汇总表(2023 年)",然后建立三张表之间关于"门店编号"字段"一对一"的关系,建好后的关系表如图 8-41 所示。最后,保存并退出数据建模。

图 8-41 直营门店数据表间关系

3. 数据分析

(1) 各区域投资报酬率。

在轻分析主界面进入该业务主题的数据斗方模块,设置图表类型为"多系列柱形图",选择"区域指标"下拉列表中的"地区"字段拖入横轴,选择"投资报酬率"字段拖入纵轴,选择"数据标签"复选框,设置数字格式为百分比形式,设置排序方式为"降序",操作界面如图 8-42 所示。

利润分析:采集和处理数据

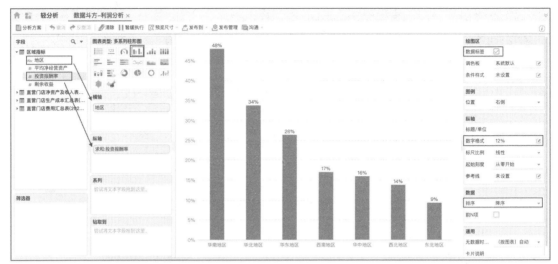

图 8-42 各区域投资报酬率

(2) 各区域剩余收益。

将上一步骤的纵轴替换为"区域指标"下拉列表中的"剩余收益"字段，修改数字格式单位为"万元"，可以发现投资报酬率和剩余收益表现最差的地区为"东北地区"。

(3) 东北地区门店边际贡献率排行。

选中"直营门店净资产及收入表(2023 年)"，单击"快速功能"按钮▼，选择"创建计算字段"选项，在该表中依次创建边际贡献和边际贡献率字段，相关表达式为

> 边际贡献：[直营门店净资产及收入表(2023 年).2023 年收入额]-[直营门店生产成本汇总表(2023 年).材料费]-[直营门店生产成本汇总表(2023 年).燃料动力]-[直营门店生产成本汇总表(2023 年).变动制造费用]-[直营门店费用汇总表(2023 年).税金及附加]
>
> 边际贡献率：[直营门店净资产及收入表(2023 年).边际贡献]/[直营门店净资产及收入表(2023 年).2023 年收入额]

然后参照图 8-42，横轴选择"门店"字段，纵轴选择计算出的"边际贡献率"字段，地区筛选为"东北地区"，得到东北地区门店边际贡献排行，并保存指标。

(4) 东北地区门店可控边际贡献率排行。

选中"直营门店净资产及收入表(2023 年)"，继续创建计算"可控边际贡献"和"可控边际贡献率"字段，相关表达式为

> 可控边际贡献：[直营门店净资产及收入表(2023 年).边际贡献]-[直营门店生产成本汇总表(2023 年).人工成本]-[直营门店费用汇总表(2023 年).其他销售费用]
>
> 可控边际贡献率：[直营门店净资产及收入表(2023 年).可控边际贡献]/[直营门店净资产及收入表(2023 年).2023 年收入额]

然后在上一步保存的指标图例中，将纵轴替换为"可控边际贡献率"字段，并另存为该指标名称。

(5) 东北地区门店税前经营利润排行。

选中"直营门店净资产及收入表(2023 年)"，继续创建计算"税前经营利润"字段，相关表达式为

税前经营利润：[直营门店净资产及收入表(2023年).可控边际贡献]-[直营门店生产成本汇总表(2023年).固定制造费用]-[直营门店费用汇总表(2023年).折旧费用]-[直营门店费用汇总表(2023年).租赁费用]

然后在上一步保存的指标图例中，将纵轴替换为"税前经营利润"字段，数字格式的单位改为"万"，并另存为该指标名称。

利润分析：数据分析

4. 分析结果解读

如图 8-43 所示，各区域的投资报酬率分布在 9%～48%，市场布局较早的华南区域投资报酬率较高，而近期投入较大、布局较晚或利润率低的区域投资回报率较低，如西南、东北、西北区域，均不到 15%。东北、西北区域投资报酬率为正但剩余收益为负，即虽然账面仍然有盈利，但未达到投资者要求的平均报酬率。

注意投资报酬率和剩余收益是年度的短期指标，一方面与投资者初始投入的资产成本有关，后期随着固定资产的折旧，资产账面价值，即投资报酬率的分母变大，两项指标会逐渐增长；另一方面，在企业的扩张初期，企业可能为了获得市场份额，采用渗透定价策略，提供更高性价比的产品而在短期削弱其盈利能力指标。所以这两项指标更适用于评价已经成熟的投资中心业绩，如华南、华东区域。

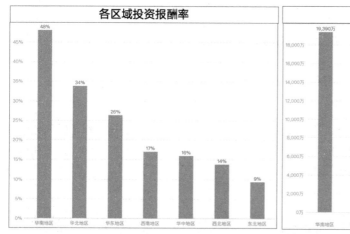
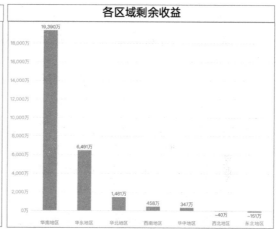

图 8-43　区域指标分析结果

东北地区各门店的利润指标排行大概一致，如图 8-44 所示，表现较差的门店规模也较小，其中沈河区一店、振兴区二店、道里区店、龙沙区店的税前经营利润出现亏损，需要进一步调查原因，是否是新开店面，新店前期可能通过促销等活动扩大市场份额，初始可控边际贡献率较小是正常现象。如果不是正常的经营原因，则需要考虑关闭或调整门店业务。

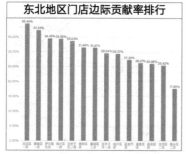
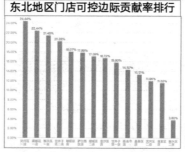
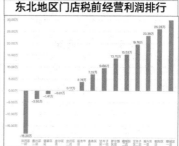

图 8-44　东北地区门店利润指标

> **拓展练习**

如果华南、华东区域投资新店，测算的投资报酬率均为20%，讨论总部分别以投资报酬率、剩余收益为区域负责人的业绩评价指标，华南、华东区域是否会选择继续开新店，并说明决策对公司总体业绩的影响及原因。

8.3 现金流量表分析

8.3.1 现金流量结构分析

对现金流量表的结构进行分析，可以揭示现金流入量和流出量的结构情况，企业现金流量的结构与状态体现企业发展战略的要求，例如在稳定发展阶段，企业经营活动的现金流量应当有足够的支付能力，并能为企业的扩张提供现金流量的支持。

现金流量表的结构分析，可以从以下方面着手，并通过与不同时期、同行业公司的对比予以评价。

(1) 现金流入的结构分析，包括经营、投资和筹资活动总流入结构的分析和每类活动内部的现金流入结构分析。

(2) 现金流出的结构分析，包括经营、投资和筹资活动总流出结构的分析和每类活动内部的现金流出结构分析。

(3) 现金净流量的结构分析，指三类活动的净现金流量的结构分析。

【案例背景】

幸福蛋糕近期面临持续性的股东分红及自烤面包投资项目的决策压力，管理层想了解现金流量的结构，确定企业现金收入的主要来源和支出的主要去处，并通过与同行业的对比来评估企业持续产生现金流的能力，以支持后续的战略性决策。

1. 确定分析目标

根据案例背景，幸福蛋糕的管理层想要了解现金流量的结构并与同行业进行对比，可以通过对现金流量表进行描述性分析，具体从以下方面展开。

(1) 幸福蛋糕现金净流量趋势及构成分析。
(2) 烘焙行业现金净流量趋势及构成分析。
(3) 幸福蛋糕现金流入结构分析。
(4) 烘焙行业现金流入结构分析。
(5) 幸福蛋糕现金流出结构分析。
(6) 烘焙行业现金流出结构分析。

2. 采集和处理数据

根据确定的分析目标，需要获取烘焙行业的现金流量表数据，参照本章8.1中烘焙行业资产负债表的采集方法，利用代码8.3采集烘焙行业的现金流量表，并对不需要的数据进行删除及对格式进行处理后保存到数据库中。

Python 代码 8.3
烘焙行业现金流量表采集

登录金蝶云星空，进入轻分析模块的数据建模，现金净流量趋势及构成可以直接从现金流量表中获取数据进行分析，从数据库中选择"现金流量表_幸福蛋糕"和"现金流量表_烘焙行业"，选择"报表日期""公司名称"三类活动的现金净流量字段，如图8-45所示。

图 8-45 现金流量表数据

由于数据库中的现金流量表是报表项目为字段名,如果想用饼图进行结构分析,可以通过 MySQL 统计需要的数据,例如幸福蛋糕的现金流入构成分析的数据统计查询代码如下:

```
SELECT
    报表日期,
    '幸福蛋糕' AS 公司名称,
    '经营活动现金流入小计' AS 项目,
    经营活动现金流入小计 AS 金额
FROM 现金流量表_幸福蛋糕
UNION ALL

SELECT
    报表日期,
    '幸福蛋糕' AS 公司名称,
    '投资活动现金流入小计' AS 项目,
    投资活动现金流入小计 AS 金额
FROM 现金流量表_幸福蛋糕
UNION ALL

SELECT
    报表日期,
    '幸福蛋糕' AS 公司名称,
    '筹资活动现金流入小计' AS 项目,
    筹资活动现金流入小计 AS 金额
FROM 现金流量表_幸福蛋糕
```

运行完成后,新建数据表如图 8-46 所示。

报表日期	公司名称	项目	金额
2020-12-31	幸福蛋糕	经营活动现金流入小计	2,591,485,355.94
2021-12-31	幸福蛋糕	经营活动现金流入小计	2,648,603,094.36
2022-12-31	幸福蛋糕	经营活动现金流入小计	2,700,811,454.15
2023-12-31	幸福蛋糕	经营活动现金流入小计	2,884,655,920.87
2016-12-31	幸福蛋糕	投资活动现金流入小计	3,545,569.79
2017-12-31	幸福蛋糕	投资活动现金流入小计	16,940,732.64

总共24行数据,仅显示前10行数据

图 8-46 幸福蛋糕的现金流入构成分析的数据统计

烘焙行业的现金流入统计、幸福蛋糕的现金流出统计、烘焙行业的现金流出统计方法类似，将数据表名称或字段名称进行相应修改即可，参见 MySQL 查询代码 8.3-1。

MySQL 查询代码 8.3-1

3. 数据分析

（1）幸福蛋糕现金净流量趋势及构成分析。在轻分析主界面进入该业务主题的数据斗方模块，设置图表类型为"堆积柱形图"，选择"现金流量表_幸福蛋糕"下拉列表中的"报表日期"字段拖入横轴，选择"经营活动产生的现金流量净额""投资活动产生的现金流量净额""筹资活动产生的现金流量净额"字段拖入纵轴，由于行业数据为 2018—2022 年，为便于对比，可以将 2016—2017 年的数据筛选去掉，选择"数据标签"复选框，将数字格式设置为"亿"，并保存指标。操作界面如图 8-47 所示。

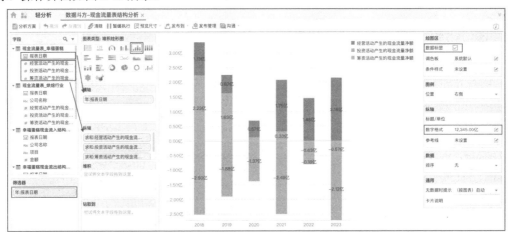

图 8-47　幸福蛋糕现金净流量趋势及构成分析

（2）烘焙行业现金净流量趋势及构成分析。参照上一步骤的操作，将字段替换为烘焙行业的数据，并另存指标。

（3）幸福蛋糕现金流入结构分析。清除上一步骤的图形，设置图表类型为"饼图"，在通过 MySQL 查询新建的数据表"幸福蛋糕现金流入结构分析"下拉列表中选择"金额"字段拖入角度，选择"项目"字段拖入颜色，选择"数据标签"复选框，并保存指标。操作界面如图 8-48 所示。

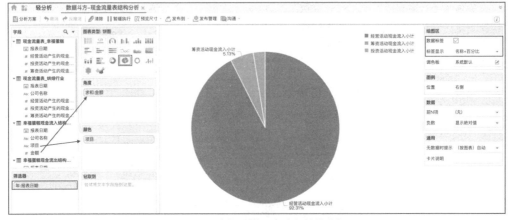

图 8-48　幸福蛋糕现金流入结构分析

(4) 烘焙行业现金流入结构分析。参照上一步骤的操作,将字段替换为烘焙行业的数据,并另存指标。

(5) 幸福蛋糕现金流出结构分析。参照上一步骤的操作,将字段替换为幸福蛋糕现金流出的数据,并另存指标。

(6) 烘焙行业现金流出结构分析。参照上一步骤的操作,将字段替换为烘焙行业的数据,并另存指标。

4. 分析结果解读

幸福蛋糕现金净流量的趋势及构成如图 8-49 所示,可以看出经营活动产生的现金净流量总体呈增长趋势;筹资活动产生的现金净流量逐步减少,到 2022 年呈负值,说明当期偿还债务的金额大于贷款的金额;投资活动产生的现金净流量波动较大,这与企业的投资决策相关。相比于同行业,幸福蛋糕前期对于债务资金的依赖较大,自 2022 年情况有所好转,经营活动和投资活动的现金净流量无明显异常。

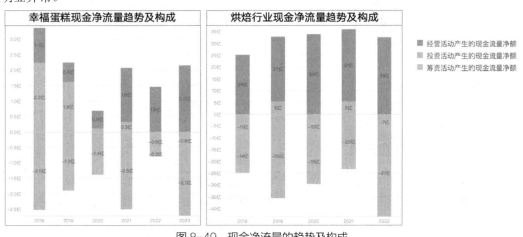

图 8-49 现金净流量的趋势及构成

幸福蛋糕的现金流入结构如图 8-50 所示,经营活动的现金流入比例远远高于行业占比,主要是由于上市公司规模较大,投资业务通常要高于中小企业。注意这里的行业占比是以行业不同类别现金流入的合计数进行分析,不是每个公司占比的平均数。

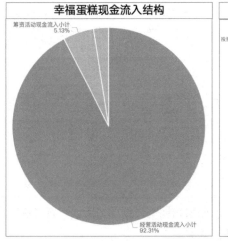
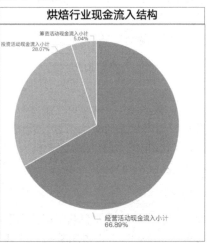

图 8-50 现金流入结构

幸福蛋糕的现金流出结构如图 8-51 所示，同样经营活动的现金流出比例远远高于行业占比，因此，幸福蛋糕的现金流量更为集中，对主营业务的依赖更大。

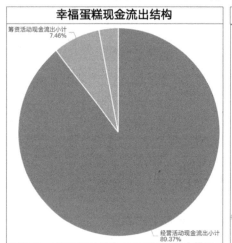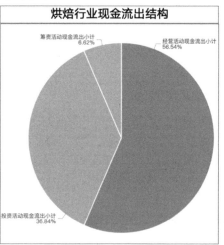

图 8-51 现金流出结构

↗ 拓展练习

参照幸福蛋糕现金流量的结构分析过程，对桃李面包现金流量结构进行分析。

8.3.2 获取现金能力的分析

获取现金的能力可通过经营活动现金流量净额与投入资源之比来反映。投入资源可以是营业收入、资产总额、营运资金、净资产或普通股股数等。获取现金能力的评价指标主要有营业现金比率、全部资产现金回收率等，其计算公式为

$$营业现金比率 = 经营活动现金流量净额 \div 营业收入$$

$$全部资产现金回收率 = 经营活动现金流量净额 \div 平均总资产 \times 100\%$$

【案例背景】

幸福蛋糕自 2017 年获得龙珠资本和璀璨资本投资，尚未支付股东现金股利。近年来，幸福蛋糕收紧了直营门店的扩张步伐，暂时没有大额投资项目，管理层考虑在以后年度持续向股东支付分红，要求财务部门分析公司获取现金的能力，以评估公司是否有能力产生足够的经营现金流来支持分红行为。

1. 确定分析目标

根据案例背景，幸福蛋糕拟在以后年度持续向股东分红，因此需要分析公司获取现金能力，可以分析以下指标并通过与同行业的对比来进行评估。

(1) 营业现金比率趋势及与同行业对比分析。

(2) 全部资产现金回收率及与同行业对比分析。

2. 采集和处理数据

由于指标涉及平均总资产，需要获取资产负债表的期初和期末数据，无法通过查询表或新建字段解决，可以通过编写 MySQL 查询语句采集并统计需要的数据。

在轻分析数据建模中进入"自定义 SQL"，首先统计幸福蛋糕获取现金能力指标，命名新建数

据表为"幸福蛋糕获取现金能力指标",编写 MySQL 查询代码如下:

```
SELECT
    a.报表日期,
    b.经营活动产生的现金流量净额/a.其中：营业收入 AS 营业现金比率_幸福蛋糕,
    b.经营活动产生的现金流量净额*2/(c.资产总计 + d.上期总资产) AS 全部资产现金回收率_幸福蛋糕
FROM
    利润表_幸福蛋糕 a,
    现金流量表_幸福蛋糕 b,
    资产负债表_幸福蛋糕 c,
    (SELECT DATE_SUB(报表日期, INTERVAL -1 YEAR) AS 报表日期,
            资产总计 AS  上期总资产
     FROM  资产负债表_幸福蛋糕) d
WHERE
    a.报表日期 = b.报表日期   AND a.报表日期 = c.报表日期   AND a.报表日期 = d.报表日期
```

运行完成后,得到幸福蛋糕各年度的营业现金比率、全部资产现金回收率指标,如图 8-52 所示。

报表日期	营业现金比率_幸福蛋糕	全部资产现金回收率_幸福蛋糕
2018-12-31	0.08	0.13
2019-12-31	0.03	0.05
2020-12-31	0.02	0.04
2021-12-31	0.07	0.12
2022-12-31	0.05	0.10
2023-12-31	0.08	0.14

总共7行数据

图 8-52 幸福蛋糕获取现金能力指标统计

继续新建数据表并进入"自定义 SQL",统计行业的获取现金能力指标,命名新建数据表为"行业获取现金能力指标",编写 MySQL 查询代码如下:

```
SELECT
    a.报表日期,
    a.公司名称,
    b.经营活动产生的现金流量净额/a.营业收入 AS 营业现金比率_行业,
    b.经营活动产生的现金流量净额*2/(c.资产总计 + d.上期总资产) AS 全部资产现金回收率_行业
FROM
    利润表_烘焙行业 a,
    现金流量表_烘焙行业 b,
    资产负债表_烘焙行业 c,
    (SELECT DATE_SUB(报表日期, INTERVAL -1 YEAR) AS 报表日期,
            公司名称,
            资产总计 AS  上期总资产
     FROM  资产负债表_烘焙行业) d
WHERE
```

MySQL
查询代码 8.3-2

a.报表日期＝b.报表日期　AND a.报表日期＝c.报表日期　AND a.报表日期＝d.报表日期
AND a.公司名称＝b.公司名称　AND a.公司名称＝c.公司名称　AND a.公司名称＝d.公司名称

运行完成后，得到行业的营业现金比率、全部资产现金回收率指标，如图8-53所示。

报表日期	公司名称	营业现金比率_行业	全部资产现金回收率_行业
2022-12-31	桃李面包	0.16	0.17
2021-12-31	桃李面包	0.16	0.17
2020-12-31	桃李面包	0.18	0.20
2019-12-31	桃李面包	0.16	0.20
2022-12-31	元祖股份	0.21	0.18
2021-12-31	元祖股份	0.25	0.23

总共32行数据，仅显示前10行数据

图 8-53　行业获取现金能力指标统计

然后在"关系"页签单击"新建关系"按钮，在打开的"新建关系"对话框中的左侧数据表选择"幸福蛋糕获取现金能力指标"，字段选择"报表日期"，右侧数据表选择"行业获取现金能力指标"，字段选择"报表日期"，中间关系选择"一对多"关系，并选择"保留无法关联的行"复选框，单击"确定"按钮，并保存退出。

3. 数据分析

（1）营业现金比率趋势及与同行业对比分析。在轻分析主界面进入该业务主题的数据斗方模块，设置图表类型为折线图，选择"幸福蛋糕获取现金能力指标"下拉列表中的"报表日期"字段拖入横轴，选择计算出的"营业现金比率_幸福蛋糕"字段拖入纵轴，选择"行业获取现金能力指标"下拉列表中的"营业现金比率_行业"字段拖入纵轴，注意行业指标的度量需要选择"平均"，由于行业数据为2019—2022年，可以将2017—2018年的数据筛选去掉，选择"数据标签"复选框，将数字格式设置为百分比，并保存指标。操作界面如图8-54所示。

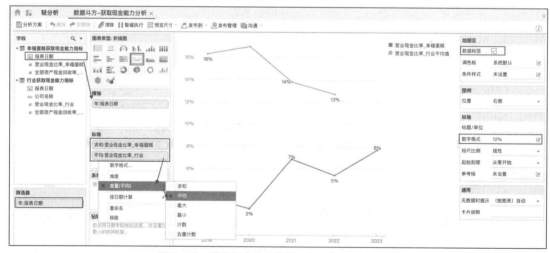

图 8-54　营业现金比率趋势及与同行业对比分析

（2）全部资产现金回收率及与同行业对比分析。将上一步骤的纵轴替换为幸福蛋糕和行业的全部资产现金回收率指标，并另存为"全部资产现金回收率及与同行业对比分析"指标。

4. 分析结果解读

分析结果如图 8-55 所示，营业现金比率是每一元营业收入得到的经营现金净流量，幸福蛋糕的营业现金比率明显弱于同行业的平均水平，说明同等收入情况下得到的经营净现金流量较少；全部资产现金回收率自 2021 年起接近或超过行业平均水平，说明全部资产产生经营净现金流量的能力与行业相当。

整体而言，幸福蛋糕的获取现金能力比率波动幅度较大，现金流的稳定性有待加强，但在行业整体下降的情况下，幸福蛋糕的指标总体呈向上趋势，获取现金能力逐步提升，如果营业现金比率进一步提升，在确保资金链安全的情况下，幸福蛋糕可以考虑向股东发放现金股利。

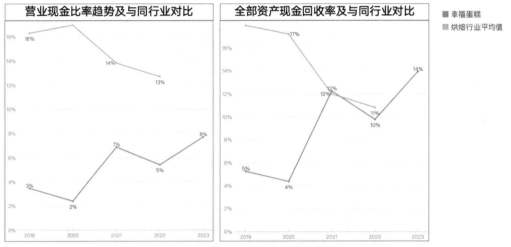

图 8-55 获取现金能力分析结果

⤴ 拓展练习

参照幸福蛋糕获取现金能力的分析过程，对桃李面包的获取现金能力进行分析。

⤴ 课程思政

在分析"幸福蛋糕"财务报表的过程中，我们不仅要关注企业的经济利益，更要深刻理解其在社会主义市场经济中的责任和担当。作为一家烘焙企业，幸福蛋糕在追求经济效益的同时，应始终牢记社会责任，以诚信经营为基础，为消费者提供优质的产品和服务。这正是社会主义核心价值观中"诚信"的要求。

在新时代背景下，企业的发展不仅要追求经济效益，更要关注社会效益。幸福蛋糕在发展过程中，应积极响应国家号召，关爱弱势群体，投身公益事业，以实际行动践行社会主义核心价值观。通过这种方式，企业不仅能够提升自身的品牌形象，还能为社会的和谐发展作出贡献。

【思考】幸福蛋糕在财务报表分析中，如何体现社会主义核心价值观中的"诚信"原则？

第 9 章 财务效率分析

学习目标

1. 掌握分析财务效率的常用指标
2. 掌握企业偿债能力分析的方法
3. 掌握企业营运能力分析的方法
4. 掌握企业盈利能力分析的方法
5. 掌握企业发展能力分析的方法

学习导图

9.1 偿债能力分析

偿债能力是指企业偿还本身所欠债务的能力。对偿债能力进行分析有利于债权人进行正确的借贷决策；有利于投资者进行正确的投资决策；有利于企业经营者进行正确的经营决策；有利于正确评价企业的财务状况。

债务一般按到期时间分为短期债务和长期债务，偿债能力分析也由此分为短期偿债能力分析和长期偿债能力分析。

9.1.1 短期偿债能力分析

企业在短期(一年或一个营业周期)需要偿还的负债主要指流动负债，因此短期偿债能力衡量的是对流动负债的清偿能力。企业的短期偿债能力取决于短期内企业产生现金的能力，即在短期内能够转化为现金的流动资产的多少。所以，短期偿债能力比率也称为变现能力比率或流动性比率，主要考察的是流动资产对流动负债的清偿能力。企业短期偿债能力的衡量指标主要有营运资金、流动比率、速动比率和现金比率，其计算公式分别为

$$营运资金 = 流动资产 - 流动负债$$
$$流动比率 = 流动资产 \div 流动负债$$
$$速动比率 = 速动资产 \div 流动负债$$
$$现金比率 = (货币资金 + 交易性金融资产) \div 流动负债$$

注：速动资产指流动资产中货币资金可以在较短时间内变现的资产，包括以公允价值计量且其

变动计入当期损益的金融资产和各种应收款项。

【案例背景】

企业破产的直接原因大都是由于无法清偿到期债务引起的。幸福蛋糕的扩张战略引发债权人和投资者的担忧，管理层要求对企业的短期偿债能力进行分析，用于给债权人和投资者进行说明财务状况，并为编制来年的扩张计划提供参考。

1. 确定分析目标

根据案例背景，需要对幸福蛋糕的短期偿债能力进行分析，可以针对营运资金、流动比率、速动比率和现金比率等指标，但由于上述指标并不存在绝对的合理性评价标准，同时考虑到债权人和投资人可能对于幸福蛋糕的企业运营情况及行业特点了解不足，因此上述指标的分析应通过不同期间的对比及与同行业公司的对比进行分析。

而营运资本为绝对数，不便于与同行业进行对比，因此可确定本案例的具体分析目标如下。

(1) 营运资本变动趋势分析。

(2) 流动比率变动趋势及与同行业对比分析。

(3) 速动比率变动趋势及与同行业对比分析。

(4) 现金比率变动趋势及与同行业对比分析。

2. 采集和处理数据

根据营运资金、流动比率、速动比率和现金比率的计算公式，需要用到幸福蛋糕和行业公司的资产负债表，由于同行业的数据在第八章已经采集到数据库，因此可以从数据库中直接获取。

根据短期偿债能力各指标的计算公式，可只选择需要的非零字段，从数据库中采集的数据表如图 9-1、图 9-2 所示。

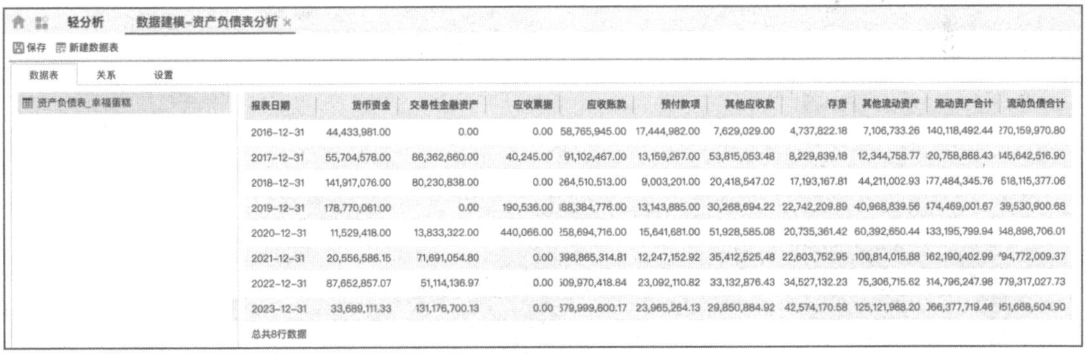

报表日期	货币资金	交易性金融资产	应收票据	应收账款	预付款项	其他应收款	存货	其他流动资产	流动资产合计	流动负债合计
2016-12-31	44,433,981.00	0.00	0.00	58,765,945.00	17,444,982.00	7,629,029.00	4,737,822.18	7,106,733.26	140,118,492.44	70,159,970.80
2017-12-31	55,704,578.00	86,362,660.00	40,245.00	91,102,467.00	13,159,267.00	53,815,053.48	8,229,839.18	12,344,758.77	20,758,868.43	45,642,516.90
2018-12-31	141,917,076.00	80,230,838.00	0.00	264,510,513.00	9,003,201.00	20,418,547.02	17,193,167.81	44,211,002.93	77,484,345.76	518,115,377.06
2019-12-31	178,770,061.00	0.00	190,536.00	88,384,776.00	13,143,885.00	30,268,694.22	22,742,209.89	40,968,839.56	74,469,001.67	39,530,900.68
2020-12-31	11,529,418.00	13,833,322.00	440,066.00	58,694,716.00	15,641,681.00	51,928,585.08	20,735,361.42	60,392,650.44	33,195,799.94	48,898,706.01
2021-12-31	20,556,586.15	71,691,054.80	0.00	398,865,314.81	12,247,152.92	35,412,525.48	22,603,752.95	100,814,015.88	62,190,402.99	94,772,009.37
2022-12-31	87,652,857.07	51,114,136.97	0.00	09,970,418.84	23,092,110.82	33,132,876.43	34,527,132.23	75,306,715.62	314,796,247.98	779,317,027.73
2023-12-31	33,689,111.33	131,176,700.13	0.00	79,999,600.17	23,965,264.13	29,850,884.92	42,574,170.58	125,121,988.20	66,377,719.46	51,668,504.90

图 9-1 资产负债表_幸福蛋糕

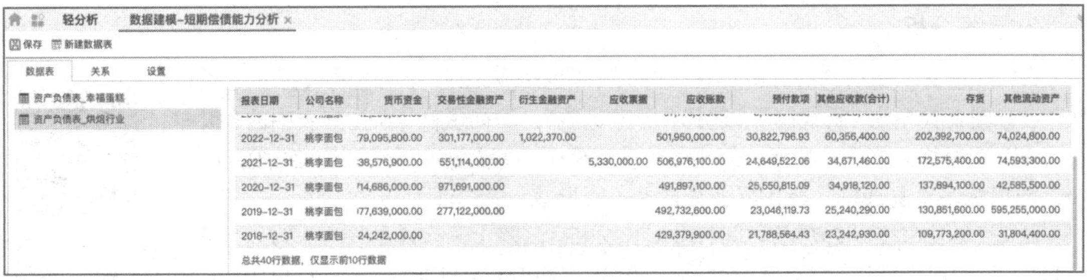

报表日期	公司名称	货币资金	交易性金融资产	衍生金融资产	应收票据	应收账款	预付款项	其他应收款(合计)	存货	其他流动资产
2022-12-31	桃李面包	79,095,800.00	301,177,000.00	1,022,370.00		501,950,000.00	30,822,796.93	60,356,400.00	202,392,700.00	74,024,800.00
2021-12-31	桃李面包	38,576,900.00	551,114,000.00		5,330,000.00	506,976,100.00	24,649,522.06	34,671,460.00	172,575,400.00	74,593,300.00
2020-12-31	桃李面包	14,686,000.00	971,691,000.00			491,897,100.00	25,550,815.09	34,918,120.00	137,894,100.00	42,585,500.00
2019-12-31	桃李面包	77,639,000.00	277,122,000.00			492,732,600.00	23,046,119.73	25,240,290.00	130,851,600.00	595,255,000.00
2018-12-31	桃李面包	24,242,000.00				429,379,900.00	21,788,564.43	23,242,930.00	109,773,200.00	31,804,400.00

图 9-2 资产负债表_烘焙行业

在数据建模的数据表页签中，单击“资产负债表_幸福蛋糕”的右侧，在弹出的菜单中选择“新

建计算字段"选项，根据分析目标依次创建字段，字段及表达式为

营运资本_幸福蛋糕：[流动资产合计]-[流动负债合计]
流动比率_幸福蛋糕：[流动资产合计]/[流动负债合计]
速动比率_幸福蛋糕：([货币资金]+[交易性金融资产]+[应收票据]+[应收账款]+[预付款项]+[其他应收款])/[流动负债合计]
现金比率_幸福蛋糕：([货币资金]+[交易性金融资产])/[流动负债合计]

同样在"资产负债表_烘焙行业"表中创建以下字段，相关表达式为

流动比率_烘焙行业：[流动资产合计]/[流动负债合计]
速动比率_烘焙行业：([货币资金]+[交易性金融资产]+[衍生金融资产]+[应收票据]+[应收账款]+[预付款项]+[其他应收款(合计)])/[流动负债合计]
现金比率_烘焙行业：([货币资金]+[交易性金融资产])/[流动负债合计]

然后在"关系"页签单击"新建关系"按钮，在打开的"新建关系"对话框中的左侧数据表选择"资产负债表_幸福蛋糕"，字段选择"报表日期"，右侧数据表选择"资产负债表_烘焙行业"，字段选择"报表日期"，中间关系选择"一对多"关系，并选择"保留无法关联的行"复选框，单击"确定"按钮，操作页面如图9-3所示，最后单击"保存"按钮后退出。

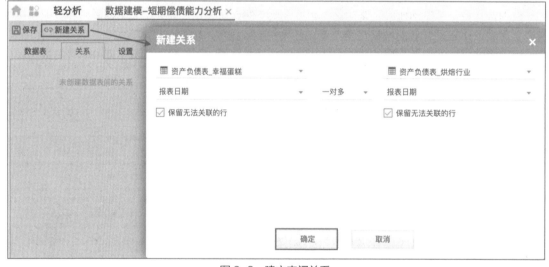

图9-3　建立表间关系

3. 数据分析

(1) 营运资本变动趋势分析。在轻分析主界面进入该业务主题的数据斗方模块，设置图表类型为"折线图"，选择"资产负债表_幸福蛋糕"下拉列表中的"报表日期"字段拖入横轴，选择计算出的"营运资金_幸福蛋糕"字段拖入纵轴，选择"数据标签"复选框，操作界面如图9-4所示。

短期偿债能力分析：
采集和处理数据

(2) 流动比率变动趋势及与同行业对比分析。清除上一步骤的图表，选择"资产负债表_幸福蛋糕"下拉列表中的"报表日期"字段拖入横轴，选择计算出的"流动比率_幸福蛋糕"字段拖入纵轴，选择"资产负债表_烘焙行业"下拉列表中的"流动比率_烘焙行业"字段拖入纵轴，注意行业指标的度量需要选择"平均"，操作界面如图9-5所示。

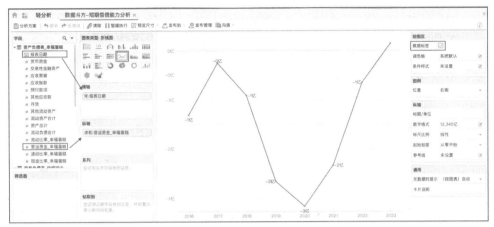

图9-4　营运资本变动趋势分析

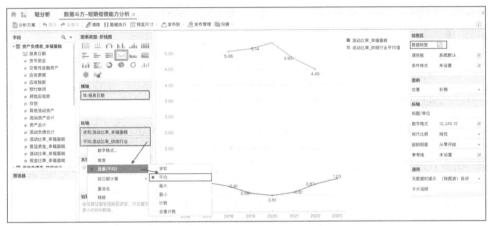

图9-5　流动比率变动趋势及与同行业对比分析

(3) 速动比率变动趋势及与同行业对比分析。清除上一步骤的图表，选择"资产负债表_幸福蛋糕"下拉列表中的"报表日期"字段拖入横轴，选择计算出的"速动比率_幸福蛋糕""资产负债表_烘焙行业"下拉列表中的"速动比率_烘焙行业"字段拖入纵轴，行业指标的度量选择"平均"，操作界面如图9-6所示。

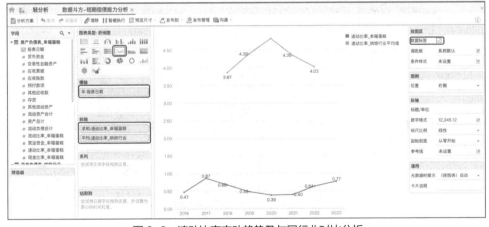

图9-6　速动比率变动趋势及与同行业对比分析

(4) 现金比率变动趋势及与同行业对比分析。清除上一步骤的图表，选择"资产负债表_幸福蛋糕"下拉列表中的"报表日期"字段拖入横轴，选择计算出的"现金比率_幸福蛋糕""资产负债表_烘焙行业"下拉列表中的"现金比率_烘焙行业"字段拖入纵轴，行业指标的度量选择"平均"，操作界面如图 9-7 所示。

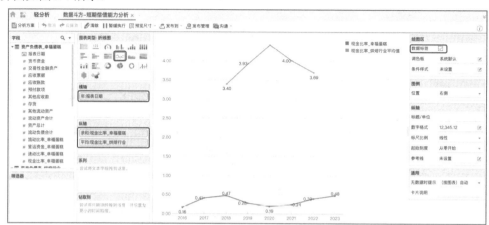

图 9-7　现金比率变动趋势及与同行业对比分析

4. 分析结果解读

从图 9-4 可以看出，幸福蛋糕的营运资金除 2023 年外均为负值，说明 2018—2022 年企业的部分非流动资产以流动负债作为资金来源，企业的债务风险较高，自 2020 年开始企业的营运资金逐步好转，至 2023 年转为正数，说明企业的短期偿债能力正在好转。

短期偿债能力分析：数据分析

幸福蛋糕在前几年通过短期借款等短期债务资金支持其扩张战略，其流动比率、速动比率和现金比率均远低于行业平均水平，如图 9-8 所示，在 2018—2022 年流动比率均小于 1，说明企业的流动资产账面余额不足以偿还一年内到期的流动债务，存在短期债务无力清偿的风险。但自 2020 年以来，企业的各项指标逐步提升，短期偿债能力情况好转。幸福蛋糕需要进一步对未来短期内的到期债务和资金情况做出详细规划，合理推进新店扩张，确保未来的资金链安全。

另外也需要理解短期偿债能力的强弱与上述指标并没有绝对的关联，如果仔细分析行业指标，会发现桂发祥、青岛食品等公司的各项指标非常高，拉高了短期偿债能力的平均指标。如果企业的运营效率高，或存在较高的可用融资额度等其他表外利好因素，较低的偿债能力指标也可以保障短期债务的偿还。

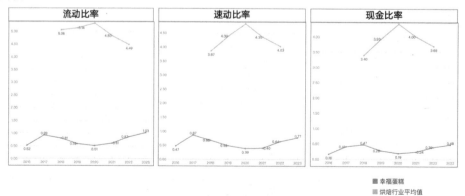

图 9-8　短期偿债能力指标对比

9.1.2 长期偿债能力分析

长期偿债能力是指企业在较长的期间偿还债务的能力。企业在长期内，不仅需要偿还流动负债，还需要偿还非流动负债，因此，长期偿债能力衡量的是对企业所有负债的清偿能力。企业对所有负债的清偿能力取决于其总资产水平，因此长期偿债能力比率考察的是企业资产、负债和所有者权益之间的关系。其财务指标主要有四项：资产负债率、产权比率、权益乘数和利息保障倍数，其计算公式分别为

$$资产负债率 = 负债总额 \div 资产总额 \times 100\%$$

$$产权比率 = 负债总额 \div 所有者权益 \times 100\%$$

$$权益乘数 = 总资产 \div 股东权益$$

$$利息保障倍数 = 息税前利润 \div 应付利息$$

$$= (净利润 + 利润表中的利息费用 + 所得税) \div 应付利息$$

注意利息保障倍数公式中的除数"应付利息"是指本期发生的全部应付利息。

【案例背景】

幸福蛋糕以 3 年时间完成快速扩张的阶段，为快速抢占市场份额，增强品牌影响力，2016—2019 年之间对资金有较强需求。公司一方面通过城市合伙人机制减少前期扩张成本，转移部分风险；另一方面通过引进股权投资者吸引资金：

2017 年 12 月幸福蛋糕完成由美团点评发起的产业基金龙珠资本，璀璨资本跟投的 9600 万元人民币 A 轮融资。

2018 年 6 月获得了华兴新经济基金领投，美团龙珠资本、璀璨资本继续加码，新投资人亚商投资、信中利跟投 4 亿元人民币融资。

幸福蛋糕通过引进股权资本来降低财务风险，同时也希望合理利用财务杠杆，为股东创造更大价值。因此管理层要求对企业的财务结构进行分析，评估其长期偿债能力。

注：近年来幸福蛋糕未确认资本化利息。

1. 确定分析目标

根据案例背景，需要对幸福蛋糕的长期偿债能力进行分析，可以针对资产负债率、产权比率、权益乘数、利息保障倍数等指标，考虑到债权人和投资人可能对幸福蛋糕的企业运营情况及行业特点了解不足，上述指标的分析应通过不同期间的对比及与同行业公司的对比进行分析，其中利息保障倍数由于行业公司个体特征差异较大可不做对比分析，因此确定本案例的具体分析目标如下：

(1) 资产负债率变动趋势及与同行业对比分析。
(2) 产权比率变动趋势及与同行业对比分析。
(3) 权益乘数变动趋势及与同行业对比分析。
(4) 利息保障倍数变动趋势。

2. 采集和处理数据

根据上述指标的计算公式，需要用到幸福蛋糕和行业公司的资产负债表、利润表及行业资产负债表，由于同行业的数据在第八章已经采集到数据库，因此可以从数据库中直接获取。根据长期偿债能力各指标的计算公式，可只选择需要的非零字段，从数据库中采集的资产负债表如图 9-9 所示。

报表日期	资产总计	负债合计	所有者权益（或股东权益）合计
2018-12-31	1,109,753,874.85	516,356,903.06	593,396,971.79
2019-12-31	1,263,023,631.19	657,300,821.68	605,722,809.51
2020-12-31	1,368,566,854.19	659,463,958.01	709,102,896.18
2021-12-31	1,492,747,033.27	710,611,935.15	782,135,098.12
2022-12-31	1,497,537,777.80	642,370,477.74	855,167,300.06
2023-12-31	1,594,966,991.39	666,767,489.39	928,199,502.00

图 9-9　资产负债表采集字段

在数据建模的数据表页签中，单击"资产负债表_幸福蛋糕"的右侧，在弹出的菜单中选择"新建计算字段"选项，根据分析目标依次创建字段，字段及表达式为

资产负债率_幸福蛋糕：[负债合计]/[资产总计]
产权比率_幸福蛋糕：[负债合计]/[所有者权益(或股东权益)合计]
权益乘数_幸福蛋糕：[资产总计]/[所有者权益(或股东权益)合计]

同样在"资产负债表_烘焙行业"表中创建"资产负债率_烘焙行业""产权比率_烘焙行业""权益乘数_烘焙行业"字段，表达式与幸福蛋糕的指标表达式相同。

然后在"关系"页签单击"新建关系"按钮，在打开的"新建关系"对话框中的左侧数据表选择"资产负债表_幸福蛋糕"，字段选择"报表日期"，右侧数据表选择"资产负债表_烘焙行业"，字段选择"报表日期"，中间关系选择"一对多"关系，并选择"保留无法关联的行"复选框，单击"确定"。

而利息保障倍数指标只需要在幸福蛋糕的利润表中新建计算字段，字段表达式为

([其中：利息费用]+[三、营业利润(损失以"-"号填列)])/[其中：利息费用]

引入利润表并新建计算字段后界面如图 9-10 所示，单击"保存"按钮后退出。

报表日期	其中：利息费用	三、营业利润（损失以"-"号填列）	利息保障倍数
2018-12-31	2,774,750.00	45,556,412.00	17.42
2019-12-31	12,299,625.00	6,262,695.00	1.51
2020-12-31	12,705,000.00	136,105,568.00	11.71
2021-12-31	17,384,415.00	94,600,210.81	6.44
2022-12-31	13,114,127.00	63,094,108.13	5.81
2023-12-31	7,354,403.00	113,353,350.04	16.41

图 9-10　利润表采集字段

3. 数据分析

(1) 资产负债率变动趋势及与同行业对比分析。在轻分析主界面进入该业务主题的数据斗方模

块,设置图表类型为"折线图",将"资产负债表_幸福蛋糕"中的"报表日期"字段拖入横轴,选择计算出的"资产负债率_幸福蛋糕"字段拖入纵轴,选择"资产负债表_烘焙行业"中的"资产负债率_烘焙行业"字段拖入纵轴,注意行业指标的度量需要选择"平均",由于行业数据为 2018—2022 年,可以将 2016—2017 年的数据筛选去掉,选择"数据标签"复选框,操作界面如图 9-11 所示。

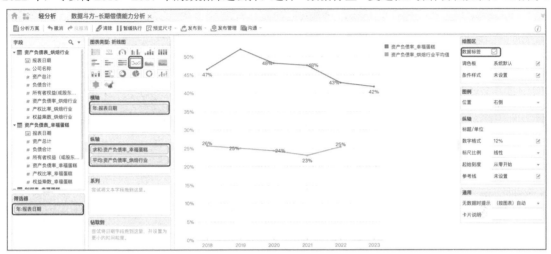

图 9-11　资产负债率变动趋势及与同行业对比分析

(2) 产权比率变动趋势及与同行业对比分析。将上一步骤中纵轴替换为幸福蛋糕和烘焙行业的产权比率即可。

(3) 权益乘数变动趋势及与同行业对比分析。将上一步骤中纵轴替换为幸福蛋糕和烘焙行业的权益乘数比率即可。

(4) 利息保障倍数变动趋势。将上一步骤中纵轴替换为幸福蛋糕的利息保障倍数,并去掉数据筛选控制。

4. 分析结果解读

根据图 9-12 所示,幸福蛋糕的各项指标均远高于行业平均水平,说明幸福蛋糕的长期偿债能力低于行业平均水平,这主要由于其前几年依靠债务资金快速扩张造成的高风险、高报酬的资本结构。自 2019 年以来各指标逐年降低,产权比率逐渐小于 1,说明企业的净资产可以保障企业全部债务的偿还。

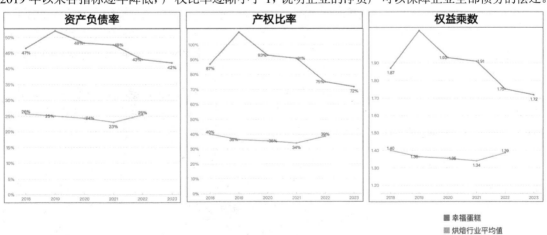

图 9-12　长期偿债能力指标对比分析

根据图9-13所示，由于利润额和贷款额的波动，幸福蛋糕的利息保障倍数指标波动较大，可以看到在2023年，该指标达到近16倍，有足够的偿还利息能力。

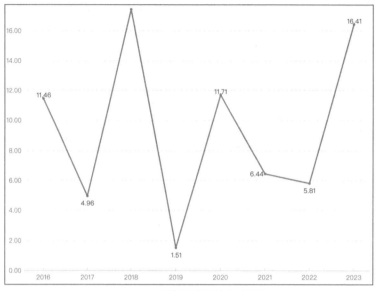

图9-13 利息保障倍数变动趋势

根据上述分析，虽然幸福蛋糕由于其扩张战略负债率要远高于同行业平均水平，但只要能够保持目前的经营趋势，不存在重大的长期偿债能力风险。

幸福蛋糕更应该关注的是债务资金成本对利润的吞噬，需要在债务成本、债务带来的风险和利润率之间达成平衡，在可接受的财务风险范围内，合理利用财务杠杆为企业创造更大价值。

↗ 拓展练习

依据上述分析模式，利用金蝶大数据平台爬取一个上市公司及所在行业的财务报表，经处理后分析其短期偿债能力和长期偿债能力。

9.2 营运能力分析

营运能力主要指资产运用、循环的效率高低。一般而言，资金周转速度越快，说明企业的资金管理水平越高，资金利用效率越高，企业可以以较少的投入获得较多的收益。因此，营运能力指标是通过投入与产出(主要指收入)之间的关系反映的。企业营运能力分析主要包括：流动资产营运能力分析、固定资产营运能力分析和总资产营运能力分析三个方面。

反映流动资产营运能力的指标主要有应收账款周转率、存货周转率和流动资产周转率；反映固定资产营运能力的指标为固定资产周转率；反映总资产营运能力的指标是总资产周转率，各指标计算公式为

$$应收账款周转率(次数) = \frac{营业收入}{(期初应收账款 + 期末应收账款) \div 2}$$

$$年货周转率(次数) = \frac{营业收入}{(期初存货 + 期末存货) \div 2}$$

$$流动资产周转率(次数) = \frac{营业收入}{(期初流动资产 + 期末流动资产) \div 2}$$

$$固定资产周转率(次数) = \frac{营业收入}{(期初固定资产 + 期末固定资产) \div 2}$$

$$总资产周转率(次数) = \frac{营业收入}{(期初总资产 + 期末总资产) \div 2}$$

【案例背景】

企业的营运能力关系到企业的生存和发展，同时也会影响到其盈利能力和偿债能力。幸福蛋糕的财务总监一直强调其重要性，在经营会议上多次指出即使在毛利率相同甚至下降的情况下，通过提高运营效率，可以让利润额实现快速增长。自 2016 年起幸福蛋糕的财务总监便向董事会建议通过城市合伙人制和数字技术加快其运营效率。

幸福蛋糕以城市合伙人为主的形式进行扩张，加盟的城市合伙人需要支付店面租金等费用、向公司采购食品机械、原料和半成品等，以有限的资金实现其快速扩张的战略。

幸福蛋糕在此背景下注重数字技术的应用，通过与金蝶的合作，一方面除面包外的产品基本上做到了以销定产，另一方面通过大数据分析实现精准推送，每天产品临界保质期时，将促销信息推送给消费者，实现了成品零库存。

幸福蛋糕的管理层要求分析公司的营运能力趋势情况，并与同行业进行对比，以评估通过数字战略提高营运能力效率的实际情况。

1. 确定分析目标

根据案例背景，需要对幸福蛋糕的营运能力进行描述性分析，可以确定本案例的具体分析目标如下。

(1) 应收账款周转率趋势及与同行业的对比分析。
(2) 存货周转率趋势及与同行业的对比分析。
(3) 流动资产周转率及与同行业的对比分析。
(4) 固定资产周转率及与同行业的对比分析。
(5) 总资产周转率趋势及与同行业的对比分析。

2. 采集和处理数据

由于指标涉及资产负债表的期初和期末数据，无法通过查询表或新建字段解决，因此可以通过编写 MySQL 查询语句采集并统计需要的数据。

在轻分析数据建模中进入"自定义 SQL"，首先统计幸福蛋糕周转率，命名新建数据表为"幸福蛋糕周转率"，编写 MySQL 查询代码如下：

```
SELECT
    a.报表日期,
    '幸福蛋糕' AS 公司名称,
    a.其中：营业收入 * 2 / (b.应收票据 + b.应收账款 + c.上期应收账款) AS 应收账款周转率_幸福蛋糕,
    a.其中：营业成本 * 2 / (b.存货 + c.上期存货) AS 存货周转率_幸福蛋糕,
    a.其中：营业收入 * 2 / (b.流动资产合计 + c.上期流动资产) AS 流动资产周转率_幸福蛋糕,
    a.其中：营业收入 * 2 / (b.固定资产 + c.上期固定资产) AS 固定资产周转率_幸福蛋糕,
```

a.其中：营业收入 *2/(b.资产总计 +c.上期总资产) AS 总资产周转率_幸福蛋糕
FROM
　　利润表_幸福蛋糕 a,
　　资产负债表_幸福蛋糕 b,
　　(SELECT DATE_SUB(报表日期, INTERVAL -1 YEAR) AS 报表日期,
　　　　应收票据 + 应收账款 AS 上期应收账款,
　　　　存货 AS 上期存货,
　　　　流动资产合计 AS 上期流动资产,
　　　　固定资产 AS 上期固定资产,
　　　　资产总计 AS 上期总资产
　　FROM 资产负债表_幸福蛋糕) c
WHERE
　　a.报表日期 =b.报表日期
　　AND a.报表日期 =c.报表日期

MySQL 查询代码9.2-1

运行完成后，得到幸福蛋糕的各项周转率指标，如图9-14所示。

报表日期	公司名称	应收账款周转率_幸福蛋糕	存货周转率_幸福蛋糕	流动资产周转率_幸福蛋糕	固定资产周转率_幸福蛋糕	总资产周转率_幸福蛋糕
2018-12-31	幸福蛋糕	19.27	65.76	4.30	5.74	1.68
2019-12-31	幸福蛋糕	23.50	55.04	4.79	4.34	1.52
2020-12-31	幸福蛋糕	32.49	62.22	6.78	4.44	1.82
2021-12-31	幸福蛋糕	47.21	54.40	7.33	4.11	1.78
2022-12-31	幸福蛋糕	49.59	40.70	6.95	4.28	1.80
2023-12-31	幸福蛋糕	39.98	26.36	6.35	4.50	1.81

总共7行数据

图9-14 幸福蛋糕周转率

继续新建数据表进入"自定义SQL"，统计行业周转率，命名为"行业周转率"，编写MySQL查询代码如下：

SELECT
　　a.报表日期,
　　a.公司名称,
　　a.营业收入 *2/(b.应收票据及应收账款 +c.上期应收账款) AS 应收账款周转率_行业,
　　a.营业成本 *2/(b.存货 +c.上期存货) AS 存货周转率_行业,
　　a.营业收入 *2/(b.流动资产合计 +c.上期流动资产) AS 流动资产周转率_行业,
　　a.营业收入 *2/(b.固定资产及清理合计 +c.上期固定资产) AS 固定资产周转率_行业,
　　a.营业收入 *2/(b.资产总计 +c.上期总资产) AS 总资产周转率_行业
FROM
　　利润表_烘焙行业 a,
　　资产负债表_烘焙行业 b,
　　(SELECT DATE_SUB(报表日期, INTERVAL -1 YEAR) AS 报表日期,
　　　　公司名称,
　　　　应收票据及应收账款 AS 上期应收账款,
　　　　存货 AS 上期存货,
　　　　流动资产合计 AS 上期流动资产,
　　　　固定资产及清理合计 AS 上期固定资产,

MySQL 查询代码9.2-2

```
                    资产总计 AS 上期总资产
            FROM 资产负债表_烘焙行业)c
WHERE
        a.报表日期 = b.报表日期  AND a.报表日期 = c.报表日期  AND a.公司名称 = b.公司名称  AND a.
公司名称 = c.公司名称
```

运行完成后,得到行业公司的各项周转率指标,如图9-15所示。

报表日期	公司名称	应收账款周转率_行业	存货周转率_行业	流动资产周转率_行业	固定资产周转率_行业	总资产周转率_行业
2022-12-31	桃李面包	13.18	27.11	4.23	2.68	1.06
2021-12-31	桃李面包	12.62	30.09	3.07	3.14	1.08
2020-12-31	桃李面包	12.11	31.08	2.37	3.57	1.10
2019-12-31	桃李面包	12.24	28.35	2.42	4.00	1.24
2022-12-31	元祖股份	46.97	14.86	1.49	8.06	0.83
2021-12-31	元祖股份	43.77	15.96	1.60	7.82	0.92

总共32行数据,仅显示前10行数据

图9-15 行业周转率

然后在"关系"页签单击"新建关系"按钮,在打开的"新建关系"对话框中的左侧数据表选择"幸福蛋糕周转率",字段选择"报表日期",右侧数据表选择"行业周转率",字段选择"报表日期",中间关系选择"一对多"关系,并选择"保留无法关联的行"复选框,单击"确定"按钮,保存后并退出。

3. 数据分析

(1) 应收账款周转率趋势及与同行业的对比分析。在轻分析主界面进入该业务主题的数据斗方模块,设置图表类型为折线图,选择"幸福蛋糕周转率"中的"报表日期"字段拖入横轴,选择计算出的"应收账款周转率_幸福蛋糕"字段拖入纵轴,选择"行业周转率"中的"应收账款周转率_行业"字段拖入纵轴,注意行业指标的度量需要选择"平均",由于行业数据为2019—2022年,可以将2017—2018年的数据筛选去掉,选择"数据标签"复选框,并保存,操作界面如图9-16所示。

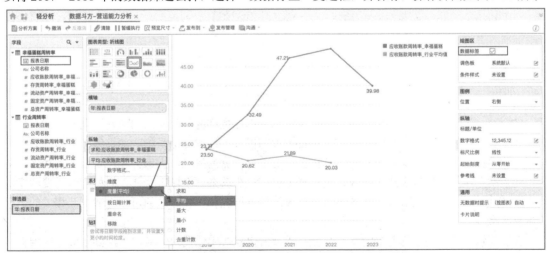

图9-16 应收账款周转率趋势及与同行业的对比分析

(2) 存货周转率趋势及与同行业的对比分析。将上一步骤中纵轴替换为幸福蛋糕和烘焙行业的存货周转率,另存为"存货周转率趋势及与同行业的对比分析"指标。

(3) 流动资产周转率及与同行业的对比分析。将上一步骤中纵轴替换为幸福蛋糕和烘焙行业的流动资产周转率,另存为"流动资产周转率及与同行业的对比分析"指标。

(4) 固定资产周转率及与同行业的对比分析。将上一步骤中纵轴替换为幸福蛋糕和烘焙行业的固定资产周转率,另存为"固定资产周转率及与同行业的对比分析"指标。

(5) 总资产周转率趋势及与同行业的对比分析。将上一步骤中纵轴替换为幸福蛋糕和烘焙行业的总资产周转率,另存为"总资产周转率趋势及与同行业的对比分析"指标。

4. 分析结果解读

(1) 总资产营运能力分析。根据图 9-17 所示,幸福蛋糕总资产周转率各年均高于行业平均水平,该指标行业平均指标逐年有所下降,而幸福蛋糕基本维持了稳定增长,该指标传达了积极的意义。但是要找到持续可以改善的措施,仍需要对各项资产中更明细的项目做进一步分析。

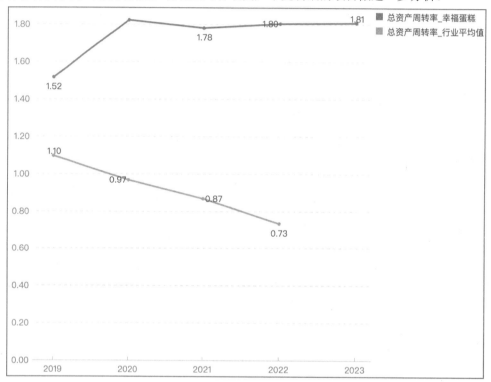

图 9-17 总资产周转率分析

(2) 流动资产营运能力分析。根据图 9-18 所示,幸福蛋糕的应收账款周转率远高于行业平均水平,其中应收账款周转率在 2020 至 2021 年有较大的提升,这与幸福蛋糕的新零售经营模式有关。与同行业中存在较多商超类客户不同,幸福蛋糕的主打产品为蛋糕,大部分客户是个人消费者,即使企业活动订购产品也较少产生应收账款,其主要应收账款来源于城市合伙人的门店,需要注意的是 2023 年该指标降幅较大,应关注各门店合伙人的经营情况和应收账款的可回收情况及相关的信用政策是否合理。

存货周转率也远高于行业平均水平,受益于幸福蛋糕数字化技术的应用,达到了成品零库存。但自 2020 年存货周转率逐年降低,需要进一步分析下降的原因,涉及对营业收入趋势、各明细存货的变动趋势的详细分析。

流动资产周转率整体高于行业平均水平，需要关注自 2022 年逐年下降的原因，重点关注存货周转率和应收账款周转率的下降的原因，其他应分析的内容包括其他应收款、其他流动资产的变动原因。

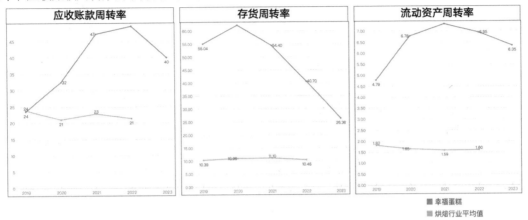

图 9-18　流动资产营运能力

（3）固定资产营运能力分析。根据图 9-19 所示，由于前期的扩张战略，幸福蛋糕投入较大的固定资产，使得其固定资产周转率一直低于行业平均水平，该指标在 2021 年开始逐步提升。幸福蛋糕主要通过引入城市合伙人的模式经营，城市合伙人加盟的门店固定资产不属于幸福蛋糕所有，随着固定资产逐步折旧，该指标有所提升并逐步接近行业平均水平。

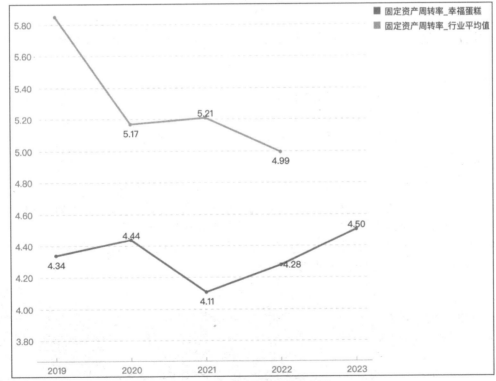

图 9-19　固定资产周转率分析

▶ 拓展练习

（1）分析烘焙行业总资产营运能力逐年下降的原因。

(2) 依据上述分析模式，利用金蝶大数据平台爬取一个上市公司及所在行业的财务报表，经处理后分析其营运能力。

9.3 盈利能力分析

不论是投资人、债权人还是经理人员，都会非常重视和关心企业的盈利能力。盈利能力是企业获取利润、实现资金增值的能力。因此，盈利能力指标主要通过收入与利润之间的关系、资产与利润之间的关系反映。反映企业盈利能力的指标主要有营业毛利率、营业净利率、总资产净利率和净资产收益率，各指标计算公式为

$$营业毛利率 = (营业收入-营业成本) \div 营业收入 \times 100\%$$
$$营业净利率 = 净利润 \div 营业收入 \times 100\%$$
$$总资产净利率 = (净利润 \div 平均总资产) \times 100\%$$
$$净资产收益率 = (净利润 \div 平均所有者权益) \times 100\%$$

【案例背景】

幸福蛋糕的投资者、债权人和管理层对企业的盈利能力都非常关注，因为企业的利润是股权投资人回报、债权人本息回收的保障和考核管理层业绩的重要指标，保持长期的盈利也是企业生存的基础。除了自身的盈利情况，管理层也想知道企业的盈利在行业中处于什么水平，希望将盈利能力的相关指标与同行业进行对比，以找出差距，为下一年度盈利目标和实现策略的制定提供参考。

1. 确定分析目标

根据案例背景，需要对幸福蛋糕的盈利能力进行描述性分析，可以确定本案例的具体分析目标如下。

(1) 营业毛利率趋势及与同行业的对比。
(2) 营业净利率趋势及与同行业的对比。
(3) 总资产净利率趋势及与同行业的对比。
(4) 净资产收益率趋势及与同行业的对比。

2. 采集和处理数据

根据计算公式，营业毛利率和营业净利率所需数据均可从利润表获取，但总资产净利率、净资产收益率由于指标涉及资产负债表的期初和期末金额的平均数，无法通过查询表或新建字段解决，为简便操作，可以全部通过编写 MySQL 查询语句采集并统计需要的数据。

在轻分析数据建模中进入"自定义SQL"，首先统计幸福蛋糕的盈利能力指标，命名为"幸福蛋糕盈利能力指标"，编写 MySQL 查询代码如下：

```
SELECT
    a.报表日期,
    (a.其中：营业收入 -a.其中：营业成本)/a.其中：营业收入 AS 营业毛利率_幸福蛋糕,
    a.五、净利润 / a.其中：营业收入 AS 营业净利率_幸福蛋糕,
    a.五、净利润*2 / (b.资产总计 +c.上期总资产) AS 总资产净利率_幸福蛋糕,
    a.五、净利润*2 / (b.所有者权益(或股东权益)合计 +c.上期净资产) AS 净资产收益率_幸福蛋糕
FROM
    利润表_幸福蛋糕 a,
    资产负债表_幸福蛋糕 b,
```

```
       (SELECT DATE_SUB(报表日期, INTERVAL -1 YEAR) AS 报表日期,
               资产总计 AS 上期总资产,
               所有者权益(或股东权益)合计 AS 上期净资产
        FROM 资产负债表_幸福蛋糕) c
WHERE
       a.报表日期 = b.报表日期
       AND a.报表日期 = c.报表日期
```

MySQL 查询代码 9.3-1

运行完成后，得到幸福蛋糕的指标计算结果，如图 9-20 所示。

报表日期	营业毛利率_幸福蛋糕	营业净利率_幸福蛋糕	总资产净利率_幸福蛋糕	净资产收益率_幸福蛋糕
2018-12-31	0.44	0.02	0.04	0.08
2019-12-31	0.39	0.01	0.01	0.02
2020-12-31	0.44	0.05	0.09	0.17
2021-12-31	0.54	0.03	0.05	0.10
2022-12-31	0.57	0.03	0.04	0.07
2023-12-31	0.64	0.03	0.06	0.10

总共7行数据

图 9-20　幸福蛋糕盈利能力指标

参照上述操作新建行业盈利能力指标数据表，命名为"行业盈利能力指标"，编写 MySQL 查询代码如下：

```
SELECT
    a.报表日期,
    a.公司名称,
    (a.营业收入 -a.营业成本) / a.营业收入 AS 营业毛利率_行业,
    a.净利润 / a.营业收入 AS 营业净利率_行业,
    a.净利润*2 / (b.资产总计 + c.上期总资产) AS 总资产净利率_行业,
    a.净利润*2 / (b.`所有者权益(或股东权益)合计` + c.上期净资产) AS 净资产收益率_行业
FROM
    利润表_烘焙行业 a,
    资产负债表_烘焙行业 b,
    (SELECT DATE_SUB(报表日期, INTERVAL -1 YEAR) AS 报表日期,
            公司名称,
            资产总计 AS 上期总资产,
            `所有者权益(或股东权益)合计` AS 上期净资产
     FROM 资产负债表_烘焙行业) c
WHERE
    a.报表日期 = b.报表日期   AND a.报表日期 = c.报表日期   AND a.公司名称 = b.公司名称   AND a.公司名称 = c.公司名称
```

MySQL 查询代码 9.3-2

运行完成后，得到行业盈利能力指标的计算结果，如图 9-21 所示。

报表日期	公司名称	营业毛利率_行业	营业净利率_行业	总资产净利率_行业	净资产收益率_行业
2022-12-31	桃李面包	0.24	0.10	0.10	0.13
2021-12-31	桃李面包	0.26	0.12	0.13	0.16
2020-12-31	桃李面包	0.30	0.15	0.16	0.21
2019-12-31	桃李面包	0.40	0.12	0.15	0.19
2022-12-31	元祖股份	0.60	0.10	0.09	0.17
2021-12-31	元祖股份	0.62	0.13	0.12	0.22

总共32行数据，仅显示前10行数据

图9-21 行业盈利能力指标

然后在"关系"页签新建"幸福蛋糕盈利能力指标"的"报表日期"字段与"行业盈利能力指标"的"报表日期"字段"一对多"的关系，并保存。

3. 数据分析

(1) 营业毛利率趋势及与同行业的对比。在轻分析主界面进入该业务主题的数据斗方模块，设置图表类型为"折线图"，选择"幸福蛋糕盈利能力指标"中的"报表日期"字段拖入横轴，选择计算出的"营业毛利率_幸福蛋糕"字段拖入纵轴，选择"行业盈利能力指标"中的"营业毛利率_行业"字段拖入纵轴，注意行业指标的度量需要选择"平均"，由于行业数据为2019—2022年，可以将2017—2018年的数据筛选去掉，选择"数据标签"复选框，将数字格式设置为百分比，操作界面如图9-22所示。

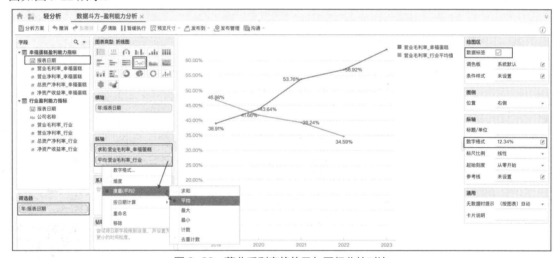

图9-22 营业毛利率趋势及与同行业的对比

(2) 营业净利率趋势及与同行业的对比。将上一步骤中纵轴替换为幸福蛋糕和烘焙行业的营业净利率即可。

(3) 总资产净利率趋势及与同行业的对比。将上一步骤中纵轴替换为幸福蛋糕和烘焙行业的总资产净利率即可。

(4) 净资产收益率趋势及与同行业的对比。将上一步骤中纵轴替换为幸福蛋糕和烘焙行业的净资产收益率即可。

4. 分析结果解读

受疫情等环境因素的影响，行业的各项盈利能力指标在2019—2022年均呈下降趋势，但幸福蛋糕的营业毛利率逐年增长，如图 9-23 所示。根据案例企业背景，幸福蛋糕依靠数字化技术，洞察消费者需求，提高供应链效率，塑造了幸福西饼的核心竞争力。传统线下烘焙业，面包都是做好了等客人来买，当天卖不出去，产品报废，每天都存在 10% 左右的损耗。幸福蛋糕通过数字化技术可以对卖出面包的种类、个数进行统计，对买面包的用户打标签，依据数据来指导生产，做到精准库存，极大地降低了营业成本，提高了营业毛利率。

但是幸福蛋糕的营业净利率却低于行业水平，在营业毛利率逐年增长并逐步高于行业水平的情况下，低于行业的营业净利率说明幸福蛋糕的期间费用的管控较差，以及投资收益及其他收益情况弱于行业平均水平，应进一步分析期间费用与其他收益情况，找出具体的问题并加以改进。

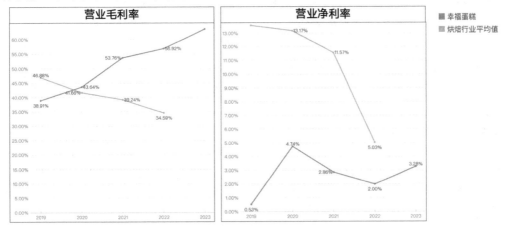

图 9-23　营业毛利率及营业净利率对比分析

如图 9-24 所示，幸福蛋糕的总资产净利率与净资产收益率在 2020—2022 年的趋势与行业平均水平一致，但各年均低于行业平均水平，说明幸福蛋糕的总资产与净资产赚取收益的能力不及行业其他公司。幸福蛋糕对资产的利用效率不高，对股东权益的回报水平较低，应进一步分析各项资产的运营情况，以优化资产配置和财务结构，改进盈利模式。

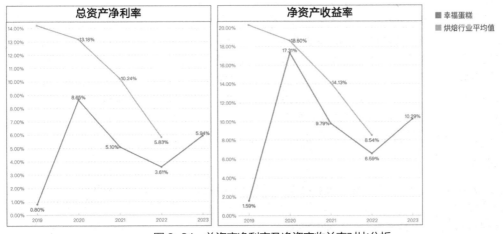

图 9-24　总资产净利率及净资产收益率对比分析

拓展练习

(1) 从各项盈利能力指标的影响因素逐项分析烘焙行业盈利指标逐年下降的原因。

(2) 依据上述分析模式，利用金蝶大数据平台爬取一个上市公司及所在行业的财务报表，经处理后分析其盈利能力。

9.4 发展能力分析

衡量企业发展能力的指标主要有营业收入增长率、总资产增长率、营业利润增长率、资本保值增值率和所有者权益增长率等,各指标计算公式为

$$营业收入增长率 = (本年营业收入 - 上年营业收入) / 上年营业收入 \times 100\%$$
$$总资产增长率 = (年末资产总额 - 年初资产总额) / 年初资产总额 \times 100\%$$
$$营业利润增长率 = (本年营业利润 - 上年营业利润) / 上年营业利润总额 \times 100\%$$
$$资本保值增值率 = 扣除客观因素影响后的期末所有者权益 \div 期初所有者权益 \times 100\%$$
$$所有者权益增长率 = (年末所有者权益 - 年初所有者权益) / 年初所有者权益 \times 100\%$$

【案例背景】

幸福蛋糕自2015年开放品牌合作,以城市合伙人为主的形式进行扩张,目前已覆盖全国300多个城市。在2023年战略发布会上,幸福蛋糕董事长提出战略目标:成立1000家新零售门店,实现百亿营收。

过去几年,幸福蛋糕在营销方面多方发力,实现了营业收入的高速增长。例如自2016年起,幸福蛋糕开始"造节"行动,2017年9月创办"910幸福狂欢节",通过请全国人民免费吃蛋糕取得良好的营销效果,当日销售额破千万;另外幸福蛋糕通过数字技术挖掘儿童专属蛋糕这一市场空缺,于2018年与国内多个知名动画IP签订合作协议,攻占尚属空缺的正版授权儿童蛋糕市场;2022年推出自烤面包系列热销产品,让客户在家吃上新鲜现烤面包。

在2024年幸福蛋糕提出三大品牌升级:一是配送时效升级,全城快至59分钟送达;二是服务升级,客户不满意无理由退货;三是产品升级,产品配方升级为超软蛋糕坯。通过大力整合线上线下渠道资源,依托现做蛋糕和自烤烘焙双核驱动体系,链接更多终端市场,进而下沉全国县镇乡村、布局千城万店。

幸福西饼将实施四大提升行动:一是提升产品力,幸福西饼将持续在产品配方、配送服务和购买体验方面进行升级,让消费者随时随地都能享用更新鲜、更绿色、更安全、更健康的烘焙食品;二是提升品牌力,通过品牌代言人官宣及后续系列媒体宣传,展现幸福西饼的品牌价值,与消费者建立有深度、有温度的信任链接,全面提升幸福西饼的知名度与影响力;三是提升数字化水平,借助人工智能等新技术持续开展全链条数字化建设,不断提高企业生产经营效率的同时,助推烘焙行业数字化转型发展;四是提升供应链能力,依托全国两大智能生产中心和七大仓储物流中心,优化供应链服务,提高供应链效率和灵活性,降低供应链成本,以更好地满足市场的需求。

幸福蛋糕的管理层想要评估其战略目标的可行性,但提升行动的效果难以评估,因此要求财务分析团队基于历史财务数据评估企业的发展能力及在同行业所处的水平。

1. 确定分析目标

根据案例背景,需要对幸福蛋糕的发展能力进行描述性分析,可以确定本案例的具体分析目标如下。

(1) 营业收入增长率趋势及与同行业的对比。
(2) 总资产增长率趋势及与同行业的对比。
(3) 营业利润增长率趋势及与同行业的对比。
(4) 资本保值增值率趋势及与同行业的对比。
(5) 所有者权益增长率趋势及与同行业的对比。

2. 采集和处理数据

根据计算公式，幸福蛋糕的营业收入增长率、营业利润增长率可以从利润表中获取数据直接绘图，总资产增长率、所有者权益增长率可以从资产负债表中获取数据直接绘图，但行业指标和资本保值增值率指标涉及多个报表项目的期初和期末金额计算，为简便操作，可以全部通过编写 MySQL 查询语句采集并统计需要的数据。

在轻分析数据建模中进入"自定义 SQL"，首先统计幸福蛋糕的发展能力指标，命名为"幸福蛋糕发展能力指标"，编写 MySQL 查询代码如下：

```
SELECT
    a.报表日期,
    (a.其中：营业收入 -b.上期营业收入)/b.上期营业收入 AS 营业收入增长率_幸福蛋糕,
    (a.`三、营业利润(损失以"-"号填列)`-b.上期营业利润)/b.上期营业利润 AS 营业利润增长率_幸福蛋糕,
    (c.资产总计 -d.上期总资产)/d.上期总资产 AS 总资产增长率_幸福蛋糕,
    c.所有者权益(或股东权益)合计 /d.上期净资产 AS 资本保值增值率_幸福蛋糕,
    (c.所有者权益(或股东权益)合计 -d.上期净资产)/d.上期净资产 AS 所有者权益增长率_幸福蛋糕
FROM
    利润表_幸福蛋糕 a,
    (SELECT DATE_ADD(报表日期, INTERVAL 1 YEAR) AS 报表日期,
        其中：营业收入 AS 上期营业收入,
        `三、营业利润(损失以"-"号填列)` AS 上期营业利润
    FROM 利润表_幸福蛋糕) b,
    资产负债表_幸福蛋糕 c,
    (SELECT DATE_ADD(报表日期, INTERVAL 1 YEAR) AS 报表日期,
        资产总计 AS 上期总资产,
        所有者权益(或股东权益)合计 AS 上期净资产
    FROM 资产负债表_幸福蛋糕) d
WHERE
    a.报表日期 =b.报表日期 AND a.报表日期 =c.报表日期 AND a.报表日期 =d.报表日期
```

MySQL 查询代码 9.4-1

运行完成后，得到幸福蛋糕的指标计算结果，如图 9-25 所示。

报表日期	营业收入增长率_幸福蛋糕	营业利润增长率_幸福蛋糕	总资产增长率_幸福蛋糕	资本保值增值率_幸福蛋糕	所有者权益增长率_幸福蛋糕
2018-12-31	1.29	2.05	0.64	1.90	0.90
2019-12-31	0.20	-0.86	0.14	1.02	0.02
2020-12-31	0.33	20.73	0.08	1.17	0.17
2021-12-31	0.06	-0.30	0.09	1.10	0.10
2022-12-31	0.06	-0.33	0.00	1.09	0.09
2023-12-31	0.04	0.80	0.07	1.09	0.09

总共7行数据

图 9-25 幸福蛋糕发展能力指标

参照上述操作编写 MySQL 查询代码得到行业发展能力指标的计算结果，命名为"行业发展能力指标"，查询代码如下：

```sql
SELECT
    a.报表日期,
    (a.营业收入 -b.上期营业收入)/b.上期营业收入 AS 营业收入增长率_行业,
    (a.营业利润 -b.上期营业利润)/b.上期营业利润 AS 营业利润增长率_行业,
    (c.资产总计 -d.上期总资产)/d.上期总资产 AS 总资产增长率_行业,
    c.`所有者权益(或股东权益)合计`/d.上期净资产 AS 资本保值增值率_行业,
    (c.`所有者权益(或股东权益)合计` -d.上期净资产)/d.上期净资产 AS 所有者权益增长率_行业
FROM
    利润表_烘焙行业 a,
    (SELECT DATE_ADD(报表日期, INTERVAL 1 YEAR) AS 报表日期,
            公司名称,
            营业收入 AS 上期营业收入,
            营业利润 AS 上期营业利润
     FROM 利润表_烘焙行业) b,
    资产负债表_烘焙行业 c,
    (SELECT DATE_ADD(报表日期, INTERVAL 1 YEAR) AS 报表日期,
            公司名称,
            资产总计 AS 上期总资产,
            `所有者权益(或股东权益)合计` AS 上期净资产
     FROM 资产负债表_烘焙行业) d
WHERE
    a.报表日期 =b.报表日期  AND a.报表日期 =c.报表日期  AND a.报表日期 =d.报表日期
    AND a.公司名称 =b.公司名称  AND a.公司名称 =c.公司名称  AND a.公司名称 =d.公司名称
```

MySQL 查询代码 9.4-2

运行完成后,得到行业各项发展能力指标,如图 9-26 所示。

报表日期	营业收入增长率_行业	营业利润增长率_行业	总资产增长率_行业	资本保值增值率_行业	所有者权益增长率_行业
2022-12-31	0.06	-0.16	0.10	1.02	0.02
2021-12-31	0.06	-0.14	0.06	1.02	0.02
2020-12-31	0.06	0.31	0.10	1.29	0.29
2019-12-31	0.17	0.05	0.33	1.09	0.09
2022-12-31	0.00	-0.20	0.02	1.02	0.02
2021-12-31	0.12	0.14	0.21	1.07	0.07

总共32行数据,仅显示前10行数据

图 9-26 行业发展能力指标

然后在"关系"页签新建"幸福蛋糕发展能力指标"的"报表日期"字段与"行业发展能力指标"的"报表日期"字段"一对多"的关系,并保存。

3. 数据分析

(1) 营业收入增长率趋势及与同行业的对比。在轻分析主界面进入该业务主题的数据斗方模块,设置图表类型为"折线图",选择"幸福蛋糕发展能力指标"中的"报表日期"字段拖入横轴,选择计算出的"营业收入增长率_幸福蛋糕"字段拖入纵轴,选择"行业发展能力指标"中的"营业收入增长率_行业"字段拖入纵轴,注意行业指标的度量需要选择"平均",由于行业数据为 2019—2022 年,可以将 2017—2018 年的数据筛选去掉,选择"数据标签"复选框,将数字格式设置为百

分比，操作界面如图 9-27 所示。

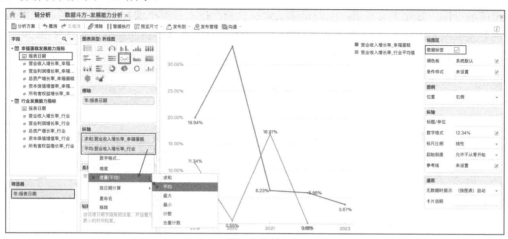

图 9-27　营业收入增长率趋势及与同行业对比分析

(2) 总资产增长率趋势及与同行业的对比。将上一步骤中纵轴替换为幸福蛋糕和烘焙行业的总资产增长率即可。

(3) 营业利润增长率趋势及与同行业的对比。将上一步骤中纵轴替换为幸福蛋糕和烘焙行业的营业利润增长率即可。

(4) 资本保值增值率趋势及与同行业的对比。将上一步骤中纵轴替换为幸福蛋糕和烘焙行业的资本保值增值率即可。

(5) 所有者权益增长率趋势及与同行业的对比。将上一步骤中纵轴替换为幸福蛋糕和烘焙行业的所有者权益增长率即可。

4．分析结果解读

营业收入与营业利润的增长率指标如图 9-28 所示，短期的经营业绩受各种因素的影响，其增长率波动幅度较大，行业平均指标的波动幅度相对较小。幸福蛋糕的营业收入增长率自 2020 年逐年降低，增速下降；行业平均营业利润增长率逐年下降，幸福蛋糕的营业利润增长率在 2021—2022 年下降，在 2023 年度有所增长。整体而言，幸福蛋糕的营业收入与营业利润增幅不稳定，也说明了其经营存在一定风险，通过与行业平均水平的对比，排除了外部因素的影响，幸福蛋糕应更多审视内部经营的稳定性。

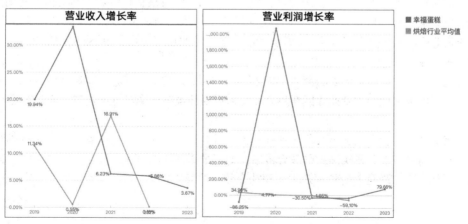

图 9-28　营业收入与营业利润增长率对比分析

总资产增长率、资本保值增值率、所有者权益增长率与同行业的对比如图9-29所示,总资产增长率整体水平低于行业平均水平,主要是幸福蛋糕在资产投入方面不及行业其他公司,上市公司有更多的筹资手段新增资产投入;资本保值增长率和所有者权益增长率由于行业平均水平在2022年有大幅下降,幸福蛋糕的这两个指标在2022年略高于行业平均水平,实现了股东权益价值的增长。

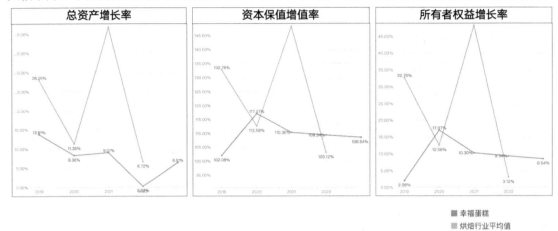

图9-29 资产权益类发展能力指标对比分析

拓展练习

依据上述分析模式,利用金蝶大数据平台爬取一个上市公司及所在行业的财务报表,经处理后分析其发展能力。

课程思政

在财务管理的世界里,企业的健康发展犹如一棵参天大树,其根系的扎实、枝叶的繁茂、果实的丰盈及不断向上的生长力,分别对应着财务分析中的四大能力指标——偿债能力、营运能力、盈利能力和发展能力。

偿债能力是企业"扎根"的深度,反映的是企业偿还短期债务和长期债务的能力。如同树根深入土壤汲取养分,企业必须保持良好的现金流与适度的负债结构,才能在经济环境变化中稳如磐石,抵御可能的金融风险。

营运能力如同树干输送营养的动力系统,考察的是企业运用各项资产产生经济效益的效率。高效的运营周转能力意味着企业的资源得以有效利用,为持续发展提供源源不断的内在驱动力。

盈利能力就好比树叶进行光合作用产生的果实,它体现的是企业在一定时期内获取利润的水平,是企业生存和发展的直接保障。提升盈利能力要求企业在市场竞争中不断创新,优化产品结构,提高市场占有率。

发展能力则是大树向上生长的潜力,体现在企业的规模扩大、市场份额增长及创新能力等方面。只有具备强劲的发展能力,企业才能在瞬息万变的市场环境中实现可持续发展,成长为行业内的领军者。

【思考】如何将社会主义核心价值观融入企业财务管理,使企业在追求经济效益的同时,注重社会责任与可持续发展?在实际的财务分析中,如何平衡偿债能力、营运能力、盈利能力和发展能力这四大指标,以实现企业价值的最大化和社会效益的最优化?

第4篇

财务预测与风险分析

第10章 财务预测分析

↗ **学习目标**

1. 了解财务预测分析的主要内容
2. 熟悉时间序列模型的分析应用
3. 掌握销售、采购、资金的联动关系

↗ **学习导图**

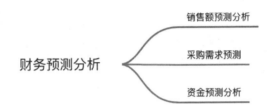

10.1 销售额预测分析

时间序列是按照时间顺序排列的一系列数据点，如股票价格、销售量、气温等，时间序列模型则是一类用于分析和预测时间序列数据的数学模型，旨在捕捉数据中的趋势、季节性和周期性等模式，以便更好地理解数据的演变规律，并对未来进行预测。常见的时间序列模型包括 ARIMA、SARIMA、Prophet 等。

ARIMA 是一种广泛用于时间序列分析和预测的统计模型，通过对时间序列数据进行差分来使其平稳，然后使用自回归和移动平均来捕捉数据的结构，适用于需要处理趋势和季节性的平稳或近似平稳时间序列数据。

SARIMA 是 ARIMA 模型的扩展，在 ARIMA 的基础上引入了季节性部分，专门用于处理具有季节性变化的时间序列数据，更适用于具有季节性变化的时间序列数据，如每月销售量、季度财务报告等。

Prophet 模型使用可加性模型来组合趋势、季节性和节假日效应，同时考虑数据中的异常值。Prophet 模型专门设计用于处理具有趋势、季节性和节假日效应的数据，适用于处理具有多种影响因素的时间序列数据，如销售数据、用户活动等。

【案例背景】

接近年底，幸福蛋糕预算部需要编制 2024 年预算，根据预算编制流程从销售收入开始预算编制工作。在过去，预算部通常以上年的销售额为基础采取增量预算的方式获得销售收入预算数据，但每年预算分析时发现预算数据与实际数据差异较大，销售收入的预算偏差同时造成生产预算、采购预算和资金预算的偏差，给次年的工作带来较大障碍，甚至造成预算和计划工作逐步流于形式，与实际工作脱节的严重后果。

今年预算部引进了一名刚大学毕业的新同事小新,提到可以利用大数据技术对次年的销售额进行预测,以得到更准确的销售数据。根据历史经验,节日场景对蛋糕的销售有着强有力的提振效果,中秋节、国庆节、母亲节等节日蛋糕产品销量提振明显。因此幸福蛋糕的销售额情况存在明显的季节性特点,例如三季度由于节假日较多,加上幸福蛋糕的"造节"行动,2017年9月创办"910幸福狂欢节",通过请全国人民免费吃蛋糕取得良好的营销效果,当日销售额破千万。这些场景使得三季度的销量一直居于全年最高,四季度和二季度次之,而一季度使用蛋糕的节日场景较少,销售额全年最小。

更有趣的是,小新发现公司的主打产品生日蛋糕的销量存在比较明显的季节性特点,而这与人口出生的季节性特点刚好相吻合,根据王丹寅等撰写的《中国出生人口的季节性模式分析》,3~6月是出生淡季,冬季出生人口明显多于夏季,10~12月出生人口所占比重较高,是出生高峰月。

近几年来,公司销售业务逐渐趋于稳定发展,受其他因素的干扰较少,预计2024年仍然延续历史数据中表现出来的季节性波动规律。

1. 确定分析目标

根据案例背景,预算部的目的是取得2024年的销售额预测数据用来编制收入预算。因此分析目标是对销售额进行预测性分析,但在此之前需要对历史数据进行描述性分析,以找规律的分析思路对未来进行预测。

2. 数据采集

根据分析目标,需要对历史的销售额数据进行分析,如果采用时间序列模型进行预测分析时,数据应是带有日期的历史销售额数据,数据表的格式如表10-1所示。

表 10-1 销售季报

日期	销售额
2015/3/31	43 735 780.42
2015/6/30	54 797 696.71
2015/9/30	61 434 846.49
……	……

3. 数据分析

根据案例背景,幸福蛋糕的销售额存在明显的季度性规律,专门用于处理具有季节性变化的时间序列数据 SARIMA 模型更适用于该场景。该模型分析可以通过金蝶大数据平台的数据挖掘模块进行分析。在该模块下选择"Python 数据挖掘"选项,在代码框编写挖掘代码(可参考 Python 代码10.1中),导入采集的表10.1,然后单击"构建模型"按钮,如图10-1所示。

表 10.1 销售季报

Python 代码 10.1 SARIMA 模型预测销售额

图 10-1　SARIMA 模型分析

运行完成后，可以看到历史数据的波动趋势如图 10-2 所示，与案例背景中所描述的规律相符，特别是近几年来销售业务稳定后，图形呈现出来的季节波动规律更为明显。

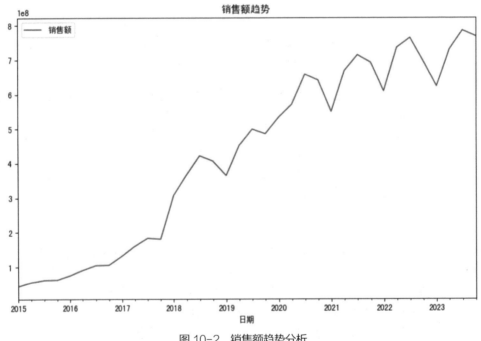

图 10-2　销售额趋势分析

2024 年的销售额预测结果如图 10-3 所示，图形中的红色部分是预测结果，延续了历史数据的季节性波动规律，预算的数据可以单击"下载表格"按钮进行下载。

4. 预测结果分析

根据预测结果，2024 年预计可实现销售额 31.22 亿元，其中一季度 6.84 亿元，二季度 8.02 亿元，三季度 8.41 亿元，四季度 7.94 亿元。

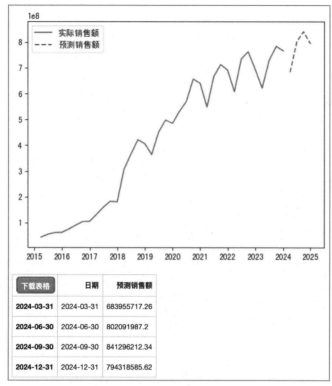

销售额预测分析：数据采集、数据分析、预测结果分析

图 10-3 销售额预测结果

拓展练习

本节销售额预测的是每季度的销售额，但是对于门店而言，预测次日的产品销售量是更为迫切需要的。幸福蛋糕的总裁曾在会议上提到，面包跟茶饮不一样，一杯饮料下单了马上就能做，生产周期短，可以即买即拿。而一个面包的生产周期要4个小时，售卖却只有10个小时，生产无法对应客户需求。面包类产品由于其生产和消费的特殊性，整个行业浪费率10%以上。因此如何有效的预测次日销量来安排生产是减少面包浪费的有效途径之一。

在网上查找相关资料，找出恰当的预测模型及需要采集的数据，构建模型对门店产品以日为单位进行销售预测。

10.2 采购需求预测

【案例背景】

幸福蛋糕的门店为了更好地规划运营，会按月滚动编制产品的销售预算，由于生产过程简单，不存在产品及库存商品，因此可以根据销售预算及原料库存情况编制采购预算。

2024年2月底，幸福-88门店的店长正在规划下个月的原料采购，假设2024年2月底的材料库存刚好保持在安全库存，即采购量为根据2024年3月销售预算的原料需用量。

1. 确定分析目标

根据案例背景，需要帮助幸福-88门店的店长制定2024年3月的采购预算。采购预算至少需要制定采购的材料名称、数量和金额，采购材料的数量基于销售预算，除了预算的销售数量，还需要取得产品的材料用量及价格。

2. 数据采集与处理

根据确定的分析目标，需要获取的数据包括产品的销售预测数据和每个产品的材料用量及价格，在数据库中"销量预测表(幸福-88)""原料标准用量及价格表"提供了上述信息，注意销量预测表中我们只需要获取 2024 年 3 月的预测数据。为简便数据处理，可以利用 MySQL 统计数据。

在轻分析主界面新建业务主题，观察数据表的格式，在数据建模通过 MySQL 新建数据表，命名为"采购预算"，编写查询代码如下：

```
SELECT
    用料,
    SUM(总用量) AS 采购量,
    SUM(金额) AS 采购金额
FROM
    (SELECT
        a.商品名称,
        a.用料,
        a.标准用量 * b.预测销量 AS 总用量,
        a.标准用量 * b.预测销量 * a.价格 AS 金额
    FROM
        原料标准用量及价格表 a
    JOIN
        (SELECT * FROM `销量预测表(幸福-88)` WHERE 期间 = '2024-3-31') b
    ON
        a.商品名称 = b.商品名称) subquery
GROUP BY 用料
```

完成后，生成查询数据表如图 10-4 所示，保存后并退出数据建模。

用料	采购量	采购金额
奶油	643.14	64,314.00
小麦粉	240.22	2,402.15
巧克力	41.53	8,306.00
干酪	28.23	2,822.50
果酱	8.82	264.60
榴莲	24.78	2,973.60

总共22行数据，仅显示前10行数据

图 10-4　采购预算数据表

3. 数据分析

在轻分析模块进入与数据建模同一个业务主题的数据分析，设置图表类型为"表格"，在通过 MySQL 新建的数据表"采购预算"下拉列表中选择"用料"字段拖入行，选择"采购量""采购金额"字段拖入数值区域，在"设置"菜单中选择"合计"|"显示列总计"选项，统计的采购需求预测可以在菜单栏导出为 EXCEL 文件，操作界面如图 10-5 所示。

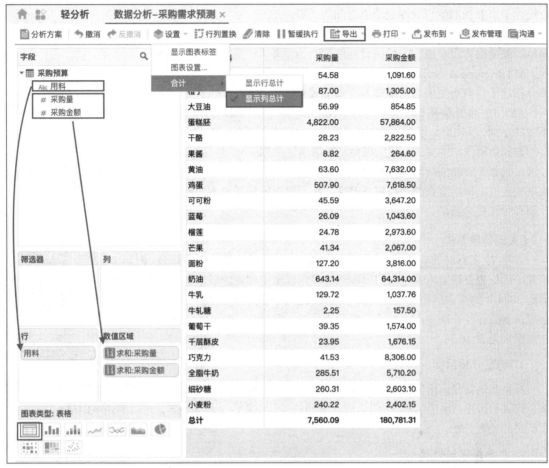

图 10-5　采购需求预测

4. 预测结果分析

根据预测分析，2024 年 3 月需要采购的材料明细如图 10-5 所示，采购总金额为 18.08 万元。需要注意的是上述预算完全按照销售预测进行采购，应审查期初库存是否存在余量或安全库存是否足够，另外，还需要注意芒果、蓝莓等新鲜物料的保质期间，采用分批采购或分批送货的方式进行。

▣ 拓展练习

如果 2023 年 12 月底的原料库存量刚好保持在安全库存，那么幸福-88 门店每个月都按照销售预测调整期初库存来制定采购计划，根据"销量预测表(幸福-88)"中 2024 年 1~3 月的预测数据、"实际销量表(幸福-88)"中 2024 年 1~2 月的实际销量测算 2024 年 3 月应调整的材料采购量，结合"原料标准用量及价格表"制定 2024 年 3 月采购预算。

10.3　资金预测分析

ARIMA(差分整合移动平均自回归模型)是一种常用于时间序列分析和预测的统计方法。ARIMA 模型主要用于捕捉时间序列数据中的趋势和季节性成分。ARIMA 模型是由自回归(AR)、差分(I)和移动平均(MA)三个组成部分构建而成：

AR(AutoRegressive)：表示自回归，模型使用过去时间点的观测值来预测未来的观测值。AR 部分描述了当前观测值与前期观测值之间的关系。

I(Integrated)：表示差分，指的是对时间序列进行差分操作，即对当前观测值与前一个观测值的差值。差分操作用于使非平稳的时间序列变为平稳。

MA(Moving Average)：表示移动平均，模型使用过去时间点的误差值来预测未来的观测值。MA部分描述了当前观测值与前期误差之间的关系。

ARIMA 的原理基于时间序列的平稳性和趋势性。平稳时间序列是指均值和方差在时间上保持不变的序列。ARIMA 模型通过对非平稳时间序列进行差分操作，使其变得平稳。然后，通过观察自回归和移动平均的模式，建立模型，最终用于预测未来的时间点。ARIMA 模型广泛应用于金融、经济、气象等领域的时间序列分析和预测，例如用于分析和预测企业的现金流，通过对历史现金流数据的建模，识别潜在的趋势和季节性，从而更准确地预测未来的现金流，以便于制定有效的财务计划和管理资金流动。

【案例背景】

幸福-77 运营时间较长，经营模式较为成熟，每个季度编制财务报表。时至 2023 年底，店长想要确定未来一年的现金流情况，以制定相关的股东和员工分红政策，确定 2024 年的重大营销等方面支出。店长委托财务分析团队根据过去数年的季度现金流量表进行经营现金流入与流出的预测分析。幸福-77 自 2016—2023 年的季度现金流量表见表 10.3。

表 10.3 现金流量单季度报表(幸福-77)

1. 确定分析目标

根据案例背景，需要帮助幸福-77 的店长根据过去的季度现金流量表预测 2024 年各季度的经营现金流入与流出，由于幸福-77 门店运营时间较长，经营资金较为稳定，可以利用 ARIMA 时间序列模型进行预测分析。

2. 数据采集与处理

根据案例背景，下载给出的数据表"表 10.3 现金流量单季度报表(幸福-77)"，表格格式如图 10-6 所示。

	A	B	C	D	E	F	G	H	I	J	K	L	M	N	O
1	报表日期	一、经营活动产生的现金流量：	销售商品、提供劳务收到的现金	收到的税费返还	收到其他与经营活动有关的现金	经营活动现金流入小计	购买商品、接受劳务支付的现金	支付给职工及为职工支付的现金	支付的各项税费	支付其他与经营活动有关的现金	经营活动现金流出小计	经营活动产生的现金流量净额	二、投资活动产生的现金流量：	收回投资收到的现金	取得投资收益收到的现金
2	2016-03-31 00:00:00		1628355.879		313.1346	1628669.014	194784.95	16832.2364	324436.7713	43826.615	579880.5727	1048788.441			
3	2016-06-30 00:00:00		16723.862			16723.862	58563.43	31975.9289	295516.4373	13176.7717	399232.5679	-382508.7059			
4	2016-09-30 00:00:00		276436.76			276436.76	12346.54	366794.48	29541.6312	2777.972	411460.6232	-135023.8632			
5	2016-12-31 00:00:00		224389.32			224389.32	100766.07	17338.9292	329233.3145	22672.567	470010.6807	-245621.3607			
6	2017-03-31 00:00:00		17922.647		348.7899	18271.4369	502931.49	113553.618	378.8464	513159.585	1129823.539	-1111552.103			
7	2017-06-30 00:00:00		1158929.482			1158929.482	948806.41	181422.1928	3437.6863	213481.4411	1347147.73	-188218.2482			
8	2017-09-30 00:00:00		318583.218		71379.3	389962.518	366324.23	327716.764	82634.5641	82422.9519	859098.51	-469135.992			
9	2017-12-31 00:00:00		2398624.287		26662.47	2425286.757	616967.25	414759.912	639.421531	138817.632	1171184.216	1254102.541			
10	2018-03-31 00:00:00		191213.578		93912.9	285126.478	163176.52	427456.644	5589.794	36714.7167	632937.6747	-347811.1967			

图 10-6 现金流量单季度报表(幸福-77)

3. 数据分析

根据分析目标，利用 ARIMA 模型更适用于该场景。该模型分析可以通过金蝶大数据平台的数据挖掘模块进行分析。在该模块下选择"python 数据挖掘"选项，在代码区编写 ARIMA 模型代码(可参考 Python 代码 10.3)，导入表 10.3，然后单击"构建模型"按钮，如图 10-7 所示。

Python 代码 10.3 ARIMA 资金预测分析

图 10-7　ARIMA 资金预测分析

可视化分析历史及预测的经营现金流入与流出折线图如图 10-8 所示。

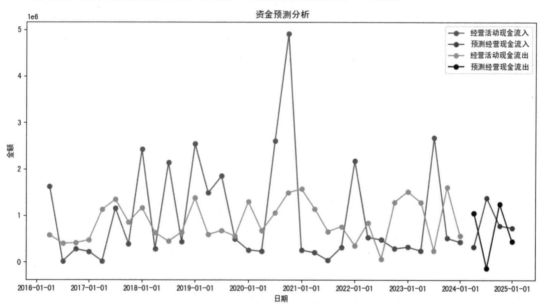

图 10-8　经营现金流入与流出预测分析折线图

2024 年经营现金流量预测结果如图 10-9 所示。

下载表格	经营活动现金流入	经营活动现金流出	经营现金净流量
2024-03-31	326120.24	1066174.71	-740054.47
2024-06-30	1387195.24	-127033.35	1514228.59
2024-09-30	785494.38	1255860.18	-470365.80
2024-12-31	736970.83	443804.90	293165.93

图 10-9　经营现金流量预测结果

4. 预测结果分析

根据图 10-9 的预测分析结果，2024 年第一季度、第三季度预计经营现金流量为负值，特别是第一季度，在年底分配股利时应考虑整体的现金流量是否充裕，细化资金预算，以避免出现资金断裂的情况。

↗ 拓展练习

(1) 爬取桃李面包现金流量季报表，基于时间序列对桃李面包 2024 年的经营现金流量进行预测。

(2) 如果基于销售、采购等业务的预测情况对资金进行更精准的测算，应当考虑哪些因素。

↗ 课程思政

在本章课程中，我们学习了基于时间序列的销售额预测、资金预测及基于销售预测的采购需求预测等核心内容。通过实践操作和理论学习，去理解并掌握运用科学方法对未来财务状况进行预判的重要性，强调数据驱动决策在企业财务管理中的基石作用。

财务预测分析是企业智慧的结晶，是企业决策者对经济环境、市场趋势和内外部因素的深刻洞察。通过对历史财务数据的梳理和对未来走势的合理预测，企业可以更好地规划战略，制定合理的财务目标。这不仅要求我们具备扎实的财务知识，更需要我们对社会经济形势的关注和对全球发展趋势的理解。在进行财务预测分析的过程中，我们需要充分考虑社会的可持续发展因素，如环境保护、社会公益和员工福利等。

【思考】在进行财务预测分析时，会涉及哪些社会责任？如何通过财务分析决策促进社会的可持续发展，实现经济效益和社会效益的双赢？

第 11 章 企业风险分析

📌 **学习目标**
1. 掌握利用大数据进行客户信用风险分析的应用
2. 掌握财务舞弊分析的原理与应用
3. 掌握财务困境预警的原理与应用

📌 **学习导图**

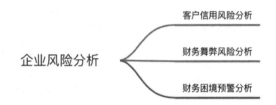

11.1 客户信用风险分析

逻辑回归(logistic regression)是一种统计学和机器学习中用于解决二分类或多元分类问题的监督学习算法。尽管名称中含有"回归"二字,但它实际上是一种分类模型,主要用于预测事件发生的概率。逻辑回归的基本原理建立在 sigmoid 函数(也称为逻辑函数)上。Sigmoid 函数的数学形式为

$$\sigma(z)=\frac{1}{1+e^{-z}}$$

其中 z 是输入的线性组合,表示为 $z = b_0 + b_1x_1 + b_2x_2 + \cdots + b_nx_n$,其中 b_0, b_1, b_2,$\cdots$, b_n 是模型参数,x_1, x_2,$\cdots$, x_n 是特征。模型的训练过程通过最大似然估计来确定参数值。逻辑回归的损失函数是对数似然损失函数,通过最小化这个损失函数来优化模型。

逻辑回归先设定一个阈值(通常为 0.5),当预测概率大于阈值时,样本被分类为正类,否则为负类。决策边界是分类的分界线。逻辑回归对于线性可分的问题表现良好。如果数据可以通过一条直线进行良好的划分,逻辑回归是一个合适的选择。金蝶大数据平台已内置逻辑回归挖掘模型。

逻辑回归广泛应用于二分类问题,如垃圾邮件分类、信用卡违约预测等。例如,通过分析客户的信用评分和历史行为,预测该客户是否会违约。

【案例背景】

幸福蛋糕 2024 年初针对应收账款的回收问题召开了专题会议,财务部门认为营销人员对应收账款的催收不力,经常需要在年底或月末,财务部门和企业客户核对账务时才催收款项。营销部门认

为有些客户根本不需要催收，如果在账期到期前催收容易引起客户反感，影响后续的合作关系。营销部门提出最好是财务部门能够筛选出很可能违约或逾期的应收账款，让营销人员有针对性地进行催收，并且这些可能违约的客户也可以作为后续信用政策制定的依据，以对坏账和逾期账款进行源头管控。

表 11.1-1
客户信用风险
建模数据

财务分析团队采集了客户近年来应收账款回款、逾期和违约的相关记录，同时将现有应收账款数据作为待预测数据，如表 11.1-1、表 11.1-2 所示。

1. 确定分析目标

根据案例背景，需要对客户的应收账款进行是否会违约的预测分析，可以使用逻辑回归算法根据历史的客户应收账款进行建模，然后利用模型对现有应收账款的违约行为进行预测。

表 11.1-2
客户信用风险
预测数据

2. 数据采集与处理

根据案例背景，下载给出的数据表"表 11.1-1 客户信用风险建模数据"，"是否违约"列中 0 表示未违约，1 表示违约，表格格式如图 11-1 所示。

	A	B	C	D	E	F	G	H	I	J
1	信用分	交易次数	逾期次数	逾期总天数	最大逾期天数	正常还款次数	交易总额	还款总额	应收账款金额	是否违约
2	125.97	30	29	973	20	1	20769	17257	3512	1
3	119.69	730	0	0	0	730	1522853	1522853	0	0
4	105.26	541	242	2671	1391	299	1117381.4	698718	418663.4	1
5	108.99	506	87	875	185	419	537675.6	480712	56963.6	0
6	142.88	934	395	3708	549	539	457566.6	448743	8823.6	1
7	79.43	722	110	760	143	612	1011305.4	913606	97699.4	0

图 11-1　客户信用风险建模数据

下载数据表"表 11.1-2 客户信用风险预测数据"，表格格式如图 11-2 所示，"是否违约"列为待预测数据。

	A	B	C	D	E	F	G	H	I	J
1	信用分	交易次数	逾期次数	逾期总天数	最大逾期天数	正常还款次数	交易总额	还款总额	应收账款金额	是否违约
2	118.26	546	196	2941	280	350	364182	249592	114590	
3	138.88	716	91	874	375	625	304658	285417	19241	
4	103.5	568	274	4251	767	294	1197968.8	1037141	160827.8	
5	79.53	768	204	973	371	564	1391923.2	1319832	72091.2	
6	121.45	406	155	734	232	251	347373.6	259373	88000.6	
7	80.51	71	7	151	10	64	141417.8	128163	13254.8	

图 11-2　客户信用风险预测数据

3. 数据分析

登录大数据处理平台，选择"大数据挖掘"|"分类"|"逻辑回归"选项，导入采集的"表 11.1-1 客户信用风险建模数据"，然后单击"模型构建"按钮，如图 11-3 所示。

构建模型完成后，可在数据挖掘展示区看到数据可视化结果，如图 11-4 所示，从图中可以看出，客户各项特征数据在各维度上的分布。根据评估，该数据模型在测试数据集中的准确度为 0.9649，具有较好的性能。

然后单击"数据预测"按钮，导入采集的数据表"表 11.1-2 客户信用风险预测数据"，如图 11-5 所示。

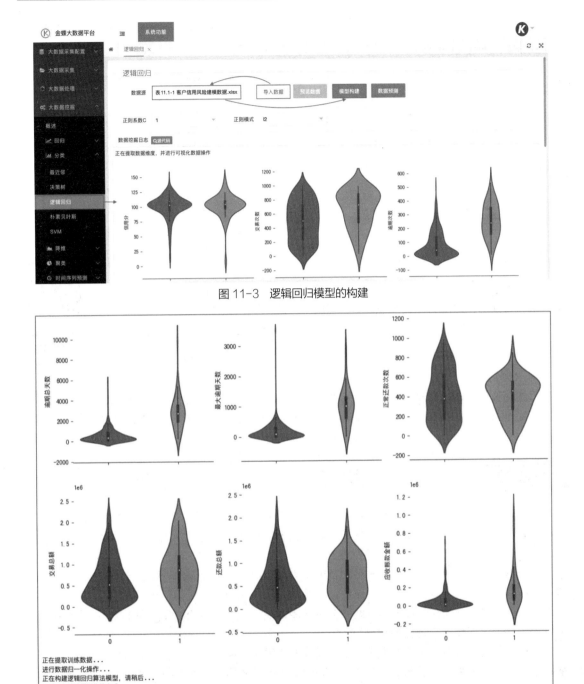

图 11-3　逻辑回归模型的构建

图 11-4　特征分布及模型性能

逻辑回归

图 11-5　违约风险预测

导入完成后，根据已构建的模型得到预测数据，单击"下载表格"按钮，可将生成的结果下载到 Excel 中，如图 11-6 所示。

下载表格	信用分	交易次数	逾期次数	逾期总天数	最大逾期天数	正常还款次数	交易总额	还款总额	应收账款金额	是否违约
0	118.26	546	196	2941	280	350	364182.0	249592	114590.0	1
1	138.88	716	91	874	375	625	304658.0	285417	19241.0	0
2	103.5	568	274	4251	767	294	1197968.8	1037141	160827.8	1
3	79.53	768	204	973	371	564	1391923.2	1319832	72091.2	0
4	121.45	406	155	734	232	251	347373.6	259373	88000.6	0
5	80.51	71	7	151	10	64	141417.8	128163	13254.8	0

图 11-6　信用风险预测结果

4．预测结果分析

根据图 11-4 所示，以逻辑回归算法构建的客户信用风险预测模型具有较好的性能，根据该模型预测现有应收账款，序号为第 0 项、第 2 项的应收账款很可能存在违约风险，形成坏账损失，如图 11-6 所示。幸福蛋糕应制定有针对性的催收措施，并收紧针对该两项应收账款客户的信用政策。

客户信用风险分析：数据采集与处理及数据分析

➚ 拓展练习

上述针对应收账款的违约风险，除了"表 11.1-1 客户信用风险建模数据"列示的信用分、历史逾期情况等因素外，还有哪些因素可能影响客户应收账款的及时回收？如何采集数据并处理为模型的特征工程。

11.2　财务舞弊风险分析

财务舞弊行为由于其发生普及、形式多样、原因复杂、隐蔽性强、社会负面影响大等特征，成为法律、审计、监管机构长期关注的问题。随着技术的发展，舞弊行为呈现主体群体化、手段隐蔽化、过程复杂化和形式智能化等新的发展态势。

企业的财务报表舞弊可能基于多种动机或压力，因此首先需要确定管理层的舞弊动机是来源于将业绩高估还是低估，对业绩的高估或低估，其构建分析模型的方式会存在较大差异，如果企业的内部控制存在缺陷，则财务舞弊的可能性会进一步增加。上市公司的财务舞弊案例中，高估财务业绩以提振股价或保住上市资格的案例更为常见。

高估企业的净利润，通过虚增收入或降低成本费用来实现，由于报表的平衡性，营业收入的虚增或成本费用的虚减也必然会引起资产负债表中资产的虚增或负债的虚减，其中以收入、成本和资产的同步虚增更为常见。财务舞弊案例中，虽然其报表平衡，甚至能够保持毛利率的相对稳定，但是由于数据的虚假性，必然会在某些指标中显示异常，以下是从近年上市公司财务舞弊案例中统计的一些常见异常现象。

（1）虚增营业收入与货币资金，但实际企业需要依靠短期借款等负债支撑经营现金的需要，因此财务报表中货币资金与短期借款呈"双高"的现象，即明明账面上有大量货币资金，却还大量贷款，通常认为是不合常理的。

（2）虚增营业收入，但实际没有现金流入，因此营业收入与经营活动产生的现金流的趋势相背离。企业确认大额收入，但没有同步的收款，此时企业通过大幅虚增应收账款实现报表的平衡。

(3) 虚增账面利润，但没有同步的经营现金净流入，使得营业利润与经营活动产生的现金流量净额相背离。

(4) 虚增应收账款或存货，造成账面营业利润大幅增长的情况下，应收账款或存货周转率持续下降。

(5) 虚增营业收入，但员工人数难以造假，使得人均营业收入显著高于同行业。

【案例背景】

2020年度董事会对管理层传达了企业战略目标及业绩要求，部分讲话摘录如下：

在未来两年内我们要大幅提高公司的业绩水平，以实现公司在资本市场公开上市，满足投资人的需求，我们已经在着手准备IPO。未来两年，我们的战略目标是达到1000家零售门店，实现百亿营收。可能有些人会觉得这个目标太过激进，其实这个目标本来在今年就该实现。但是到目前为止，我们的门店数量为500多家，营收还不到30亿元，也就是说，要实现这个目标，我们在两年内需要新开门店500家，营收要翻近4倍，我们还面临资金不足，市场竞争激烈，消费者口味变化多端，客户"消费降级"，营销难度加大等困难。

但现在的问题是，我们已经没有选择，我们的投资人期望很高，近年来一直没有分红，营收和利润增幅未达预期，投资人已经开始不满。投资人给了我们很大的压力，要么他们转让或者撤资，要么我们达到预期目标并在资本市场上市，所以这个业绩的实现不仅是为了企业更好地发展，也是我们生存下去的必要条件，关乎我们的生死存亡。这是一个硬性任务，而非可有可无的愿景。

管理层的每一位成员都必须对此负责，若两年后我们没有实现战略目标，不能满足上市要求，那么不仅公司的长远发展将受到严重制约，各位作为管理者的职业生涯也将面临前所未有的考验。我希望这不仅是警告，更是激励我们共同奋进的动力源泉。

管理层将各项业绩指标逐一层层落实到人，2018—2022年各年度的员工情况如表11-1所示。

表11-1 幸福蛋糕员工人数

年度	2018	2019	2020	2021	2022
员工人数	3550	3572	3583	3688	3703

幸福蛋糕的潜在投资人"未来资本"收到幸福蛋糕近几年的财务报表，以此为参考对幸福蛋糕进行初步分析，以评估其财务报表舞弊的可能性。

1. **确定分析目标**

根据案例背景，需要对幸福蛋糕的财务报表做初步分析，以评估其财务报表舞弊的可能性，参考近年上市公司财务舞弊案例中统计的常见异常，可以从以下具体指标进行分析。

(1) 货币资金和短期借款占总资产比与同行业对比。

(2) 营业收入与经营活动现金流入趋势对比。

(3) 营业利润与经营活动产生的现金流量净额趋势对比。

(4) 营业利润趋势及应收账款周转率、存货周转率趋势对比。

(5) 人均营业收入与对标公司对比。

2. **数据采集与处理**

分析指标取自幸福蛋糕、烘焙行业和对标企业(假设选定桃李面包)的财务报表，为便于处理，一一针对分析指标编写SQL查询代码。

(1) 货币资金和短期借款占总资产比与同行业对比。

该指标的数据取自幸福蛋糕和烘焙行业的资产负债表，首先编写幸福蛋糕的查询代码，在轻分析数据建模中进入"自定义 SQL",通过自定义 SQL 新建数据表,命名为"货币资金与短期借款分析_幸福蛋糕",代码如下:

```
SELECT
    报表日期,
    货币资金/资产总计 AS 货币资金占总资产比_幸福蛋糕,
    短期借款/资产总计 AS 短期借款占总资产比_幸福蛋糕
FROM
    资产负债表_幸福蛋糕
```

然后新建烘焙行业的查询代码,命名新建数据表为"货币资金与短期借款分析_行业",代码如下:

```
SELECT
    报表日期,
    公司名称,
    货币资金/资产总计 AS 货币资金占总资产比_行业,
    短期借款/资产总计 AS 短期借款占总资产比_行业
FROM
    资产负债表_烘焙行业
```

运行完成后的新建数据表如图 11-7 所示。

货币资金与短期借款分析_幸福蛋糕

报表日期	货币资金占总资产比_幸福蛋糕	短期借款占总资产比_幸福蛋糕
2018-12-31	0.13	0.05
2019-12-31	0.14	0.18
2020-12-31	0.08	0.18
2021-12-31	0.05	0.13
2022-12-31	0.09	0.07
2023-12-31	0.05	0.00

总共8行数据

货币资金与短期借款分析_行业

报表日期	公司名称	货币资金占总资产比_行业	短期借款占总资产比_行业
2018-12-31	广州酒家	0.50	
2022-12-31	桃李面包	0.04	0.02
2021-12-31	桃李面包	0.06	0.03
2020-12-31	桃李面包	0.13	0.04
2019-12-31	桃李面包	0.21	
2018-12-31	桃李面包	0.36	

总共40行数据,仅显示前10行数据

图 11-7 货币资金与短期借款分析数据表

然后在"关系"页签单击"新建关系"按钮,在打开的"新建关系"对话框中的左侧数据表选择"货币资金与短期借款分析_幸福蛋糕",字段选择"报表日期",右侧数据表选择"货币资金与短期借款分析_行业",字段选择"报表日期",中间关系选择"一对多"关系,单击"确定"按钮并保存。

(2) 营业收入与经营活动现金流入趋势对比、营业利润与经营活动产生的现金流量净额趋势对比。

这两项指标数据均取自于幸福蛋糕的利润表及现金流量表,可以合并查询,通过自定义 SQL 新建数据表,命名为"经营业绩与现金流量趋势对比",代码如下:

```
SELECT
    a.报表日期,
    a.其中:营业收入 AS 营业收入,
```

```
    a.'三、营业利润(损失以"-"号填列)' AS 营业利润,
    b.经营活动现金流入小计 AS 经营活动现金流入,
    b.经营活动产生的现金流量净额
FROM
    利润表_幸福蛋糕 a,
    现金流量表_幸福蛋糕 b
WHERE
    a.报表日期 = b.报表日期
```

运行完成后新建数据表如图 11-8 所示。

报表日期	营业收入	营业利润	经营活动现金流入	经营活动产生的现金流量净额
2018-12-31	1,500,027,008.00	45,556,412.00	1,703,680,255.99	113,064,133.65
2019-12-31	1,799,115,904.00	6,262,695.00	2,133,765,747.18	62,314,539.52
2020-12-31	2,399,726,080.00	136,105,568.00	2,591,485,355.94	57,436,466.03
2021-12-31	2,549,229,014.78	94,600,210.81	2,648,603,094.36	175,221,330.62
2022-12-31	2,698,613,835.05	63,094,108.13	2,700,811,454.15	146,162,977.41
2023-12-31	2,797,652,962.80	113,353,350.04	2,884,655,920.87	215,581,843.32
总共8行数据				

图 11-8 经营业绩与现金流量趋势对比数据表

(3) 营业利润趋势及应收账款周转率、存货周转率趋势对比。

该指标数据取自于幸福蛋糕的利润表与资产负债表,通过自定义 SQL 新建数据表,命名为"营业利润及应收账款周转率、存货周转率趋势",代码如下:

```
SELECT
    a.报表日期,
    a.其中:营业收入 AS 营业收入,
    a.其中:营业收入 *2 / (b.应收票据 + b.应收账款 + c.上期应收账款) AS 应收账款周转率_幸福蛋糕,
    a.其中:营业成本 *2 / (b.存货 + c.上期存货) AS 存货周转率_幸福蛋糕
FROM
    利润表_幸福蛋糕 a,
    资产负债表_幸福蛋糕 b,
    (SELECT DATE_SUB(报表日期, INTERVAL -1 YEAR) AS 报表日期,
        应收票据 + 应收账款 AS 上期应收账款,
        存货 AS 上期存货,
        流动资产合计 AS 上期流动资产,
        固定资产 AS 上期固定资产,
        资产总计 AS 上期总资产
    FROM 资产负债表_幸福蛋糕) c
WHERE
    a.报表日期 = b.报表日期
    AND a.报表日期 = c.报表日期
```

运行完成后，新建数据表如图11-9所示。

报表日期	营业收入	应收账款周转率_幸福蛋糕	存货周转率_幸福蛋糕
2018-12-31	1,500,027,008.00	19.27	65.76
2019-12-31	1,799,115,904.00	23.50	55.04
2020-12-31	2,399,726,080.00	32.49	62.22
2021-12-31	2,549,229,014.78	47.21	54.40
2022-12-31	2,698,613,835.05	49.59	40.70
2023-12-31	2,797,652,962.80	39.98	26.36

总共7行数据

图 11-9 营业利润及应收账款周转率、存货周转率趋势数据表

(4) 人均营业收入与对标公司对比。

该指标数据取自幸福蛋糕与桃李面包的利润表，另外需要添加员工人数，幸福蛋糕各年员工人数在案例背景中已经给出，但是桃李面包的员工人数需要在其年报中查询，可以在相关财经网站中查询该上市公司的各年度年报。

在年报中查询"员工情况"，找到"在职员工的数量合计"栏数据，如图 11-10 所示。

九、报告期末母公司和主要子公司的员工情况
(一) 员工情况

母公司在职员工的数量	19
主要子公司在职员工的数量	11,068
在职员工的数量合计	11,087

图 11-10 员工人数查询

查询出各年度的员工人数后通过自定义 SQL 新建数据表，命名为"人均营业收入对比分析"，代码如下：

```
SELECT
    a.报表日期,
    a.营业收入 / a.员工人数 AS 人均营业_桃李面包,
    b.营业收入 / b.员工人数 AS 人均营业_幸福蛋糕
FROM
(
    SELECT
        报表日期,
        营业收入,
        CASE
            WHEN 报表日期 = '2022/12/31' THEN 10742
            WHEN 报表日期 = '2021/12/31' THEN 11762
            WHEN 报表日期 = '2020/12/31' THEN 11877
            WHEN 报表日期 = '2019/12/31' THEN 11729
            WHEN 报表日期 = '2018/12/31' THEN 11087
            ELSE NULL
```

```
        END AS 员工人数
    FROM
        利润表_桃李面包
) a,
(
    SELECT
        报表日期,
        其中:营业收入 AS 营业收入,
        CASE
            WHEN 报表日期 = '2022/12/31' THEN 3550
            WHEN 报表日期 = '2021/12/31' THEN 3649
            WHEN 报表日期 = '2020/12/31' THEN 3671
            WHEN 报表日期 = '2019/12/31' THEN 3703
            WHEN 报表日期 = '2018/12/31' THEN 3917
            ELSE NULL
        END AS 员工人数
    FROM
        利润表_幸福蛋糕
) b
WHERE
    a.报表日期 = b.报表日期
```

运行完成后，新建数据表如图 11-11 所示。完成后保存退出。

报表日期	人均营业_桃李面包	人均营业_幸福蛋糕
2018-12-31	435,936.47	422,542.82
2019-12-31	481,175.70	503,671.87
2020-12-31	502,063.16	669,753.30
2021-12-31	538,631.33	691,222.62
2022-12-31	622,441.20	728,764.20
总共5行数据		

图 11-11 人均营业收入对比分析数据表

3. 数据分析

(1) 货币资金和短期借款占总资产比与同行业对比。

在轻分析主界面进入该业务主题的数据斗方模块，设置图表类型为"折线图"，在通过 MySQL 新建的数据表"货币资金与短期借款分析_幸福蛋糕"下拉列表中选择"报表日期"字段拖入横轴，选择"货币资金占总资产比_幸福蛋糕"字段拖入纵轴，选择"货币资金与短期借款分析_行业"中的"货币资金占总资产比_行业"字段拖入纵轴，度量选择"平均"，纵轴的数值格式设置为百分比，保存指标，操作界面如图 11-12 所示。

将纵轴替换为幸福蛋糕与烘焙行业的短期借款占总资产比指标，注意烘焙行业的指标度量需要选择"平均"，另存为指标，如图 11-13 所示。

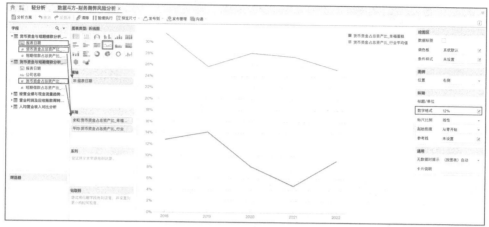

图 11-12 货币资金占总资产比与同行业对比分析

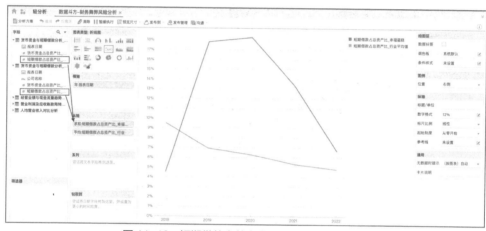

图 11-13 短期借款占总资产比与同行业对比分析

(2) 营业收入与经营活动现金流入趋势对比。

清除上一步骤的操作,设置图形类型为"折线图",在通过 MySQL 新建的数据表"经营业绩与现金流量趋势对比"下拉列表中选择"报表日期"字段拖入横轴,选择"营业收入""经营活动现金流入"字段拖入纵轴,纵轴的数值单位设置为"亿",另存为指标,操作界面如图 11-14 所示。

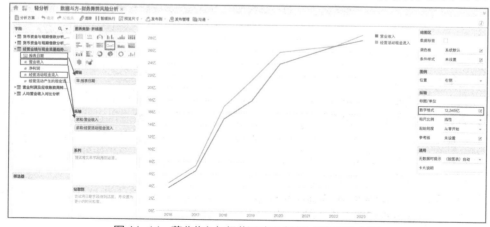

图 11-14 营业收入与经营活动现金流入趋势对比分析

(3) 营业利润与经营活动产生的现金流量净额趋势对比。

将纵轴替换为"经营业绩与现金流量趋势对比"下拉列表中"营业利润""经营活动产生的现金流量净额"字段,另存为指标,如图 11-15 所示。

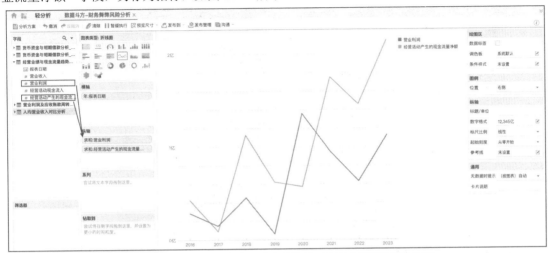

图 11-15　净利润与经营活动产生的现金流量净额趋势对比分析

(4) 营业利润趋势及应收账款周转率、存货周转率趋势。

清除上一步骤的操作,设置图形类型为"组合图",在通过 MySQL 新建的数据表"营业利润及应收账款周转率、存货周转率趋势"下拉列表中选择"报表日期"字段拖入横轴,选择"营业收入"字段拖入左轴,选择"应收账款周转率_幸福蛋糕""存货周转率_幸福蛋糕"字段拖入右轴,左轴的数值单位设置为"亿",另存为指标,操作界面如图 11-16 所示。

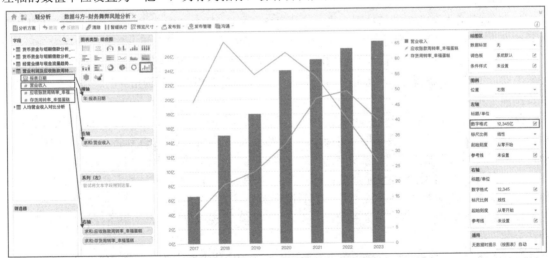

图 11-16　营业利润趋势及应收账款周转率、存货周转率趋势分析

(5) 人均营业收入与对标公司对比。

清除上一步骤的操作,设置图形类型为"多系列柱形图",在通过 MySQL 新建的数据表"人均营业收入对比分析"下拉列表中选择"报表日期"字段拖入横轴,选择"人均营业_桃李面包""人均营业_幸福蛋糕"字段拖入纵轴,另存为指标,操作界面如图 11-17 所示。

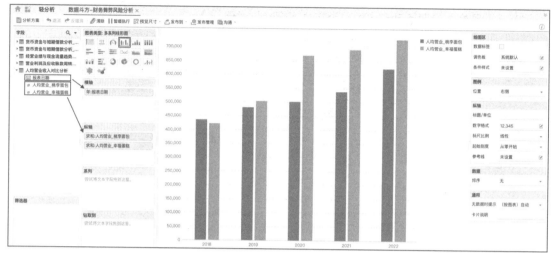

图 11-17　人均营业收入与对标公司对比分析

4. 分析结果解读

根据案例背景，幸福蛋糕的管理层由于投资者和董事会给予的业绩压力，存在较强的财务舞弊动机，如果企业还存在与财务报告相关的内部控制缺陷，则财务舞弊的可能性更高。从财务报表分析的迹象来看，具体情况如下：

(1) 通过货币资金和短期借款占总资产比与同行业的对比分析(见图 11-12、图 11-13)，幸福蛋糕的货币资金占总资产比各年度均显著低于同行业平均水平，短期借款占总资产比波动较大，不存在各年度均高于行业平均水平的情况。从该指标分析，幸福蛋糕不存在货币资金与短期借款双高的情况及货币资金明显高估的情况。

(2) 通过营业收入与经营活动现金流入趋势对比分析(见图 11-14)，营业收入与经营活动现金流入趋势基本一致，不存在重大偏离，因此该指标未提示幸福蛋糕的营业收入存在重大异常。

(3) 通过营业利润与经营活动产生的现金流量净额趋势对比分析(见图 11-15)，虽然营业利润与经营活动产生的现金流量净额各年度不完全匹配，但整体趋势相符，两项指标的趋势存在一定延迟或提前属于正常现象。

(4) 通过营业利润趋势及应收账款周转率、存货周转率趋势分析，(见图 11-16)，幸福蛋糕的营业收入逐年增长，但存货周转率指标自 2020 年开始有大幅下降，应收账款周转率 2023 年度有所下降，应对存货和应收账款的存在性进行进一步分析与调查，这两项资产存在高估的可能性。

(5) 通过人均营业收入与对标公司对比分析，(见图 11-17)，幸福蛋糕的人均营业收入自 2020 年开始显著高于对标企业"桃李面包"，需要进一步分析该差异是否可以接受，例如增加对标企业的数量，如果该指标仍然存在重大差异，且无正当理由可以说明该差异，幸福蛋糕的营业收入可能存在高估。

综合上述分析，幸福蛋糕的存货和应收账款周转率的变化表明这两项资产可能存在高估。此外，幸福蛋糕的人均营业收入高于其对标公司"桃李面包"，需要进一步分析是否合理，如果差异持续存在且无合理解释，则可能存在营业收入高估的情况。

↗ 拓展练习

爬取"ST 左江"的财务报表，分析其近几年财务报表舞弊的可能性。

11.3 财务困境预警分析

纽约大学斯特恩商学院教授爱德华·阿特曼(Edward Altman)在 1968 年就对美国破产和非破产生产企业进行观察，经过数理统计筛选后建立了著名的 Z-score 模型。随后针对非上市公司对模型做了修订：

$Z=0.717X_1 + 0.847X_2 + 3.107X_3 + 0.420X_4 + 0.998X_5$

X_1=净营运资本/总资产=(流动资产-流动负债)/总资产

X_2=留存收益/总资产

X_3=息税前收益/总资产=(利润总额+财务费用)/总资产

X_4=所有者权益/总负债

X_5=销售额/总资产

并给出了判断标准：

Z<1.23，存在严重财务危机，破产概率很高；

1.23≤Z<2.9，存在一定的财务危机，破产概率很高；

2.9<Z，财务状况良好，没有破产可能。

【案例背景】

近期受内外部环境影响，幸福蛋糕管理层注意到一些同行业公司陷入业务停滞、资金链断裂甚至破产的境况。管理层期望能够计算公司与同行业公司的 Z 分值进行对比，并以此指标来监控可能出现破产风险的状况，并根据其判断标准进行实时预警，避免进入破产的境地。

1. 确定分析目标

根据案例背景，计算幸福蛋糕及同行业公司的 Z 分值并进行对比分析，另外需要针对幸福蛋糕的 Z 分值指标进行预警展示。

2. 数据采集与处理

根据确定的分析目标及 Z 分值的计算公司，需要采集幸福蛋糕和烘焙行业的资产负债表及利润表。为便于数据的处理与展示，可以通过编写 MySQL 查询语句采集并统计需要的数据。

在轻分析数据建模中进入"自定义 SQL"，分别计算幸福蛋糕和烘焙行业的 X_1 至 X_5 的值，然后通过 UNION 合并两张数据表，查询代码如下：

```
SELECT
    a.报表日期,
    '幸福蛋糕' AS 公司名称,
    (b.流动资产合计 -b.流动负债合计) / b.资产总计 AS X1,
    (b.盈余公积 + b.未分配利润) / b.资产总计 AS X2,
    (a.'四、利润总额(损失以"-"号填列)' + a.其中：利息费用) / b.资产总计 AS X3,
    b.'所有者权益(或股东权益)合计' / b.负债合计 AS X4,
    a.其中：营业收入 / b.资产总计 AS X5
FROM
    利润表_幸福蛋糕 a,
    资产负债表_幸福蛋糕 b
WHERE
```

```
        a.报表日期 = b.报表日期
UNION
SELECT
        a.报表日期,
        a.公司名称,
        (b.流动资产合计 -b.流动负债合计) / b.资产总计  AS X1,
        (b.盈余公积 + b.未分配利润) / b.资产总计  AS X2,
        (a.利润总额 + a.利息费用) / b.资产总计  AS X3,
        b.'所有者权益(或股东权益)合计' / b.负债合计  AS X4,
        a.营业收入 / b.资产总计  AS X5
FROM
        利润表_烘焙行业 a,
        资产负债表_烘焙行业 b
WHERE
        a.报表日期 = b.报表日期
```

然后，在新建数据单击表格右侧"新建计算字段"，计算 Z 分值，根据计算公式，表达式为

$0.717*[X1] + 0.847*[X2] + 3.107*[X3] + 0.420*[X4] + 0.998*[X5]$

完成后的数据表如图 11-18 所示，保存后退出。

报表日期	公司名称	X1	X2	X3	X4	X5	Z分值
2020-12-31	幸福蛋糕	−0.23	0.19	0.11	1.08	1.75	2.54
2021-12-31	幸福蛋糕	−0.16	0.22	0.07	1.10	1.71	2.47
2022-12-31	幸福蛋糕	−0.04	0.27	0.05	1.33	1.80	2.72
2023-12-31	幸福蛋糕	0.01	0.30	0.08	1.39	1.75	2.84
2022-12-31	广州酒家	0.04	0.38	0.11	1.53	0.70	2.05
2022-12-31	广州酒家	0.06	0.35	0.10	3.15	0.62	2.60

总共328行数据，仅显示前10行数据

图 11-18 Z 分值计算数据

3. 数据分析

在轻分析主界面进入该业务主题的数据斗方模块，设置图表类型为"折线图"，在通过 MySQL 新建的数据表"Z 分值计算"下拉列表中选择"报表日期"字段拖入横轴，选择计算出的"Z 分值"字段拖入纵轴，选择"公司名称"字段拖入系列，由于行业数据为 2018—2022 年，可以将 2016—2017 年的数据筛选去掉，选择保存指标，操作界面如图 11-19 所示。

清除上一步骤的操作，设置图表类型为"仪表图"，选择"Z 分值计算"下拉列表中的"报表日期"字段拖入筛选器，筛选 2023 年度的数据，选择"Z 分值"字段拖入指针值，在右侧表盘设置分段，按照 Z 分值的判断标准设置三个分段，0~1.23 之间设置为红色；1.23~2.9 之间设置为黄色；2.9~5 之间设置为绿色。然后，将指针的数值格式改为两位小数显示，如图 11-20 所示。

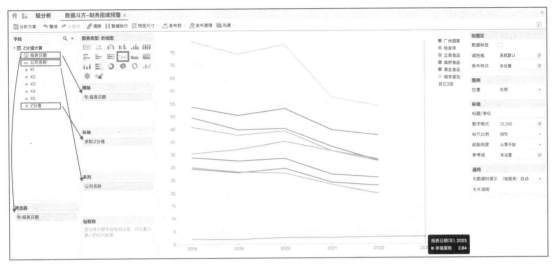

图 11-19　Z 分值对比分析

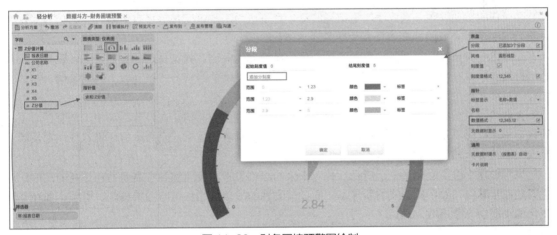

图 11-20　财务困境预警图绘制

绘制的预警图形如图 11-21 所示。

图 11-21　财务困境预警图

4. 分析结果解读

如图 11-19 所示，幸福蛋糕的 Z 分值远低于同行业公司，其破产风险远高于行业其他公司。从 Z 分值的趋势来看，幸福蛋糕公司近年来 Z 分值整体呈增长趋势，其陷入财务困境的风险也逐步降低。从 2023 年的 Z 分值预警图来看(见图 11-21)，目前处于黄色区域，存在一定的财务危机，破产概率很高，不过自 2016 年至 2023 年，逐年一直在低分值区域运营，尚未出现大的破产危机事件。幸福蛋糕的管理层应继续谨慎运营企业，特别是随着企业规模的扩大，应持续降低负债比率，提高盈利能力，积累留存收益，仔细规划资金，避免陷入财务困境。

↗ 拓展练习

通过前面的数据分析学习，我们可以将 Z 分值理论理解成一种分类模型，将企业分类为存在高破产风险、存在一定破产风险和不存在破产风险三个类型。尝试基于该理念，以财务指标为基础，用大数据的分类算法构建一个财务困境的预警模型，并爬取上市公司财务报表数据进行验证。

↗ 课程思政

在财务分析的世界中，企业风险的探讨不仅是数字和统计的问题，更是关乎企业文化、价值观和社会责任的重要议题。企业经历着市场波动、竞争压力、政策变化等多重风险，而如何应对这些风险则深深牵涉企业的社会责任和思想品质。

企业在面对风险时，其坚守企业的核心价值显得尤为关键。究竟是选择短期获利，还是坚持长远可持续发展？在财务决策中贯彻社会责任感，通过建设性的经营方式推动社会共同繁荣，将成为企业可持续发展的强大引擎。

企业风险分析中也应加强对员工、消费者、环境等方面的关切。在经营活动中，是否关心员工的权益和幸福感，是否注重产品和服务的质量以满足消费者的需求，是否承担环境责任，都反映了企业对于社会风险的担当。

风险管理不仅是避免损失，更是一种对未来的深刻思考。企业领导者需要站在更高的高度，思考风险在全球化、数字化时代的新形态，通过前瞻性的战略规划和风险预警机制，引领企业在不断变化的潮流中立于不败之地。